Ellen Bernecker

MANTREN

CIP-Titelaufnahme der Deutschen Bibliothek

Mantren und Bhajans, Band 1: Mantren / Ellen Bernecker
- Weinheim: OM-Verlag GmbH, 2002
ISBN 3-936192-01-4

1. Auflage 2002

Ginsterweg 14, D - 69469 Weinheim, Deutschland

Umschlaggestaltung: Ellen Bernecker
Druck- und Bindearbeit:
Druck Partner Rübelmann GmbH, 69502 Hemsbach
Lithografie: Lasertype Satz- und Grafik-Atelier GmbH, Darmstadt

MANTREN und BHAJANS

zur Verehrung Gottes,
des Allgestaltigen, Allanwesenden,
zur Erfahrung der eigenen Göttlichkeit

TEIL 1

M A N T R E N

Ellen Bernecker

<u>*Sai Baba*</u>

Sai Baba während des Darshans (um das Jahr 1985):
In Seiner linken Hand trägt Sai Baba Briefe, die Er von Menschen entgegengenommen hat. Seine rechte Hand zeigt eine Geste, die man oft bei Ihm beobachten kann.

Gewidmet
Sai Baba
und
allen Menschen
auf dem Weg in die
eigene innere Göttlichkeit

Inhaltsverzeichnis

(Alphabetisches Inhaltsverzeichnis am Ende des Buches)

(B = Sai Baba singt diese Mantren, siehe Kassette 1)

Verzeichnis der Farbbilder

__*Elefant*__

Sāncī, Stūpa 2, Balustrade, 2. Jh. vor Chr.

In einem Medaillon ist ein kräftiger, lebensfreudiger Elefant dargestellt, der seinen Rüssel hoch erhoben hat und hinter sich Wasser versprüht. Wasser ist ein Symbol für Leben und Schöpfung. Elefanten gelten in der Mythologie nicht nur als „Träger der Erde", sie werden auch als „Fruchtbarkeitsbringer", als irdische Vetter der Wolken betrachtet. Darüberhinaus sind die Elefanten ein Symbol für Kraft, Mut, Ausdauer, Geschicklichkeit und Treue. Sie sind die Pfadbahner im Dschungel, einem Symbol für das Leben hier auf Erden. [B]
Vor dem Elefanten wächst eine Lotospflanze, die auf göttliche Reinheit und Unberührtheit hinweist.

In den Jātakas (Erzählungen von den früheren Leben des Buddha) gibt es Geschichten, in denen der Bodhisattva (ein erleuchtetes Wesen) als Elefant geboren wird. Ein Bodhisattva zeichnet sich besonders durch Güte (Mettā), Mitgefühl (Karunā) und selbstlose Liebe (Prema) aus. Er hat das Gelübde getan, erst dann in das endgültige Nirvāna einzugehen, wenn alle Wesen erlöst sind. Der Elefant hier mag für den Bodhisattva stehen.
Mögen wir alle so freudig und kraftvoll in der Welt stehen und wirken wie dieser Elefant!

VORWORT

Zur Entstehung dieser Buchreihe

Auslöser für diese Buchreihe ist meine Begegnung mit Satya Sai Baba, dem weltweit bekannten Heiligen und Avatar [1] aus Südindien. Im Jahre 1987 reisten mein Mann und ich mit unseren drei Söhnen im Alter von 10 bis 14 Jahren zum ersten Mal zu Ihm. Wir bekamen Seinen Darshan *(Anblick eines Heiligen oder Gottes)* in Ooty, wo Er damals zuerst weilte, in Whitefield *(bei Bangalore)* und in Prashānti Nilayam / Puttaparti *(Seinem Geburtsort und größtem Ashram)*. Schon das Lesen von Büchern über Ihn *(wie die von J. Hislop, H. Murphet und S. Sandweiss)* oder von Ihm *(z. B. die Gītā-Vāhinī)*, das dieser Reise voranging und sie auslöste, hatte mich fasziniert. Total und bis in mein tiefstes Wesen ergriffen wurde ich aber durch diese direkte Begegnung, die höchstes Mysterium und höchste Heiligkeit in sich barg. Von nun an gab es nichts mehr, was mich mehr beschäftigte, mehr interessieren konnte, als mich mit Seiner Lehre und Seiner Person auseinanderzusetzen. Tief innerlich berührt wurde ich auch von dem Erlebnis der mit Hingabe gesungenen indischen Gesänge zum Lobpreis Gottes, den Bhajans, obwohl wir das Gesungene nicht verstanden.
– Ich möchte hier sagen, daß mein Mann und ich niemals nach einem Guru, geschweige einem indischen, gesucht haben. Wir waren im Christentum verwurzelt, undogmatisch und ökumenisch ausgerichtet, und erlebten Gott in der Natur. –

Nach Deutschland zurückgekehrt, begann ich voller Elan und mit Ausdauer Sanskrit und Indische Kunst an der Universität Heidelberg zu studieren. Ich wollte die Reden Sai Babas, Seine Bücher und Gesänge, die mit vielen Sanskritworten durchsetzt waren, ebenso die Bhajans, die zum Lobe Gottes gesungen wurden, genau verstehen können. Weitere Aufenthalte bei Sai Baba und Beschäftigung mit Sai Baba Literatur - alleine und in Studienkreisen -, Studium an der Universität, Lesen von Büchern großer indischer Heiliger wie Ramakrishna, Aurobindo, Yogananda ließen mich allmählich immer tiefer in den Hinduismus eindringen, was eine kaum zu beschreibende riesige Ausweitung meines religiösen und spirituellen Verständnisses bewirkte: Daß es so viele andere ungeahnte Aspekte des Göttlichen gab und seinen Ausdruck fand, ließ mich erschauern und erfüllte mich mit Dankbarkeit! In wieviel Namen Gott angerufen werden kann! Doch immer handelt es sich um den Einen, Einzigen, das eine Göttliche, das ewig unverändert ist, aber so viele Namen und Formen annimmt. Die ganze Schöpfung ist Sein Gewand, ist durchdrungen von Ihm, Seiner Essenz, ist Gestalt gewordene Göttlichkeit. Da um den richtigen oder falschen Namen Gottes zu streiten, ist eine aus Unwissenheit geborene menschliche Verwirrung. Ich lernte dabei auch meine christliche Religion besser zu verstehen.

Dieser spirituelle Weg mit Sai Baba schloß die intensive Arbeit an mir selber ein, umfaßte gleichermaßen Kopf, Herz und Hand.

1) Avatar = eine Göttliche Inkarnation; das Erscheinen Gottes auf Erden in einer von Ihm freigewählten Form, die den Menschen den rechten Weg weist; wörtlich: Jemand, der herab (ava) -kommt und rettet, hinüberführt (tar)

Und was mit voller Begeisterung und Verehrung von Sai Babas Person begonnen hatte, mündete dann plötzlich nach 13 Jahren - nach einem Schockerlebnis - in der höheren Bewußtheit und der stärkeren Erfahrung der eigenen Göttlichkeit. Es war für mich so, wie Sai Baba es in Seinen folgenden Worten beschreibt:

[B, 30.8.1975, Prema Dhāra, S. 30]

> „Nach langer Suche hier und dort, in Tempeln und in Kirchen, auf Erden und im Himmel, kommt ihr schließlich zurück zu eurer eigenen Seele – den Kreislauf beendend, den ihr einmal begonnen habt, und ihr stellt fest, daß das, wonach ihr überall in der Welt gesucht habt, worum ihr in Kirchen und Tempeln gebetet und gefleht habt und was ihr für ein in den Wolken verstecktes Geheimnis gehalten habt, das ist, was euch am nahesten ist: Euer wahres Selbst, die Wahrheit über euer Leben, euren Körper, eure Seele. Das ist euer Wesen. Bejaht es, offenbart es!"

Das ist Sai Babas höchstes Ziel, Sein Streben, daß jeder - Seine Verehrer und alle Menschen jeden Glaubens - seine eigene Göttlichkeit erkennen und erfahren möge. Dafür ist Seine Person, Seine Lehre die größte Hilfe:

> „Die Göttlichkeit, die in jedem Menschen in Form eines kleinen Funkens präsent ist, lebt in Mir als die lodernde Flamme, und es ist Meine Mission, jeden kleinen Funken Gottes in jedem einzelnen zur Fülle der göttlichen Flamme anzufachen."

[Sai Baba nach, S. Sandweiss, Weg zu Gott..., S. 265]

Mein Weg in mein eigenes Inneres war und ist für mich stark verbunden mit der äußerst intensiven Beschäftigung mit indischen Mantren und Bhajans. Zunächst fing ich an, Mantren und Bhajans nur für mich und meinen Mann zu übersetzen. Wir waren tief im Inneren berührt von dem Gesang der Bhajans, aber es war uns beiden unmöglich, etwas zu singen oder gar auswendig zu lernen, was wir nicht verstanden, an dem Herz und Kopf nicht zugleich beteiligt sein konnten. Wir fühlten uns in diesem Empfinden bestätigt durch Sai Babas Aussage:

> „Die mechanische Wiederholung eines Mantras ist wertlos,
> aber wenn das Rezitieren mit voller Kenntnis seiner Bedeutung
> geschieht, hat es eine große Wirkung." *[Hislop, Gespräche, S. 26]*

Die Übersetzungen, die wir bekommen konnten, waren sehr frei. Sie reichten uns nicht aus zum wirklichen Verstehen des Gesungenen, und so begann ich mit meiner eigenen Arbeit daran. Andere Menschen wollten auch teilhaben an meinen Übersetzungen mit den exakten optischen Zuordnungen von Sanskrit-Worten und ihren vielschichtigen, tieferen Bedeutungen. Sie baten mich, diese doch – möglichst auch in Verbindung mit Noten – einem größeren Kreis zugänglich zu machen, was mit dieser Buchreihe geschieht. Ulf Gründler hat, begleitend zu meiner Arbeit, den größten Teil der Noten nach Abhören von Kassetten aufgeschrieben und die Harmonien gesetzt.

Das Rezitieren oder Singen von Mantren und religiösen Liedern *(Bhajans)* stellt nach Aussage von Sai Baba eine spirituelle Praxis dar, die eine enorme Wirkung für Körper und Geist hat. Sie kann wie ein reinigender Besen wirken. Dies wurde mir 1991 durch einen Traum noch einmal voll ins Bewußtsein gerückt. Nachdem ich eines Abends bis spät in die Nacht an einem Mantra gearbeitet hatte, träumte ich in der folgenden Nacht:

> *Ich saß da und schrieb an einem Mantra, als ich Sai Baba, gefolgt von ein paar anderen Menschen, neben mir stehen sah. Baba schaute sehr konzentriert und interessiert auf meine Arbeit. Ich ließ mich aber gar nicht, nicht einmal durch Seine Anwesenheit, von meiner Arbeit ablenken, so vertieft war ich darin. Er ließ mich Seine Wertschätzung für diese Arbeit spüren. - Dann sah ich mich eifrig Weidenruten bindend. Neben mir stand schon ein frisch gebundener Besen aus Weidenruten. Ich rief aus: „Aber Baba, ich binde doch keine Besen, ich übersetze doch Bhajans!" Er war aber nicht mehr da.*

Aus Platzgründen muß ich das Buch **„MANTREN und BHAJANS"**, das ursprünglich in einem Band erscheinen sollte, in 3 Bände aufteilen. Jeder Band ist in sich abgeschlossen:

Teil 1: MANTREN
Teil 2: BHAJANS
Teil 3: GOTT IN DEN MANTREN UND BHAJANS
ein Begleitbuch zum weiteren Verständnis, mit vielen bunten Bildern insbesondere von indischen Kunstwerken zusammengestellt

Zu den Büchern sind **2 Kassettenreihen** geplant:

1. Die Mantren und Bhajans vor allem nach indischen Vorlagen in der Reihenfolge der Bücher zusammengestellt. – Nahezu alle Bhajans, die ich von Sai Baba selbst gesungen auf Kassetten aufgenommen vorfand, werden hier eingebracht. Sie sind im Inhaltsverzeichnis mit einem **B** gekennzeichnet.
2. Deutsche Sai Devotees singen Mantren und Bhajans.

Die Wiedergaben auf den Kassetten mögen vielleicht nicht allen Kunst- und akustischen Anprüchen genügen. Sie stammen in der Regel nicht aus dem Tonstudio, sondern es handelt sich um Aufnahmen von Veranstaltungen, bei denen Sai Devotees mit Hingabe und Begeisterung singen. Vielleicht können sie auch andere ermutigen, selbst zu singen.

Ich hoffe, daß diese Buch- und Kassettenreihe, in der die mir am wichtigsten erscheinenden Mantren und die „schönsten" *(oder in Deutschland sehr häufig gesungenen)* Bhajans zusammengestellt sind, auch anderen Menschen auf dem Weg zu Gott helfen kann, auf dem Weg in ihre eigene Göttlichkeit.

Weinheim, November 2001 — Ellen Bernecker

DANKSAGUNG

Bei meiner Arbeit an den Bhajans und Mantren habe ich in den letzten 10 Jahren verschiedene Hilfen empfangen, immer wenn ich sie brauchte. Ich danke allen ganz herzlich, die mir bei diesem Werk irgendwie und irgendwann einmal weitergeholfen haben. Namentlich möchte ich hier nur diejenigen aufführen, die mich öfter oder über einen längeren Zeitraum unterstützt haben:

Pandit Dr. P. Aithal für seine Unterstützung, besonders in Sanskritfragen;
Dr. Gunturu Vanamali und Padma Kanikanti für die Hilfen zur Telugu- und Hindisprache *(Sai Baba spricht und singt meistens in Telugu, einer Sprache, die im indischen Bundesstaat Āndhra Pradesh gesprochen wird, in dem Prashānti-Nilayam liegt);*

Ulf Gründler, für das Abhören der Kassetten und Schreiben der meisten Noten und Harmonien für die Gitarrengriffe - In manchen Fällen konnte er auf Notenaufzeichnungen von Elisabeth Elwell zurückgreifen, die etwa von 1980 -1992 in Puttaparti den Westlern Bhajansingen beibrachte; auch ihr herzlichen Dank! - und für sein Korrekturlesen;
Charlotte Fischer für ihre Notennotierungen - insbesondere der von Sai Baba gesungenen Bhajans -, ihre Bemerkungen zum Bhajansingen und ihre volle Unterstützung für dieses Projekt bis unmittelbar vor ihrem frühen Tod;
Susanne Schneeweiss für einige Notennotierungen und Korrekturlesen, vor allem aber für das Setzen der Noten in den Computer;
Jens Egert für die Vermittlung seines Wissens über Indische Musik;

Ingrid Weitz für die aufwendige Arbeit des Einbringens der ausführlichen Mantren- und Bhajanübersetzungen in den Computer und die geduldige Einarbeitung der Korrekturen;
Brigitte Eger für die Gestaltung der Vignetten und ihre Mitarbeit am Layout;
Rainer Bernecker und Norbert Weitz für Computer- und drucktechnische Hilfen;

den Mitgliedern des Sai Baba Zentrums Heidelberg für ihre Anregungen, insbesondere Rita Ehleben und Ingrid Wörner;
meinem Mann Gerhard für seine ständige Unterstützung, Anregungen und fotographischen Arbeiten in all den vielen Jahren;
all den vielen Sängern, die begeistert die Mantren und Bhajans mit uns sangen;

insbesondere aber Sai Baba: Er hat mich inspiriert, geführt, geleitet und mich den Menschen begegnen lassen, die halfen, dieses Buch entstehen zu lassen.

O M S A I R A M

Weinheim, November 2001 — Ellen Bernecker

EINLEITUNG

1. DIE 4 ANERKANNTEN WEGE DER GOTTESVEREHRUNG IN DER VEDISCHEN TRADITION

Die meisten der in diesem Buch aufgeführten Mantren und Bhajans stammen aus dem Hinduismus bzw. der vedischen Tradition, seiner Basis. Der **Veda** ist das älteste und beständigste Wissen, das von Menschen entdeckt wurde. *[B]* Veda kommt von der Sprachwurzel 'vid', die **'wissen'** bedeutet. Er schließt alles Wissen ein, materielles und spirituelles. *[B, Antworten, 13]* Der Mensch hat dieses Wissen nicht erdacht, sondern die Rishis *(Seher, Weise)*, haben es in der reinen Stille ihrer Seele gehört *(Shruti)*. Es ist die Stimme Gottes, es sind ewige Wahrheiten. Der Veda umfaßt die 4 Veden einschließlich dem Vedānta *(das Ende der Veden, die Upanishaden)*.

[B, Kaiv. Vah, 12]

Die Bezeichnung Veda galt ursprünglich dem Höchsten Herrn, Parameshvara, dem Allwissenden: „Er, der weiß, ist Veda" *(Veti Iti Vedah)*. Dann bezog sie sich auf das Prinzip des Verstehens: „Das, was wissen macht, ist Veda" *(Vedayati Iti Vedah)*.

[B, Sai Vah, 149, 165]

Die vedische Tradition kennt **4 anerkannte und erfolgreiche Wege der Gottesverehrung**, die uns die Präsenz des Göttlichen erleben lassen. Diese 4 Wege gehen Hand in Hand und stellen letztendlich eine Einheit dar. Es sind *[B, Sai Vah., 168 ff]*:

1. Der Weg der Wahrheit - Satyavatī

Der Sucher sieht Gott in allem: „Der Ātman *(Gott, das Höchste Absolute)* ist überall immanent, so wie Ghi *(geklärte Butter)* jeden Tropfen Milch durchdringt." „Ich durchdringe die ganze Schöpfung und halte das Mysterium in Gang. Sieh alles als mich an."

Wer diesen Pfad erfolgreich geht, dem verspricht der Herr: „Ich werde für dich als alles dieses in allem diesem sichtbar sein."

2. Der Weg über die verschiedenen Manifestationen *(Glieder)* - Angavatī

Auf diesem Weg wird das Göttliche über die Natur und die Naturkräfte erfahren. Hier ist das Universale Wesen: das Feuer, der Wind, die Sonne, der Mond und alles andere. Es ist der Atem, der das Leben in allen Wesen erhält. Es ist das Feuer, das alles erhellt. Es ist der Regen, der die Pflanzen ernährt. So kann Es entweder als Feuer *(Agni)* oder als Wind *(Vāyu)* oder als Regen *(Varuna)* verehrt werden, als dasjenige, das voller Gnade jene wohltätigen Formen angenommen hat.

3. Der andere Weg - Anyavatī

Der Sucher stellt sich den vielgesichtigen Göttlichen bildhaft vor, und Eigenschaften des Göttlichen werden symbolhaft dargestellt. So wird z. B. der Allgegenwärtige als Vishnu dargestellt, mit der Muschel als dem Symbol für den Urton, mit dem Rad als dem Symbol für die Zeit und dem Zepter als dem Symbol für Macht und Majestät. Der Verehrer meditiert über diese Personifizierungen und die Bedeutung der Eigenschaften und wird im Herzen beglückt und erhoben.

4. Der langsame, sichere Weg - Nidanavatī

Auf diesem Weg durchläuft der Sucher 11 Stadien, um die endgültige Glückseligkeit zu gewinnen:

1. Hören, der Lobpreisung Gottes lauschen **(Shravanam)**
2. Gott im Lied lobpreisen **(Kīrtanam)**
3. Immer den Herrn im Gedächtnis haben **(Smaranam)** - Es schließt **Nāmasmaranam**, die Wiederholung des Namen Gottes, ein.
4. Die Füße des Herrn verehren **(Pada Sevanam)**
5. Den Herrn rituell verehren, Sein Bild verehren **(Arcanam)**
6. Die Form Gottes in allem sehen und verehren **(Vandanam)**
7. Der Diener und Helfer aller sein; sich dem Willen des Herrn anheimgeben **(Dāsyam)**
8. Der Freund des Herrn sein **(Sākhyam)**
9. Dem Herrn alle Gedanken, Worte und Taten weihen **(Ātmanivedanam)**
10. Sich sehnen, in Ihm aufzugehen **(Tanmaya Āsakti)**
11. Innere Qual leiden bei der geringsten Trennung von Ihm (**Parama Viraha - Āsakti)**

2. DAS SINGEN VON GOTTESNAMEN UND LIEDERN ZUR EHRE GOTTES IN UNSEREM ZEITALTER

Nach hinduistischer Vorstellung ist die gesamte Schöpfung aus dem Urton **„Om"** entstanden. Durch den Göttlichen Willen manifestiert sich das unmanifestierte Absolute *(Brahman)* als Schwingung bzw. als Klang, „**Shabda-Brahman** oder **Nāda-Brahman**" *(Gott als Ton)*. Dies entspricht im Christentum der Aussage des Johannes-Evangeliums „Am Anfang war das **Wort**". Aus diesem kosmischen Urklang sind dann alle anderen Töne, die ganze Schöpfung entstanden. Im Klang sind 3 Aspekte enthalten: Klangerzeugung, Klangentwicklung und Klangauflösung. Klang ist damit ein Grundprinzip des Universums, von Schöpfung, Erhaltung und Zerstörung - Geburt, Wachsen und Sterben. Er ist Symbol für den ewigen Kreislauf des Lebens.

Seit dem Anbeginn der Bhāratīya-Kultur *(Kultur der Inder)* wurde der Laut oder die Schwingung als der von der Göttlichkeit durchdrungene Träger der Schöpfung verstanden und verehrt. Um dieses Durchtränktsein der Schöpfung mit dem göttlichen Bewußtsein zu erfahren, sind das Singen wie das Anhören von Bhajans ein wirkungsvolles Mittel, denn „Nektar ist Er", „Raso Vai Sah":

> „Durch andächtiges Singen kann man mit Gott verschmelzen. Deshalb wird Gott auch **'Gānalola'** oder **'Gānapriya'** genannt, was soviel wie Musikliebhaber, ein von Musik Verzauberter, bedeutet." *[B, 23.10.1994]*
> „Schwingungen, die durch hingebungsvolles Singen erzeugt werden, führen zum Einklang mit der Kosmischen Schwingung oder dem Wort."
> *[Daya Mata, Alles Glück liegt in dir]*

Was bedeutet dies für unser Zeitalter? In der indischen Tradition unterscheidet man 4 große Zeitalter *(Yugas)*, die jeweils Tausende von Jahren währen, in der Reihenfolge:
Krita-Yuga *(das goldene Zeitalter)*, Tretā-Yuga, Dvāpara-Yuga und Kali-Yuga, indem die Erde sich jetzt befindet. *Kali* bedeutet im Sanskrit „Streit"; wir leben danach im Zeitalter des Streites; es wird auch das „Eiserne Zeitalter" genannt. Aber gerade dieses schwierige Zeitalter eröffnet große Chancen: Nach Sai Baba kann man im Verhältnis zu den Anstrengungen Gottsuchender in früheren Yugas nun schnell und leicht zum Ziel kommen; es kann allein schon durch die verinnerlichte Wiederholung des Namens Gottes bewirkt werden. „Das, woran wir denken, wird lebendig in uns." *[B, 18.10.99, Sonderheft S. 41]*

„Kein Zeitalter, kein einziges, gleicht dem Kali-Zeitalter, in dem durch das bloße Meditieren des Namens des Herrn das höchste Ziel verwirklicht wird. O, wie gesegnet es ist!" *[B, 3.3.1992 in Sai Br. Heft 43]*

„Für die Menschen des Kali-Zeitalters gibt es kein besseres spirituelles Rezept als das Singen von Haris (*Gottes*) Namen" sagt Sai Baba. *[11.4.1997 in SaSa 5, 97]* Und weiter heißt es bei Ihm:

„In diesem Kali-Zeitalter gibt es kein größeres Mittel zur Gottverwirklichung, als die Namen Gottes zu singen.
Im Krita-Yuga war es die Meditation *(Dhyāna)*, im Tretā-Yuga Opferhandlungen *(Yajna)*, im Dvāpara-Yuga die rituelle Verehrung *(Arcana)* und im Kali-Yuga die Wiederholung des Gottesnamens *(Nāmasamkīrtana)* – das sind die für jedes Weltzeitalter jeweils vorgeschriebenen Methoden, durch die man zur Gottverwirklichung gelangt.“ *[B, 3.3.1992 in Sai Briefe 43, S. 6]*

> „Es wird gesagt, daß der Name Sītā-Rāma im Tretā-Yuga und Rhāde-Shyāma im Dvāpara-Yuga genügte, und ich kann euch sagen, daß im Kali-Yuga jeder Name Gottes diese Fähigkeit besitzt.“ *[B, SSS, I, 149]*

Selbst **Shankara**, der große Verfechter des Advaita (*Nichtzweiheit*) um 800 n. Chr, erkannte, daß das Singen des Namens Gottes der einfachste Weg ist, um das Göttliche zu erfahren. Aus dieser Überzeugung entstand das berühmte Lied „Bhaja Govindam“ (*Lobsinge Gott*). *[B, 11.4.1997 in SaSa 5, 97]*
Um 1500 n.Chr. verlieh **Caitanya Mahāprabhu** dem gemeinschaftlichen Singen zum Lobpreis Gottes *(Nāmasamkīrtana)* einen großen Auftrieb: „Alle Namen sind Dein, in diesem ganzen Universum gibt es nichts, auf dem nicht Dein Name geschrieben stünde oder Deine Gestalt nicht zu sehen wäre.“ Caitanya schwelgte darin, den Namen des Herrn zu singen. Für ihn stand der Name Gottes für alles, was in der Welt schön und herrlich war. *[B,3.3.1992, in Sai Br. 43]*

Kein anderer jedoch hat dem Singen zur Ehre Gottes wohl weltweit einen größeren Anstoß gegeben als **Satya Sai Baba**.

> „Nur die Süße des göttlichen Namens macht unser Leben lebenswert und hilft uns, das Ziel des Lebens zu erreichen. Nur wenn wir den Namen immer auf unserer Zunge und in unserem Geist *(mind)* haben, können wir uns vom Einfluß der Macht der Täuschung *(Māyā)* befreien. Alle Dualitäten des Lebens – nämlich Wahrheit und Unwahrheit, richtig und falsch – sind nur die uns vorgeführten Tanzschritte der Täuschung *(Māyā)*. Deshalb wird die Täuschung auch „Nartakī“ genannt, das bedeutet eine Tänzerin, die den Geist verführt. Um dieser Täuschung und Verlockung zu entkommen, müssen wir Zuflucht zum Gegenteil von Nartakī, d.h. in Kīrtana, nehmen. Durch ‘Kīrtana‘, das Singen des Namens Gottes, ist es möglich, die Gnade Gottes *(Mādhava)* zu gewinnen und der Illusion oder Täuschung zu entkommen.“
> *[B, in Mavinkurve, Die Wiederholung des Namen Gottes, 18]*

Schon als kleiner Junge komponierte Sai Baba religiöse Lieder und trug sie mit anderen Jungen vor. Er ist der wahrhafte Kavi *(göttlicher Poet)*, unerschöpflich im Dichten und Vortragen von Liedern. Auch heute noch beginnt Er jede seiner öffentlichen Reden mit einem Lied und beendet sie mit einem meist bekannten Bhajan. Am häufigsten singt Er zum Abschluß „Prema Mudita Manase Kaho Rāma Rāma Rām ..." *(Mit Liebe und Freude im Herzen sing: Rāma, Rāma Rām ...)* und das Bhajan „Hari Bhajana Binā Sukha Shānti Nahī" *(Ohne Lobpreisung Gottes gibt es keine Freude und keinen Frieden)*. Inzwischen haben Seine Schüler und Studenten in Seinen Ashrams das Bhajansingen übernommen, wobei alle Besucher einbezogen werden. Die Welt wird von dort bereichert mit einer Vielfalt schöner Bhajans *(etwa 1500 sind bisher aufgeschrieben worden)*. Und in der ganzen Welt entsteht nun in den verschiedensten Landessprachen eine Flut neuer religiöser Lieder. Somit schließt sich der Kreislauf: Aus dem Ton, dem Urton Om, ist die ganze Schöpfung entstanden, und wir gelangen zurück zur Einheit, zum Einen, durch die vielfältigen Klänge, die aus dem Einen entstanden sind.

„Samkīrtana, gemeinsames Singen zum Lobpreis Gottes, ist die beste Form des Lobpreises." *[B, 3.3.1992]* Das Wort **Kīrtana** bedeutet **„Singen zur Ehre Gottes."** Kīrtana ist Sache des einzelnen. *[B]* Samkīrtana richtet sich mehr auf das Wohlergehen des ganzen Universums und demonstriert die Einheit in der Vielfalt.
„Samkīrtana bedeutet in äußerster Selbstvergessenheit und mit Inbrunst singen.... So groß, wie die Intensität eurer Hingabe und Liebe ist, mit der ihr den Namen Gottes singt, so groß werden auch die Segnungen sein und die Freude, die euch daraus erwächst." *[B, 3.3.1992]*

Das **Bhajan** ist eine besondere Art von Samkīrtana, ein Wechselgesang zwischen Vorsänger und Chor. Im Wort Bhajan steckt die **Sanskritwurzel „bhaj"**, die **„teilen, verehren, lieben, sich hingeben"** bedeutet. **Im Bhajansingen bringe ich meine Liebe und Verehrung zu Gott zum Ausdruck und teile sie anderen mit.**
Das Singen und Rezitieren des Namens Gottes ist auch das wirksamste Mittel, um Krankheiten fernzuhalten oder zu heilen. Es kann auch die von unreinen Klangschwingungen verschmutzte Atmosphäre der Erde heilen.

Die Herrlichkeit der Bhajans

„Die Menschen sagen, daß es bei Sai Baba nur Bhajans gibt. Ihr solltet aber erkennen, daß es nichts Großartigeres gibt als Bhajans. Welche Freude liegt im Singen von Bhajans! Welch eine machtvolle Demonstration der Einheit ist es, wenn aus Tausenden von Kehlen der Name Gottes erklingt! Die Schwingungen, die hierbei entstehen, lassen eure Herzen tanzen. Wenn du allein in deinem Zimmer vor deinem Altar singst, kehren deine Schwingungen zu dir zurück. Wenn ihr aber in Gemeinschaft singt, erfahrt ihr so nicht nur eine einfache Reaktion oder Wirkung, sondern eine Welle von Vibrationen. Diese Schwingungen erreichen die Atmosphäre und reinigen die verschmutzte Luft. Die Atmosphäre ist heutzutage von schlechten Gedanken und Gefühlen vergiftet. Wenn ihr den Ruhm Gottes besingt, werden die schlechten Keime in der Luft zerstört und die Luft wird gereinigt, als wäre sie mit Antibiotika geheilt."

[B, 23.10.1994]

Es gibt 4 verschiedene Möglichkeiten, Gott durch das Singen von Bhajans zu verehren: *[B, SSS, VI, 146; SSS, XI, 174]*

1. **Gunanāmasamkīrtana:** Die Eigenschaften Gottes werden beschrieben, die Herrlichkeit, Majestät, Liebe ..., und man drückt seine Verehrung für Ihn auf diese Weise aus.

2. **Līlānāmasamkīrtana:** Man erinnert sich an die verschiedenen Ruhmestaten und Spiele Gottes, an Seine mannigfaltigen Gnaden und Mitleidsakte, während Sein Name rezitiert wird. Caitanya und Tyāgarāja erkannten den Herrn auf diesem Weg.

3. **Bhāvanāmasamkīrtana:** Der Name Gottes wird verehrt und erlebt aus einer bestimmten Emotion, einer bestimmten Haltung *(Bhāva)* heraus:
   als **Mutter-Kind-Verhältnis**
   (= *Vātsalya-Bhāva*, wie *Yashodā*, die Ziehmutter *Krishnas)*
   als **Freund und Kamerad**
   (= *Sākhya-Bhāva*, wie *Arjuna*, der Freund *Krishnas)*
   als **Sein Diener**
   (= *Dāsya-Bhāva*, wie *Hanumān*, der große Verehrer *Rāmas)*
   als **Geliebten**
   (= *Anurāga-Bhāva, wie die Gopis*, die *Krishna* verehrenden Hirtenmädchen)
   Gott in allem und als **immer gegenwärtig in einer süßen Emotion erfahren**
   (= *Madhura-Bhāva, wie Rādhā*, die *Krishna* tief verbundene *Gopi)*
   aus einem unerschütterlichen Frieden heraus, alles wird als Spiel Gottes und als Sein Geschenk angenommen
   (= *Shānta-Bhāva, wie Bhīshma*, der große Führer aus dem *Mahābhārata-Epos)*

4. **Nāmasamkīrtana:** Allein das Singen und Rezitieren des **Namens Gottes** macht uns vollkommen glücklich. „Nichts ist wunderbarer und befriedigender.“
[B, SSS, XI, 176]

„Der Mensch hat die Pflicht, seine Tage und Nächte mit dem ununterbrochenen Wiederholen der Namen Gottes *(Smarana)* zu heiligen. Ruft euch den Namen mit Freude, mit Sehnsucht ins Gedächtnis. Wenn ihr das tut, ist Gott gehalten, vor euch zu erscheinen in der Form und mit dem Namen, den ihr Ihm als schönsten und euch als am meisten zusagenden gegeben habt.“ *[B, SSS, VI, 148]*

3. INDISCHE MUSIK UND BHAJANS

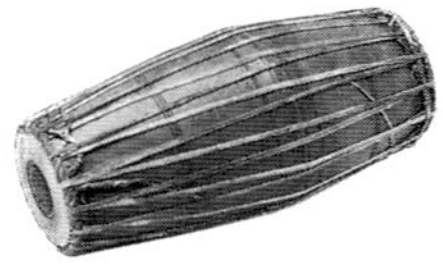

Mridangam

In Indien werden Musik, Malerei und Bühnendichtung als göttliche Künste angesehen. Brahmā *(der Schöpfergott)*, Vishnu *(der Erhalter)* und Shiva *(der Zerstörer)*, die ewige Dreieinigkeit, waren die ersten Musiker. Den heiligen Schriften Indiens zufolge hat Shiva als Natarāja *(König der Tänzer)* die unendlichen rhythmischen Formen festgelegt; denn Er ist es, der das Universum mit Seinem Tanz ins Leben ruft, der es erhält und wieder zerstört. Brahmā und Vishnu bestimmen den Takt, wobei Brahmā die Zymbeln und Vishnu die Mridanga *(Trommel)* schlug. Sarasvatī, die Göttin der Weisheit und Künste, wird mit einer Vīnā, der Mutter aller Saiteninstrumente, dargestellt, Krishna mit einer Flöte, denn es heißt, daß Er durch Seine berückenden Melodien die in der Māyā *(Täuschung)* umherirrenden Seelen in ihre wahre Heimat zurückruft. *[Yogananda, Autobiographie, S. 172]*

Wenn man das Wort **„BHĀRATA“** *(Name für Indien)* in die 3 Silben **„Bhā-Ra-Ta“** zerlegt und diese erweitert, erhält man die 3 Komponenten, die das Wesen der Musik ausmachen, nämlich: **Bhāva** *(Gefühl)*, **Rāga** *(Melodie)* und **Tāla** *(Rhythmus)*.

Das Fundament der Hindu-Musik bilden die **RĀGĀS** oder feststehenden melodischen Tonleitern. Das Singen oder Spielen eines Rāgas ist ein stets neu entstehender Prozeß, und der Künstler hat innerhalb von festgelegten Regeln große Freiheit des Ausdrucks und der Improvisation. Der Hindu-Musiker spielt nicht nach Noten. Er bekleidet die Grundstruktur des Rāga jedesmal von neuem. *[Yogananda, s. o.]*

Das Besondere in der indischen Musik im Vergleich zum westlichen Musiksystem ist ihre **EINSTIMMIGKEIT**. Der Bedeutung der **MELODIE** wird großer Wert beigemessen, und so ist sie im Laufe der Musikgeschichte immer differenzierter und feiner geworden. In ähnlicher Weise hat sich die westliche Musik in ihren harmonischen und kontrapunktischen Formen immer weiterentwickelt.
Alle verschiedenen Töne haben im klassischen indischen Musiksystem immer den Bezug zu einem festgelegten Grundton. Die klassische indische Musik kennt in diesem Sinne keine Harmonien und Tonarten. Sie gehört zu den modalen Formen, d. h. es existieren festgelegte Tonskalen, die bestimmten Regeln und Gesetzen unterworfen sind. Rāgās sind die Basis der Melodie. Jeder Rāga entspricht einem bestimmten Gefühlszustand, der allmählich auf den Hörer übergeht, je nach den Eigenschaften des gewählten Modus, traurig, zärtlich, zornig, freudig..... Rāgās könnte man als melodische Archetypen bezeichnen, die eine spezifische Stimmung, Farbe und emotionale Atmosphäre *(Bhāva)* repräsentieren. Dieses musikalische Urgestein bildet die Grundlage für die Komposition und die Improvisation. Jeder einzelne Ton wird ge-

wissermaßen verehrt, umspielt, mit Ornamenten verziert, hochgradig verfeinert, durch Glissandi *(Gleiten zwischen den Tönen)* verbunden, bis der Rāga lebendig und wie aus einem unbehauenen Stein gleichsam zu einer Skulptur wird.

In der indischen Musik wird die Oktave in 22 **Shrutis** oder Vierteltöne unterteilt. Diese Mikro-Intervalle machen feinste Schattierungen im musikalischen Ausdruck möglich, die durch die abendländische chromatische Tonleiter von 12 Halbtönen nicht erreicht werden können.

Ein 2. wesentlicher Unterschied zur westlichen Musik liegt in den überaus komplexen rhythmischen Strukturen. **TĀLA** ist das Zeitmaß - systematisch angeordnete Zeiteinheiten *(Mātras)* in zyklischer Form - , das der Komposition oder dem Lied vorgegeben wird. In diesem Zyklus treffen sich Melodie und Rhythmus immer wieder, um sich auf dem 1. Schlag des Tāla zu vereinen. Über festgesetzte Schlagfolgen *(Theka)* wird innerhalb des Zyklus improvisiert, oft abwechselnd, z. B. singt der Sänger eine Komposition, und der Trommler improvisiert und spielt rhythmische Variationen, oder der Trommler hält die Basis des Theka, und der Instrumentalist oder Sänger improvisiert über diese rhythmische Grundform. Nach rhythmischen und melodischen Verschachtelungen, Verflechtungen, Verzögerungen, Akzentverschiebungen, Synkopisierungen, Überlagerungen gelangen die Musiker nach dem spannungsreichen Zusammenspiel schließlich zu der aufatmenden Erfahrung des Zusammentreffens auf der Eins (Sam), der Vereinigung im Einen.
„Rāga ist wie das Boot auf dem See, schwimmt, wird getragen vom Wasser, doch erst durch die Ruder *(Tāla)*, den Rhythmus, bewegt es sich fort.“

Ein weiteres Unterscheidungsmerkmal zur westlichen Musik ist: Man erlernt die Musik hauptsächlich über das **HÖREN**. Der indische Lehrer singt oder spielt dem Schüler vor, und der versucht, so gut wie er es kann, nachzuahmen. Lediglich zum Lernen oder zur späteren Erinnerung werden Kompositionen oder Lieder aufgeschrieben, sie dienen nicht zum Musikvortrag.
Wir lernen die Bhajans am besten, wenn wir den indischen Vorsängern aufmerksam immer und immer wieder zuhören und dann aus vollem Herzen mitsingen.

BHAJANS und ihre NOTIERUNGEN

Bhajans haben sich aus den alten vedischen Hymnen entwickelt. Volkstümliche Elemente lassen sich ebenfalls erkennen. Das Bhajan ist eine besondere Art von Samkīrtana *(gemeinsames Singen zur Ehre Gottes)*:
Es ist ein Wechselgesang zwischen Vorsänger und Chor. Der Vorsänger singt jeweils 1 Zeile vor, und der Chor wiederholt sie. Ein Bhajan hat meistens 2 Durchgänge, einen langsameren und einen schnelleren. Wenn das Bhajan kurz ist, kann es auch 3 oder 4 Durchgänge geben, wobei sich das Tempo immer mehr steigert. Beim 1. Durchgang wird jede Zeile normalerweise zweimal gesungen und jeweils vom Chor wiederholt, beim zweiten Durchgang nur einmal. Nur Variationen werden manchmal

auch im ersten Durchgang nur einmal gesungen. Das Bhajan endet in der Regel damit, daß die 1. Zeile langsam gemeinsam gesungen wird. Rāgās bilden häufig die melodische Grundlage der Bhajans, doch imaginative musikalische Gestaltung wie bei der Entwicklung eines Rāgas hat dort keinen Platz, die Lieder sind überwiegend festgelegt. Bei der melodischen Ausschmückung und Verzierung bestehen jedoch Parallelen zur klassischen indischen Musik.
Jedes Bhajan kündet von einem anderen Aspekt der Göttlichkeit – von der rhythmischen Kraft und Energie der Shiva-Bhajans bis zur lyrischen Weichheit eines Devī-Bhajans, von der Liebenswürdigkeit Rāmas bis zur Verzauberung durch Krishna..... . Es ist ein Weg, die Anziehungskraft des Göttlichen in uns zu erwecken und zu erfahren.

> „Ein gesungenes Bhajan in Noten zu setzen, gleicht dem Versuch, den Tanz eines Menschen in Form von Schriftfolgen aufzuzeichnen. Wir können so zwar Ablauf und Struktur festhalten, aber die wesentlichen Dinge, nämlich die rhythmische Lebendigkeit und die Nuancen der Melodie – bzw. Körperbewegungen, lassen sich nicht fixieren.
> **In diesem Sinne sind auch unsere NOTEN nur als ORIENTIERUNGSHILFE und ERINNERUNGSSTÜTZE gedacht; auf keinen Fall sollten sie – wie wir es im Westen gewohnt sind – nur notengetreu abgesungen werden!!** Bhajans wollen durch Zuhören und Mitsingen erlernt werden. Nur so kann sich in uns ein Sinn für die uns Westlern fremde Rhythmik und Melodik und v. a. auch für das Wesen eines Bhajans entwickeln."
> *[Charlotte Fischer]*

Die Inder kennen keine **Harmonien** bzw. Akkorde wie wir im Westen, doch wurden wir darum gebeten, welche zu setzen, damit man die Bhajans auch mit der Gitarre begleiten kann. Ulf Gründler setzte jeweils die „schönsten" Harmonien für jedes Bhajan ein. In diesem Bereich gingen indische und westliche Musik eine Synthese ein: „Schönste Melodien wurden mit schönsten Harmonien verbunden". Charlotte Fischer war im Zweifel, ob wir in dieser Art indische Bhajans „verwestlichen" dürfen. Sie wandte sich in Puttaparti diesbezüglich fragend an Sai Baba. Er gab ihr klar zu verstehen, daß wir das so tun können. Die **Dur-Tonarten** kennzeichneten wir über den Noten mit **Großbuchstaben**, die **Moll-Tonarten** mit **Kleinbuchstaben**.

Es gibt jedoch einige **GRUNDLEGENDE DINGE**, die jeder Bhajanvorsänger und auch jeder Instrumentalbegleiter und Mitsänger wissen sollte:

> „In Indien wird die menschliche Stimme seit jeher als das vollkomenste aller Instrumente angesehen." *[Yogananda, Antobiographie, S. 174]*

Beim Bhajansingen haben die Instrumente sich dem Vorsänger bzw. dem Chor ein- bzw. unterzuordnen. Sie dürfen nicht so laut werden, daß sie die Stimme des Vorsängers übertönen. Der Vorsänger hat „das Sagen". An Instrumenten werden in Indien häufig eingesetzt: Zimbeln, Trommeln, Tamburin, Klanghölzer, Rasseln, Harmonium.... im Westen auch Gitarren, Flöten, Geigen. Jeder kann sich nicht nur durch Mitsingen und Spielen eines Instrumentes beteiligen, sondern auch durch Klatschen des Rhythmus mit den Händen, was die Ausdruckskraft und Wirkung der Bhajans sehr erhöht. Das Klatschen symbolisiert durch jede Berührung der Hände den Schritt von der Dualität zur Einheit. Es ist wichtig, daß der Vorsänger „schön" vorsingt, daß die anderen Menschen von seinem Gesang ergriffen werden und mitschwingen können. „Die Reaktion der anderen auf euren Gesang darf euch nicht gleichgültig lassen." *[B, 11.4.1997 in SaSa 5, 97]*

> „Melodische Musik wird den Herrn selbst anrühren. Daher solltet ihr, wenn ihr an Bhajans teilnehmt, mit ganzem Herzen und ganzer Seele singen. Ihr müßt mit solcher Liebe zum Göttlichen singen, daß ihr euch selbst vergeßt." *[B]*

„Nur wenn der Gesang Rāga *(Melodie)*, Tāla *(Rhythmus)* und Bhāva *(Gefühl)* vereint, nur dann wird Er anwesend sein. Der Herr wird nur durch das zum Ausdruck gebrachte Gefühl bewegt und nicht allein durch die musikalische Begabung. Es tut nichts, wenn Rāga und Tāla nicht vollkommen sind. Jene haben nur etwas mit der weltlichen Ebene zu tun. Der Herr liebt nur das aufrichtige Gefühl."
[B, SaSa, 6, 1984 in Sai Briefe, Nr. 12, S. 10]

Und Ramakrishna äußert sich so dazu:
„Wenn du ein Lied für einen speziellen Gott oder eine Göttin singst, visualisiere zuerst, daß die Gottheit vor dir ist, und dann denke, daß du für sie singst und vergiß dich selbst. Denke niemals, daß du für irgendeinen Menschen singst. So wirst du keine Schüchternheit fühlen." *[Chetanananda, Ramakrishna as we saw him, p. 43]*

Auch was Daya Mata zum Lernen eines Liedes sagt, ist sehr förderlich:
„Wiederholt das Lied immer und immer wieder und konzentriert euch dabei jedesmal tiefer, bis euer Bewußtsein völlig in der Botschaft des Liedes aufgegangen ist. Wenn ihr euch darin übt, erreicht ihr schließlich einen Zustand, in dem ihr völlig eins mit dem Lied werdet...... Das Entscheidende dabei ist, daß ihr so lange weitersingt, bis ihr innerlich ganz von dieser seligen Wahrnehmung erfüllt seid. Dann wißt ihr, daß ihr den Nektar aus der Blüte des Liedes herausgesungen habt. Und dann wird diese Methode des Singens zu einer Art Meditation." *[Alles Glück liegt in dir, S. 148]*

„Ihr müßt die Gottesnamen laut, aus voller Brust singen, so weit die Stimme reicht."
[B, 3.3.1999 in Sai Briefe, Nr. 43, S. 7]

Immer wieder müssen wir uns klar machen:
„Die Hindu-Musik ist eine verinnerlichte, geistliche und individualisierte Kunst, die sich nicht um symphonische Klangschönheit, sondern um eine persönliche Harmonie mit der Überseele bemüht." *[Yogananda, Autobiographie, 174]*
Wir singen nicht , damit Gott uns hört – Er kennt ja sowieso alles – wir singen , damit wir Gott in uns hören, erfahren, um mit Ihm zu verschmelzen, mit Seinem Licht eins zu werden.

Der Vorsänger sollte auch die **Worte verstehen und sie richtig aussprechen:**
„Wenn ihr z. B. die Rezitation von Bhajans, Gedichten oder Hymnen lehrt,

müßt ihr auf die richtige Aussprache eines jeden Lautes, auf die richtige Artikulation eines jeden Buchstaben achten; denn sonst wird der Sinn unkenntlich gemacht.“ *[B, SSS, IX, 10]*

Zur Rhythmik der Bhajans:
Im Gegensatz zur westlichen Musik paßt sich die von einem indischen Vorsänger gesungene Melodie nicht exakt dem zugrundeliegenden Metrum an. Oft setzt die Melodie am Anfang einer Zeile verzögert ein, um sich dann zu beschleunigen und bei einem wichtigen Wort wieder zur Ruhe zu kommen. Diese rhythmischen Freiheiten sind nicht notierbar. Verzögerten Beginn haben wir häufig als Achtelpause notiert, obwohl die Pause in Wirklichkeit kürzer ist. Wer einen Zugang zu dieser freischwebenden Rhythmik sucht, findet Hilfe bei den Wortbetonungen. Laute, die im Sanskrit gedehnt werden, werden meist auch in der Melodie über ihren notierten rhythmischen Wert hinaus gedehnt, kleinere Wörter und unbetonte Silben werden oft schneller gesungen als notiert.

Zur Melodik:
Auch die Tonhöhen lassen sich häufig nicht exakt notieren. Immer wieder hören wir Verschleifungen, Umspielungen und Verzierungen. Wir haben in der Regel nur das melodische Grundgerüst notiert, um den Notentext übersichtlich zu halten. Verzierungen sollten aus einem intuitiven Gefühl und dem Moment heraus entstehen. Als Grundregel könnte gelten: lieber klare, einfache Melodik als künstlich erfundene Verschleifungen und Verzierungen.
Da die Bhajans meist mündlich verbreitet werden, kann es auch zu **verschiedenen Versionen** oder Abweichungen kommen. Das ist in Indien üblich. Es gibt ja auch nicht das ultimative Kochrezept für dieselbe Mahlzeit. Wir Deutschen können diesbezüglich lernen und erkennen, daß es nicht **DIE** Lösung gibt!

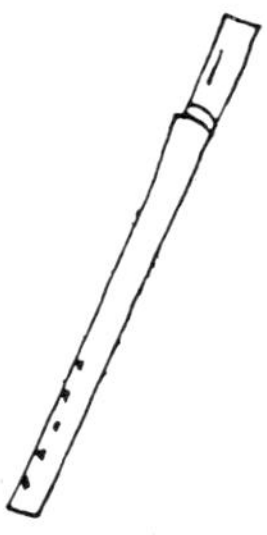

„Sei wie eine Flöte in der Hand Gottes,
leer und ohne eigenen Willen.
Dann wird dich Gott an Seine Lippen setzen
und durch dich göttliche Melodien spielen,
welche alle erfreuen werden.
Dann wird dein Atem der Atem Gottes werden.“

[Sai Baba]

Es ist das „Lied der Rohrflöte“, die, von ihrem heimischen Röhricht abgeschnitten, klagt und dadurch alle Welt zum Weinen bringt. „Denn ihr Klang erinnert die Geschöpfe daran, daß sie einst in der Urewigkeit ungetrennt von Gott, dem Ursprung allen Seins, waren und erst durch den Schöpfungsakt in die Welt der Zweiheit gelangten.“ *[A. Schimmel, Rumi, S. 206]*

4. SANSKRIT, SEINE AUSSPRACHE......

Die meisten der hier aufgeführten Mantren sind Mantren in Sanskrit. Auch die Bhajans haben viele Sanskritworte – meistens Gottesnamen und Beschreibungen Gottes –, die zum Teil auch in die noch gesprochenen indischen Sprachen eingegangen sind. Darüberhinaus finden wir auch häufig Worte in Hindi oder Telugu *(der Muttersprache Sai Babas)* in ihnen. Ein aus dem Hindi oder einer anderen Sprache stammendes Wort habe ich in den Erklärungen in der Regel gekennzeichnet: die Abkürzung **H** = steht für **Hindi, T** = für **Telugu**.

Sanskrit ist die Mutter aller Sprachen, der Vorfahr und Kern aller Sprachen. Es wurde in uralten Zeiten als die Sprache der Götter betrachtet. *[SSS, VI, 139; SaSa 11/12, 1995]*
Es ist eine heilige Sprache.

> „Sanskrit ist eine unsterbliche Sprache;
> ihre Stimme ist ewig;
> ihr Ruf geht durch die Jahrhunderte.
> In sie eingebettet ist die Grundlage
> aller Sprachen der Welt". *[B, S. Sai Vah., 151]*

Wenn auch nicht ganz so offensichtlich wie in den indischen Sprachen, kann man doch auch in der deutschen Sprache in vielen Worten eine Verwandtschaft mit dem Sanskrit feststellen; ein höchst interessantes Unterfangen. Sanskrit ist für mich eine faszinierende Sprache. Am meisten beeindruckt mich an ihr, daß letztlich jedes Wort auf „Wurzelsilben" zurückgeführt werden kann. Dadurch kann man bis zum ursprünglichen Sinn eines Wortes vorstoßen und in das geheime Weben der Sprache eindringen.

Die gebräuchlichste Schrift für Sanskrit ist die **Devanāgarī-Schrift.** In englischsprachigen indischen Ausgaben der Werke von und über Sai Baba ist die Sanskritschrift oft ungenau und für die Aussprache verwirrend in unser Alphabet umgesetzt. Es erscheint z. B. oft ein „h", wo keins hingehört. So ist das „h" im Namen **„Sathya"** *(Sai Babas erster Name, wie Baba sich auch selbst schreibt nach unserem Alphabet)* auf diese englische Umschrift zurückzuführen. Eigentlich müßte der Name **„Satya"** geschrieben werden, ohne „h", so wie Baba es im Telugu-Schriftalphabet tun würde. – In diesem Buch ist gemäß den Transliterationsprinzipien der deutschsprachigen Bibliotheken eine **vereinfachte Umschrift der Devanāgarī** gewählt, so wie M. Mittwede sie in seinem „Spirituellen Lexikon" verwendet.

In der Devanāgarī-Schrift gibt es keine Differenzierung in **Groß- und Kleinschreibung.** Ich schrieb alle Sanskritworte groß, da es sich in den Mantren und Bhajans vorwiegend um Gottesnamen handelt. Dadurch bekommt alles eine größere Gewichtigkeit. Nur in den kleinen Erklärungen und Aufschlüsselungen erscheinen sie meist klein geschrieben.

Sehr wichtig ist im Sanskrit **die korrekte Längenaussprache der Vokale**, da sonst Sinnveränderungen auftreten können *(Beispiel: bāla = Kind, Junge; bala = Stärke)*. Die Vokale „e" und „o" werden **immer lang** ausgesprochen; **„a"**, **„i"** und **„u"** können sowohl lang als auch kurz ausgesprochen werden. Wenn sie lang auszusprechen sind, sind sie in der Sanskrit-Umschrift mit einem Längsbalken gezeichnet: **„ā"**, **„ī"** und **„ū"**. Da **„e"** und **„o"** immer lang ausgesprochen werden, gibt es über ihnen keinen Längsbalken. Kurzes „a" hat je nach der lautlichen Umgebung verschiedene Färbungen. Sein häufigster Klangcharakter ist „a" wie in „but" im Englischen.

[M. Mayrhofer, Sanskrit-Grammatik]

Die **Betonung** in einem Sanskritwort richtet sich nach der Länge der Silben. In mehrsilbigen Worten wird die vorletzte Silbe betont, wenn sie lang ist *(durch einen langen Vokal oder mehrere aufeinanderfolgende Konsonaten)*. Ist die vorletzte Silbe kurz, trägt die drittletzte Silbe den Ton. Beispiele:
Bhārata *(die drittletzte Silbe wird betont)*, Rāmāyana *(die drittletzte Silbe wird betont)*, Ahamkāra *(die vorletzte Silbe wird betont)*, Ānanda *(die vorletzte Silbe wird betont = Konsonantenhäufung)*.

Für die **Aussprache von Konsonanten** gilt:

- **c** wie deutsch **„tsch"** *(wie in klatschen, church)*
- **j** wie deutsch **„dsch"** *(wie in joy)*
- **y** wie deutsch **„j"** *(wie in jeder)*
- **v** wie deutsch **„w"** *(wie in Wort)*
- **s** wie deutsch **„ss"** *(wie in Wasser)*
  (Das „s" in „Sai" wird nicht stimmhaft weich, sondern scharf, ss, ausgesprochen!)
- **sh** wie deutsch *„sch" (wie in frisch, Vishnu)* = die Zungenspitze ist zurückgebogen *(retroflex)* **oder:**
  Aussprache wie in „Shiva" und „Shānti": Der Laut wird mit der Zungenspitze an dem vorderen Teil des Gaumengewölbes gebildet *(palatal)*.
  Dieser Umschrift sh-Laut umfaßt 2 verschiedene Sanskrit-Zischlaute, und es ist gut, sich diesbezüglich indische Vorlagen für die Aussprache anzuhören.

- **h** **in bh, ch, dh, gh, jh, ph, th** ist als **deutlich hörbarer Hauchlaut** zu sprechen, z. B. Budd-hi.
- **jn** wird je nach Region wie deutsch **„gnj"**, **„gj"** oder **„dnj"** ausgesprochen.

t, th, d, dh: Diese Laute werden in Indien noch einmal unterteilt in die betont, scharf, „retroflex" ausgesprochenen *(die Zungenspitze ist zurückgebogen und stößt gegen den Gaumen; die Aussprache von englisch „t", „d" – in „too" und „done" – kommt ihnen nahe* [1]*)* oder die „dental", weich ausgesprochenen *(wobei die Zungenspitze gegen die Oberzähne stößt)*.

1) *[M. Mayrhofer, Sanskrit-Grammatik]*

Hinzuweisen ist noch auf den **Sandhi**:
Wenn im Sanskrit Worte in einem Atemzug hintereinander gesprochen werden, ändern sich manchmal die Aus- und Anlaute aufeinanderfolgender Worte des flüssigen Sprachduktus wegen. Das nennt man Sandhi. Hier einige Beispiele aus den vielen Sandhi-Regeln:

Yuga + Avatāra → Yug**ā**vatāra
Zeitalter *Avatar*

Parama + Īshvara → Param**e**shvara
höchster *Gott*

Jagat + Mātā → Jaga**n**-Mātā
Welt *Mutter*

Sat + Cid + Ānanda → Sa**c**-Cid-Ānanda
Sein *Bewußtsein* *Seligkeit*

Nama**h** + **O**m → Nam**a** Om
Verehrung

Nama**h** + **N**amah → Nam**o** Namah

Sa**h** + **A**ham → S**o**‘ **h**am
Er, Gott *ich*

Wenn unterschiedliche Schriftweisen – besonders am Schluß eines Wortes – auftauchen, kann es am Sandhi liegen. Ich löste die Sandhis in der Regel in den kleinen Erklärungen auf. In den Sanskritmantren findet man die Sandhis immer beachtet, in den Bhajans manchmal. Bei den Bhajans übernahm ich immer genau die Worte des Vorsängers.

Die **Gottesnamen** stehen in den Bhajans meistens im **Vokativ** *(Anruf)* oder im **Nominativ**. Meistens vermerkte ich den Kasus in den Erklärungen. Folgende **Abkürzungen** wurden benutzt:
Nom. = Nominativ, Vok. = Vokativ, Gen. = Genitiv, Dat. = Dativ, Akk. = Akkusativ, Abl. = Ablativ, Lok. = Lokativ, Instr. = Instrumentalis, Sg. = Singular, Pl. = Plural, Pers. = Person.

Zusammengehörende Sanskritworte verband ich des Verständnisses wegen oft durch einen **Bindestrich**, den es aber in der Devanāgarī-Schrift nicht gibt.

5. ZUR EINTEILUNG DER MANTREN UND BHAJANS

Die meisten Gottesnamen in dieser Buchreihe kommen aus den verschiedensten Richtungen hinduistischer Gottesverehrung, die alle aus der vedischen Tradition stammen.

Shankara, der große Lehrer des Advaita *(Nichtzweiheit)*, faßte um 800 n. Chr. die verschiedenen traditionellen vedischen Verehrungssysteme zusammen, um jedem zu ermöglichen, seine bevorzugte Gottheit zu verehren und darüber zur Erfahrung des Einen zu gelangen. Diese sind später als **SHAN-MATA**, das **6-FACHE SYSTEM,** bekannt geworden. Die jeweils bevorzugte Gottheit repräsentiert für ihre Anhänger die letztendliche Wahrheit, den Urgrund allen Seins:

1.) **VAISHNA** mit **Vishnu** *(Nārāyana)* als höchstem bevorzugtem Gott
2.) **SHAIVA** mit **Shiva** als höchstem bevorzugtem Gott
3.) **SHĀKTA** mit **Shakti** *(Devī, der Göttlichen Mutter)* als höchstem Gott
4.) **SAURA** mit **Sūrya** *(Sonnengott)* als höchstem Gott
5.) **GĀNAPATYA** mit **Ganapati** *(Ganesha)* als höchstem Gott
6.) **KUMĀRA** mit **Subrahmanyam** als höchstem Gott

In den meisten Bhajans wird Gott mit verschiedenen Namen aus einer dieser Traditionen besungen. Sūrja-Bhajans habe ich bisher nicht kennengelernt. Die Sekte der Sauras, die zeitweise den Vaishnavas und Shaivas wenig an Bedeutung nachstand, erlebte ab dem 12. Jahrhundert ihren Niedergang. Der Hindu begnügt sich heute gewöhnlich mit der Anrufung der Sonne in der Samdhyā, der morgens, mittags und abends verrichteten Andacht. *[Götter und Mythen des Indischen Subkontinents, S. 173]*

Die Bhajans und Mantren sind in folgende Kapitel eingeordnet:

Buch I : 1. Kapitel : **MANTREN, RITUALGESÄNGE, GEBETE**
Buch II: 2. Kapitel : **GANESHA-BHAJANS**
3. Kapitel : **GURU-BHAJANS**
4. Kapitel : **SHIVA-BHAJANS**
einschließlich **Subrahmanyam** und **Muruga**
5. Kapitel : **NĀRĀYANA-BHAJANS** *(= Vishnu-Bhajans)*
6. Kapitel : **RĀMA-BHAJANS**
(=eine Inkarnation Nārāyanas)
7. Kapitel : **KRISHNA-BHAJANS**
(= eine Inkarnation Nārāyanas)
8. Kapitel : **DEVĪ-BHAJANS**
9. Kapitel : **SARVA-DHARMA-BHAJANS**
(= Besingung Gottes mit Gottesnamen aus allen Religionen)
10. Kapitel : **SĀĪ BĀBĀ-BHAJANS**

Die Einordnung mancher Bhajans in die verschiedenen Kapitel fiel mir nicht leicht, da in ihnen mehrere Gottesnamen angerufen werden. Ich habe sie dann dem mir am stimmigsten erscheinenden Aspekt zugeordnet.

6. ZUM GOTTESVERSTÄNDNIS IM HINDUISMUS

Der gesamte Kosmos basiert auf 3 Prozessen:
Schöpfung *(Srishti)*, **Erhaltung** *(Sthiti)* und **Auflösung** *(Laya)*. Diese 3 Vorgänge halten den Kosmos in Gang. Man hat diese 3 Prozesse im Hinduismus 3 Gottheiten zugeordnet:

BRAHMĀ, VISHNU und **ĪSHVARA** ***(SHIVA)***

„Die Hauptautorität, die für das Erschaffen verantwortlich ist, ist **Brahmā**. Er ist für alles zuständig, das mit Erschaffen zu tun hat. Dann kommt die Erhaltung. Was erschaffen wurde, muß gepflegt und erhalten werden. Die Autorität, die dafür zuständig ist, wird **Vishnu** genannt. Nach dem Wachstum kommt unweigerlich das Stadium der Auflösung. Es gibt eine Instanz, die dafür verantwortlich ist, die Regeln der Auflösung festzulegen, und dafür, sie durchzusetzen. Diese Autorität ist **Īshvara**. Es gibt also drei Instanzen, die sich auf der funktionellen Ebene die Verantwortung für Schöpfung, Erhaltung und Auflösung teilen. Es muß jedoch jemanden geben, der über diesen dreien steht so wie ein Ministerpräsident seinem Kabinett vorsteht.... Diese höchste Autorität wurde von den Indern **„BHAGAVĀN"** genannt. Die Mitglieder der unterschiedlichen Glaubensrichtungen haben dieser Autorität unterschiedliche Namen gegeben. Der Begriff, der heute am meisten benutzt wird, ist **GOTT**. Gott meint den Einen, der alle drei Vorgänge, Schöpfung, Erhaltung und Auflösung, lenkt. Das englische Wort **G O D** besteht aus drei Buchstaben: 'G', 'O', 'D'. 'G' steht für 'generation'*(Hervorbringen oder Schöpfung)*. 'O' bedeutet 'organisation' *(Verwaltung = das heißt Erhaltung der Schöpfung)*, und 'D' steht für 'destruction' *(Zerstörung)*. GOD verbindet die drei Aspekte Hervorbringen, Verwaltung, Zerstörung *(generation, organisation, destruction)*." *[B, 28.2.1995 in SaSa, 4, 1995]*

Gott umfaßt die 3 obigen Tätigkeiten. Er ist **Gott in Aktion, SHAKTI, die Göttliche Energie, die Große Mutter**, auch **DEVĪ** oder **KĀLĪ** genannt, doch zugleich ist Er **„still"**, ohne Form, unveränderlich, das absolute Sein. Die Worte **„SAT"** ***(Sein)*** und **„TAT"** ***(Das)*** sind Namen für das absolute ewige, unwandelbare Sein, das unergründliche Geheimnis, ebenso die Worte **„BRAHMAN"** [1] und **„ĀTMAN"**. [2]

„Er, den die **Jnānis** *(die Weisen)* **BRAHMAN** nennen, ist den Yogis als **ĀTMAN** und den Bhaktās *(Gottliebenden)* als **BHAGAVĀN** bekannt." *[Ramakrishna, Vermächtnis, 130]*

„Brahman ist jenseits von Worten und Gedanken.... In Samādhi erlangt man Brahman-Erkenntnis." *[Ramakrishna, Vermächtnis, S. 103]*
Brahman ist durchdrungen von Liebe. *[B, 23.11.1996]* „Gott ist Liebe. Liebe ist Selbstlosigkeit." *[B, Prema Dhāra, S. 30]*

1) *Das Wort „Brahman" wird von der Wurzel „brh" abgeleitet, was bedeutet „sich ausdehnen, vergrößern, ausweiten usw". [B, Jnāna.Vāh., S. 28]*
2) *Die Wurzel des Wortes „Ātman" ist „at", was unter anderem „Ausdehnung, Verbrauch, Bewegung" bedeutet. Ātman bezeichnet universales Eingeborensein, allumfassende Einverleibung, fortwährende Bewegung, also das Brahman selbst. [B, Upanishad-Vāh., S. 65]*

„Gott befindet sich weder im Himmel noch an einem Ort mit gleichbedeutendem Namen. Zu glauben, daß Er nur einen Sitz hat, an dem Er gegenwärtig ist und dorthin zu pilgern, ist ein höchst bedauernswerter Irrtum. Er ist überall, in jedem Einzelnen, zu jeder Zeit. Als Zeuge aller Dinge ist Er in Allem. Er ist jene Energie, die Raum und Zeit erfüllt." *[B, in Craxi, Gott, Natur und Mensch]*

„Ein Mensch, der aus dem Samādhi zurückkommt, erkennt, daß es Brahman ist, der zum Ich, zum Universum und zu allen lebenden Wesen geworden ist. Das nennt man Vijnāna *(höchstes Wissen)*." *[Ramakrishna, Vermächtnis S. 105]*

„Um Seiner leichter gewahr zu werden, kann man dem unendlichen, ewigen Brahman 3 Attribute zuerkennen: **'SAT - CIT - ĀNANDA = Sein - Bewußtsein - Glückseligkeit'**. Das allerwinzigste Partikelchen des Universums besitzt die 3 Merkmale ebenso wie das Gewaltigste und Umfassendste." *[B, SSS, IX, engl. S. 98]*

„Sat" ist die Essenz des Friedens *(Shānta)*; „Cit" ist die Essenz des Wissens *(Jnānam)*. Diese bilden zusammen mit Glückseligkeit *(Ānanda)* die Gestalt *(Svarūpa)* Brahmans. *[B, Jnāna Vāh., engl., p. 23]*

„Der Jīva *(Individuum, Mensch)* ist nichts anderes als die Verkörperung von Sat-Cit-Ānanda. Da aber Māyā oder das Ich verschiedene Upādhis schafft, Formen und Grenzen des Daseins, vergißt er sein wirkliches Sein." *[Ramakrishna, Vermächtnis, S. 156]*

Ebenso wie zur Schlange ihre Bewegungen gehören, umfaßt Gott *(Ātman)* die beiden Aspekte: **„Wesenheit"** ***(Svarūpa)*** und die **„Auswirkung Seiner Wesenheit"** ***(Svabhava)***, „die angeborene Wahrheit" ***(Dharmi)*** und die „Auswirkung der Wahrheit" ***(Dharma)***.

Der Svarūpa des Ātman ist **„Anu"**, atomar. Die Auswirkung des „Anu" ist **Strahlkraft** *(Prakāsha)* und ist alldurchdringend. *[B, 23.11.81, Sai Briefe, Nr. 5]* Die Schöpfung, das Universum ist die Auswirkung der Wesenheit Gottes, Sein Dharma, Sein Traum.

[B, S. Sai Vah., S. 56]

Gott ist gestaltlos und hat zugleich eine Gestalt.

„Zuerst wird Gott in der Form erkannt. Dann wird Er in dieser Form überall gesehen. Dann kann Gott, da jede Form vergänglich ist, formlos wahrgenommen werden! ....Aber man lernt Gott durch Name und Form kennen." *[B, Hislop, Gespr., S. 72/73]*

Ich pflegte die Gottheit im Kālī-Tempel zu verehren. Plötzlich wurde mir enthüllt, daß alles Bewußtsein ist. Die Utensilien für die Verehrung, der Altar, der Türrahmen – alles reines Bewußtsein. Menschen, Tiere und andere Lebewesen – alle reines Bewußtsein. Dann begann ich wie ein Verrückter Blumen in alle Richtungen zu streuen. Was immer ich sah, verehrte ich.

[Ramakrishna]

Mögen wir keine Blinden sein!

„Einige Blinde kamen in die Nähe eines Tieres, von dem man sagt, daß es ein Elefant sei. Sie tasteten nach seinem Körper. Einer sagte, der Elefant sei wie eine Säule; er hatte sein Bein berührt. Ein anderer sagte, er sei wie ein Fächer; er hatte das Ohr berührt. So gaben auch die anderen ihre Meinung ab, je nachdem, ob sie den Schwanz, den Bauch oder einen anderen Teil berührt hatten. Genauso beschränkt ein Mensch Gott nur auf den einen Aspekt, den er gesehen hat. Er ist überzeugt, daß Gott nichts anderes sein kann.
(Zu Goswami:) Wie könnt Ihr behaupten, daß die einzige Wahrheit über Gott darin besteht, daß Er eine Gestalt hat? Es stimmt, daß Gott in menschlicher Gestalt auf die Erde kommt, zum Beispiel als Krishna. Es stimmt, daß Gott sich Seinen Verehrern in verschiedenen Formen enthüllt. Aber es stimmt auch, daß Gott gestaltlos ist. Er ist unsichtbares, absolutes Sein-Wissen-Seligkeit. Die Veden sagen, Er sei gestaltlos und nehme auch Gestalt an. Sie beschreiben Ihn als eigenschaftslos und als mit Eigenschaften versehen." *[Ramakrishna, Das Vermächtnis, S. 165]*

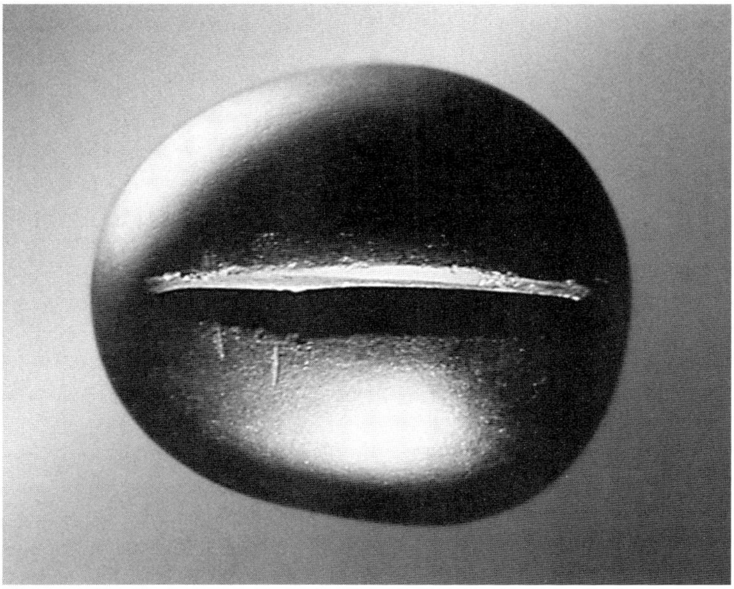

Shālagrāma oder Nārāyana
Banaras, Naturstein mit Einkerbung
[Abb. A. Mookerjee, Ritual Art of India]

Der Shālagrāma (schwarzer Ammonit-Stein) gilt als anikonische (nicht bildhafte) Form Vishnus. In vielen hinduistischen Familien werden Gottheiten sowohl in ihrer ikonischen wie auch anikonischen Form verehrt.

<u>*Sonntagmorgen im Juni*</u>

Hans Thoma, 1839 –1924

[Standort und Besitzer unbekannt]

Singend, laut oder leise,
laßt uns den Weg durch grüne blühende Wiesen nach Hause gehen !

1.

MANTREN
RITUALGESÄNGE
GEBETE

„Lerne und erlebe die Tragweite eines einzigen Mantras,
und du kannst das Ziel erreichen, ohne fehlzugehen.“

[Sai Baba, Upanishad-Vāhinī S. 26]

1.001

WAS IST EIN MANTRA ?

Das Wort „**Mantra**" setzt sich zusammen aus den beiden Sanskritwurzeln √‾man und √‾tr. Die √‾man [1] bedeutet: „denken, nachsinnen, verweilen." Die √‾tr bedeutet: „hinübersetzen, befreien, retten." Folglich ist ein Mantra:
„Das, was dich rettet, wenn du darüber meditierst" ***(nachsinnst, verweilst).***
[B, Līlā Kaiv. Vāh., S. 73; Prasnottara Vāh. in Gita Vāh., S. 227]

„Das Mantra wird dich davor bewahren, daß du in die Fänge dieses weltlichen Lebens, das mit Tod, Kummer und Leiden verseucht ist, gerätst." *[B, Līlā Kaiv. Vāh., 73]*

Als man Ramakrishna Paramahamsa fragte, was ein Mantra sei, antwortete dieser: „**Gottes Name**". *[Satyamayi, Sri Ramakrishna, S. 161]* Sai Baba drückt es so aus:

„Ein Mantra ist eine heilige Formel,
welche den alles durchdringenden allmächtigen Höchsten anruft." *[SSS, XI, 124]*

Immer wieder betont Baba, daß es wichtig ist, die Bedeutung eines Mantras zu verstehen, und Er erklärt die Mantren deshalb immer wieder, denn:
„Es genügt nicht, die Worte eines Mantras zu rezitieren. Ihr müßt jeden Laut mit vollem Verständnis aussprechen und seine Bedeutung zu verstehen suchen."
[B, SoSe, 1977, 104]

„Kurz gesagt, ein Mantra ist das, was rettet, wenn man in Gedanken dabei verweilt.
Wer Rituale und Opferhandlungen ausführt, muß sich ständig ihrer
Natur und Bedeutung bewußt sein." *[B, Līlā Kaiv. Vāh., 16]*

Auch der **Klang eines Mantras** ist von größter Wichtigkeit, deshalb müssen wir uns um das richtige Rezitieren *(Singen, Sprechen)* bemühen.

„Der Laut eines Mantras ist ebenso bedeutungsvoll wie sein Inhalt.
Selbst eine giftige Kobra wird durch die Klänge der Musik besänftigt."
[B, Meditation, S. 30]

Auch wenn die perfekte Aussprache nicht gelingt, entscheidend ist die Liebe, mit der es gesprochen wird. Sai Baba sagt dazu: „Durch Konzentration und Meditation findet ihr die richtige Wellenlänge. Liebe ist die Feinabstimmung. ..." *[B, Meditation, S. 29]*

„Mit Hilfe eines Mantras kann die Allgegenwart Gottes klar erkannt werden. Konzentriert euch auf das Mantra *(das entspricht der Einstellung der Wellenlänge)*, füllt euer Herz mit Liebe *(das entspricht der Feinabstimmung)* und erkennt Gott *(d. h. empfangt das allgegenwärtige Programm)*. Ohne die genaue Feinabstimmung lauft ihr Gefahr, anstelle der Harmonien nur Dissonanzen zu hören." *[B, Meditation, S. 29]*

„Ihr könnt die Verbindung zwischen dem Menschlichen und dem Göttlichen nicht sehen, aber Mantras befähigen euch, diese Verbindung zu erfühlen." *[B, SoSe, 1974, S. 58]*

1) Die ***√‾man*** *finden wir im Wort* ***„Manas"*** *(mind, Geist), der wesentlichen Eigenschaft, die den* ***„man"*** *=* ***„Mensch"*** *ausmacht. [B] „Der tiefere Sinn von 'man' ist, daß die menschlichen Wesen unterscheiden und die Illusion (Māyā) beseitigen können." In 'man' steht 'm' für Māyā entfernt, 'a' für Ātman gesehen, 'n' für Nirvana erreicht. [B, Reden zur Bhag.-Gītā, S. 232]*

Die **Wiederholung des Namen Gottes** *(Nāmasmarana)* gehört zur vedischen Tradition und ist sehr wichtig, für jeden wichtig. *[B]* „Nāmasmarana alleine genügt." *[B, in K. Ramamurthy, Sri Sathya Sai, S. 191]*. Es ist von größter Wirkung.

> **„Konzentriert eure Gedanken auf Gott, auf Seinen Namen und auf Seine Form, dann werdet ihr dem Reinen und Ewigen immer nahe sein, und es wird euch reine und ewige Freude schenken. Das ist der Grund, weshalb ich der Rezitation des Namen Gottes als spiritueller Übung so viel Bedeutung beimesse."** *[B, SSS, V, 14]*

„Du hast ein Ei gesehen, nicht wahr? Wenn der Vogel einige Zeit lang auf dem Ei sitzt, wächst das Küken im Innern zu seiner vollen Größe heran und dann – wenn die Schale des Eies zerbricht – kommt es hervor und nimmt seine wirklich Form an. Wenn der Aspirant in der gleichen Weise mit geläutertem Bewußtsein im Geiste bei dem Mantra und seiner Bedeutung verweilt, und sein Geist sich ohne Unterbrechung um dessen Bedeutung dreht, wächst die innere Schau in seinem Geist, ohne unterbrochen zu werden, die Schale von Ajnāna, der Unwissenheit, zerbricht und er erstrahlt im Glanz der Göttlichkeit, die er in seinem Bewußtsein geformt hat." *[B, Līlā K. Vāh., 74]*

Nicht nur die in diesem Buch aufgeführten Mantren sind Mantren, jeder Gottesname, jedes Gebet, jedes Gotteslied ist ein Mantra bzw. kann zu einem Mantra werden. Es kommt auf die ständige Wiederholung desselben an, laut oder im Geiste. Es gilt, das Gottgedenken unablässig im Herzen zu bewahren, es tief zu verinnerlichen. Im Dhikr *(= Gotterinnern)* wird im Sufitum die Namenswiederholung viel praktiziert, ebenso schon seit langem in der griechisch orthodoxen Kirche im Herzens- oder Jesusgebet, was dem Pauluswort „Betet ohne Unterlaß" entspricht. *[Jungclaussen, Aufrichtige Erzählungen]*
Ein Mantra kann ein einsilbiges Wort, ein mehrsilbiges Wort, ein Satz, ein mehrzeiliges Lied *(Gebet)* sein. Hier eine kleine Auswahl:

Om

Gott

Sāī Rām

Herr Jesus

Om Namah Shivāya

Du bist meine Mutter und Vater zugleich,
mein Verwandter, Gefährte und bester Freund.
Der Reichtum, das Wissen, die Weisheit bist Du.
Du bist wahrhaft alles, mein Herr und mein Gott !

Das heilige Schriftzeichen 'Om'

[Gestaltung: Ellen Bernecker]

Vorlage für diese Om-Gestaltung ist ein von Sai Baba geschriebenes Om, das Er auf eine Kindertafel schrieb.

OM - ॐ - AUM

1.002

- DAS HEILIGE MANTRA OM : DER KOSMISCHE URKLANG -

„Von allen Mantras ist das Om *(= Pranava)* das höchste und beste. Es ist das Haupt und die Krone von ihnen allen.“ *[B, Prasnottara Vah., engl., 48]*

Ein anderes Wort für die heilige Silbe **„Om“** *(= „Aum“)* ist das Wort **„PRANAVA“**. Pranava bedeutet: **„Das was immer neu ist“** *[B]* und **„Das, was stark preist.“** *[B]*

Der Laut Om ist das verbale Symbol Gottes. *[B, SSS, I, S. 105]*

„Das Om ist das Symbol des Unendlichen, der Urenergie.“ *[B, SSS, XI, 66]*

„Das Om, das sich aus ‘A‘, ‘U‘, ‘M‘ zusammensetzt, ist die Essenz aller Worte, die je über menschliche Lippen kommen können. Es ist der fundamentale Urlaut, der das universale Absolute symbolisiert.“ *[B, Meditation, S. 33]*

„Om ist der **uranfängliche Ton**, der Ton, der durch die Schwingungen der Schöpfung durch den auftauchenden Willen des form- und attributlosen Brahman *(Nirākāra, Nirguna-Brahman)* verursacht wurde. Man spricht von Ihm als **Shabda-Brahman**“, das Brahman, das sich als Ton (Klang) offenbart. *[B, SSS, X, engl., 164/165]*

Der Laut Om ist identisch mit dem **„Wort“** des Evangelisten Johannes:
[Neues Testament, 1, 1-5]

„Im Anfang war das **Wort**,
das Wort, es war bei Gott,
und dieses Wort war selber Gott.
Im Anfang schon war es bei Gott.
Und alles ist durch es, nichts ohne es
geworden, was geworden ist.
Das Leben war in ihm,
das Leben war der Menschen Licht,
es leuchtet in der Finsternis,
die Finsternis vermag es nicht zu greifen.“

Und Sai Baba sagt es so: *[B, 1970, in Kasturi, Loving God, S. 372]*

„Es gab Niemanden, der wußte, wer Ich bin, bis Ich das Universum mit einem **Wort** zu Meiner Freude schuf. Sofort erhoben sich Berge; Meere und Seen, Länder und Flüsse, Sonne, Mond und die Wüsten entstanden aus dem Nichts, um Meine Existenz zu beweisen.
Alle lebenden Wesen erschienen, Menschen, Tiere und Vögel - fliegend, sprechend, hörend. Alle Kräfte wurden ihnen verliehen nach Meinen Regeln.
Der 1. Platz wurde der Menschheit gewährt, und Mein Wissen wurde in des Menschen Geist *(mind)* gesenkt.“

„Die Stille, die äußere Klänge umgibt, ist Gott.
Im Innern dieser Stille ist der ewige Klang des Om.
Es gibt nur einen Klang, und das ist Om.
Jeder andere Klang entsteht aus Om.“ *[B]*

„Der heilige Klang Om ist Brahman. Alles dies ist Om.“
- Om Iti Brahma - Om Itīdam Sarvam - *[Taittirīya-Upanishad I, 8]*

„Belebte und unbelebte Materie sind nichts anderes als Variationen des Om; sie erhellen sein Wesen, zeigen seine Möglichkeiten.... ‘Pranava‘ ist der Name des Höchsten Selbst *(Paramātman)*. Sie sind eins und unzertrennlich. Alles ist Brahman.“
[B, SSS, XI, 66]

Das Om ist das universell akzeptierte Symbol des Hinduismus. Alle religiösen Richtungen, Kulte und Gruppen benutzen es. Auch der Buddhismus, Jainismus und Sikhismus haben es angenommen. Wegen seiner ungeheuren Wichtigkeit werden deshalb heilige Texte und Verse in Indien mit Om eingeleitet und enden mit Om. Das Wort **OM** wurde zum **„AMEN“** der Ägypter, Griechen, Römer, Juden und Christen, zum **„AMĪN“** der Mohammedaner, zum hl. Wort **„HUM“** der Tibeter *[P. Yogananda, Kosmische Lieder, 24]* und zum **„MU“** im Zen-Buddhismus.

„Auch ein Kalb ruft mit seinem ‘muh, muh‘ nicht nur die eigene Mutter, sondern auch die Göttliche Mutter des Universums.“ *[B, SSS,V, 41]*

Alle verschiedenen Gottesnamen stammen aus derselben Quelle, dem Om.

„Gott ist Einer. Die Weisen benennen Ihn mit verschiedenen Namen.“
– „Ekam Sat Viprāh Bahudhā Vadanti“ – *[Rigveda]*

„Die Om-Meditation ist eine wertvolle spirituelle Disziplin für die Sucher nach der unvergänglichen Wirklichkeit. Sie gleicht den Strahlen der Sonne, deren 7 Farben in das farblose, gleißende Licht einmünden.“ *[B, Meditation, 33]*

„Wer sich in Om versenkt, der geht in Brahman ein.“ *[Taittirīya-Upanischad]*

„Im menschlichen Körper gibt es 6 Nervenzentren, alle in Form der Lotosblume. Jedem Blütenblatt der 6 Lotosblumen sind bestimmte Laute zugeordnet. Wie von dem Schwingungskörper eines Harmoniums, so geht auch von jedem der Blütenblätter ein bestimmter Ton aus, wenn es bewegt wird. Wer über diese Feststellung nachdenkt, wird die Frage stellen: ‘Wer oder was bewegt diese Blütenblütter?‘ Die Kraft, welche die Bewegung hervorruft, ist die Urschwingung, der ungehörte, unvernehmbare Laut, der mühelos und unabhängig vom bewußten Willen alles erfüllt. Das ist der Urlaut Om. Wie Perlen einer Kette, so sind alle Buchstaben und die Laute, die sie repräsentieren, an ihm aufgefädelt. Das ist die Bedeutung der Feststellung, dass der Pranava der Ursprung der Veden ist.“ *[B, Meditation, S. 31]*

„Wenn ihr Ohren habt, könnt ihr das ‘Om‘ hören, das die Gegenwart Gottes in jedem Laut ankündigt. Alle 5 Elemente produzieren diesen Om-Laut. Die Glocke im Tempel soll mit ihrem Geläut das ‘Om‘ als Symbol der Allgegenwart Gottes vermitteln. Wenn die Glocke das ‘Om‘ läutet, erwacht die Gottheit in euch, und ihr werdet euch Ihrer Gegenwart bewußt. Das ist die Bedeutung der Glocke, die vor dem inneren Schrein im Tempel hängt.“ *[B, SSS, I, 54]*

DIE 4 BEWUSSTSEINSSTUFEN DES OM

Das unendliche und unteilbare OM umfaßt 4 **BEWUSSTSEINSSTUFEN**, und es ist hilfreich, sich diese zu vergegenwärtigen. *[B., SSS, XI, 66]* Sie erscheinen in den 3 Lauten, aus denen das Om zusammengesetzt ist, gefolgt von der Stille, nämlich aus:

A, U, M + STILLE

Das **A** repräsentiert den **Wachzustand,** das **Grobstoffliche**, den **materiellen Körper, die Welt** *(Vishva = das All, das Universum)*..
„Im Wachzustand ist man sich immer seiner selbst voll bewußt. Das Bewußtsein bezieht sich auf den grobstofflichen Körper mit seinem Verlangen nach Dingen der materiellen Welt. In diesem Zustand treten 19 verschiedene Organe des Körpers in Funktion:
die 5 Wahrnehmungsorgane *(Jnānendriyas: Ohr, Haut, Auge, Zunge, Nase)*, die 5 Tatorgane *(Karmendriyas: Stimmorgan, Hände, Beine, Genitalien, Ausscheidungsorgane)*, die 5 Lebenshauche oder Lebenskräfte *(Prānas: Prāna, Apāna, Samāna, Vyāna, Udāna)*, die nicht dem Willen unterworfen sind, und die 4 inneren Werkzeuge der Psyche *(der Antahkarana: Manas = mind, Geist, Gefühl; Buddhi = höhere Intelligenz, Intuition; Citta = Gedächtnis, Wille; Ahamkāra = Egogefühl)*, welche das emotionale und geistige Leben regulieren.“ *[B, SaSa, 4, 89]*

Da **Vishnu** die Gottheit ist, die hegt und pflegt, formt und leitet, und da Er der Beschützer des Kosmos ist, wird Er dem Wachzustand zugeordnet. *[B]*

Das **U** steht für den **Traumzustand,** für das **Feine, Ätherische,** den **Mentalkörper,** den **Himmel.**
„Der Traumzustand spielt sich auf der feinstofflichen Ebene ab, auf welcher die soeben genannten 19 Organe auch funktionieren. Alles, was im Wachzustand erfahren wird, dringt in das Unterbewußtsein ein und tritt im Traumzustand wieder in Erscheinung.“ *[B, SaSa 4, 89]*

„Träume sind Schöpfungen des göttlichen Bewußtseins, und da Brahmā die Gottheit der Schöpfung ist, kann der Traumzustand als Brahmā-Bewußtsein bezeichnet werden.“ *[B, SSS XI, 67]*

„Im Wachzustand ebenso wie im Traumzustand, die einander ähnlich sind, spielen der Geist *(mind)* und die höhere Intelligenz *(Buddhi)* eine bedeutende Rolle. Die beiden anderen Bewußtseinszustände weisen erhebliche Unterschiede auf.“ *[B, SaSa, 4, 89]*

Das **M** wird mit dem Zustand des **Tiefschlafes** in Verbindung gebracht, mit dem **Kausalkörper**, dem **Feinsten**, dem **spirituellen Körper**, der **Weisheit** ***(Prajnā)***, **dem reinen Bewußtsein** *[B, SSS, XI, 66]*, **„dem Göttlichen jenseits der Sinne“.** *[B, Hisl., Gespr. 97-99]*
Ihm haftet nur noch eine winzige Spur des täuschenden Körperbewußtseins an.
[B, SSS, IV, 82]

In diesem Zustand ist das Selbst sich seiner Selbst jedoch nicht bewußt. Es ist nur der Zeuge. *[B, SSS, XI, 66-67]*
„Im Tiefschlaf besteht weder auf der grobstofflichen noch auf der feinstofflichen Ebene eine Beziehung zur materiellen Welt. Es ist etwa so wie bei der Luft, die in einem Topf eingeschlossen ist. Wenn der Topf sich auflöst, wird die Luft eins mit der sie umgebenden Luft. So löst ihr euch im Tiefschlaf von den grobstofflichen und feinstofflichen Bindungen an die materielle Welt und werdet frei davon. Von den vorgenannten 19 Organen hören im Tiefschlaf einige auf zu funktionieren, weil sie dazu die grobstoffliche oder feinstoffliche Form benötigen, zu der sie in diesem Zustand keinen Zugang haben." *[B, SaSa, 4, 89]*
„Weil im Tiefschlafzustand die Erfahrungen des Wach- und Traumzustandes ausgeschaltet sind, wird die Gottheit, welche letztlich alle materiellen Dinge auflöst und in sich aufnimmt, nämlich **Rudra** *(der zerstörerische Aspekt Shivas)*, mit diesem Zustand in Verbindung gebracht." *[B, SSS,XI, 66-67]*

„In allen 3 Stufen bleibt die Wahrheit unerkannt. Die objektive Welt ist nur eine Illusion des erregten Geistes, der ein Seil die Gestalt einer Schlange annehmen läßt. Die Welt ist weder geboren, noch stirbt sie. Sie wird 'geboren', solange du unwissend bist, sie 'stirbt', sobald du weise geworden bist." ***[B, Upanishad Vāh., engl., 27]***

Der **4. Zustand**, der der **S T I L L E** entspricht, wird **„T U R Ī Y A"** genannt.
Es ist das **absolute Bewußtsein, der transzendentale Zustand, Mahākārana** *(die große Ursache)*, **Paramātman, Brahman, Frieden, Gnade, Eins-Sein.** *[B, Upanishad Vāh., 32]*
„Niemand kann diesen Zustand mit Worten beschreiben. Er ist die vollkommene Verwirklichung des höheren Selbst *(Ātman)*." *[B, SoSe 1977, 89]*

„Der 4. Zustand ist erreicht, wenn das Selbst *(Ātman)* sich seiner selbst bewußt wird. Wenn die Puppe aus Salz ins Meer fällt, sinkt sie auf den Grund und löst sich auf. Das gleiche geschieht mit dem, der nach Selbstverwirklichung strebt. Er löst sich auf. Er wird eins mit dem, was er zu erkennen suchte." *[B, SSS, XI, 66-67]*
So wie die Puppe im Meer aufgeht, „so geht die individuelle Seele im Ātman auf..... Da dann das Individuelle von der Seele abfällt, kann sie sich nicht mehr vom Ātman trennen und nimmt die Allgegenwart des göttlichen Selbst, das allen Wesen innewohnt, an. Dieser Zustand wird auch als das Absolute Bewußtsein bezeichnet, das seine Existenz ohne die Funktionen des Denkens und Fühlens wahrnimmt."
[B, SoSe, 1977, 89]

Eine weitere Deutung der 3 Buchstaben im Om ist folgende: [J. Jagadeesan, Unity of Faiths]
Das Om enthält 3 voneinander unabhängige Buchstaben, A, U und M, von denen jeder seine eigene Bedeutung hat. 'A' bedeutet Anfang (Ādimatva), 'U' bedeutet Fortschritt (Utkara), 'M' bedeutet Grenze oder Auflösung (Miti). So repräsentiert Om die verantwortliche Kraft für Schöpfung, Entwicklung und Auflösung des Universums, d. h. Gott selbst.

„Wer das Om kennt, kennt Gott", sagt Patanjali. *[Yogananda, Kosmische Lieder, S. 24]*

WIE SPRECHE ICH DAS OM RICHTIG?

Das OM *(Aum)* wird „Om“ ausgesprochen, wobei das **O „l a n g“** gesprochen wird:

Ō

Es ist wichtig, daß jede Om - Rezitation in einen Moment der Stille mündet.

„Die Laute A, U und M gehen ineinander über in das Pranava und lösen sich schließlich auf in ein Amantra, eine buchstabenfreie Resonanz, die immer schwächer wird und sich in der Stille verliert. Das ist das Symbol des Friedens, der Güte *(Shiva)* und des Eins-Seins *(Advaitam)*, dem Aufgehen der Individualseele im Universalen, nachdem die begrenzende Besonderheit von Name und Form abgefallen ist.“

[B, Upan. Vāh., engl., 27]

Und weiter heißt es bei Sai Baba zum Om:
„Om ist eine Zusammensetzung der Laute A, U und M. Ebenso wie die Buchstaben G, O, T, T zusammen **'Gott'** *(und nicht 'ge, o, te, te')* ausgesprochen werden, werden die Buchstaben 'A, U, M' als 'Om' ausgesprochen. 'A' entspringt der Kehle, 'U' der im Innern des Mundes liegenden Zunge und 'M' den Lippen. Aber wenn Om ausgesprochen wird, rührt der Ton aus der Gegend des Nabels her.
Om muß langsam und mit Bedacht rezitiert werden. Der Ton muß sich wie ein Flugzeug anhören, das sich aus der Entfernung dem Punkt nähert - am Anfang leise und dann allmählich lauter werdend, um dann wieder in die Ruhe zurückzukehren. Die Stille nach dieser Rezitation ist ebenso bedeutsam wie das Om selbst. 'U' ist der Zenit, Kailāsa, der durch den Ton in seiner Anbetung erreicht wird. 'A' ist der tiefe Anfangspunkt und 'M' der Endlaut.“ *[B, SSS, X, 116]*

> *„Wiederholt das Om langsam und werdet euch der gewaltigen inneren Kräfte bewußt. Das 'A' entspringt der Kehle, das 'U' rollt über die Zunge und das 'M' endet auf den Lippen.... Nach dem 'M' muß eine ungehörte Resonanz erklingen, die das form- und eigenschaftslose Abstrakte repräsentiert. Der anschwellende Ton des 'Om' muß sich im 'M' umkehren und ebenso langsam abfallen wie er aufstieg, und schließlich in das Schweigen eingehen, dessen Echo das innere Bewußtsein erfüllt.“* *[B, Meditation, S. 33]*

Frage an Baba: „Angenommen es gelingt einem nicht die perfekte Aussprache?“
Baba: „Das perfekte Om ist nicht so wichtig, wenn Liebe da ist. Liebe ist das Band der Hingabe zwischen der Mutter und dem Kind, und wenn das Kind schreit, kümmert sich die Mutter nicht darum, ob der Schrei disharmonisch ist; sie läuft zu dem Kind und kümmert sich darum. Die göttliche Mutter ist überall. ... Sobald jemand beginnt, nach Gott zu verlangen, ist die Mutter da, um mit ihrer Gnade zu antworten. Liebe ist in allem das wichtigste Element.“ *[Hisl. Gespr., 97-99]*

Baba sagt, daß das Tönen des Om schließlich mit geschlossenen Lippen im Geiste geschehen soll. Das klingt dann wie „M M M M M“. *[Fanibunda, in Sai Briefe, Nr. 59, 24]*
„....und wenn man besonders intensiv auf dem M verweilt, bewirkt es schließlich das Verschmelzen der Seele mit dem Höchsten.“ *[B, Upanishad Vāh., 32]*

DAS HEILIGE SCHRIFTZEICHEN OM

Immer wieder mal sieht man Sai Baba während des Darshans ein Om auf eine Kindertafel schreiben, so das folgende. *[Tafel von Sara Hacker]* Es mag daran erinnern, daß alles Lernen mit Gott und wegen Gott geschehen möge.

Das Om-Symbol besteht aus 3 Kurven, einem Halbkreis und einem Punkt und ist ein geschlossenes Ganzes. Der Punkt hat wegen seiner herausragenden freien Lage eine besondere Stellung: Er ist der Beherrscher und Anreger des ganzen Zeichens. Zur Schale steht er in einer dynamischen, doch auch ruhenden Beziehung.

Der **Param-Bindu** ***(der höchste Punkt)*** ist allgemein das Symbol für Gott, den Schöpfer. Er ist nach den Tantras und Upanishaden der Anfang und Ursprung aller Schöpfung. Alles kommt aus ihm und kehrt zu ihm zurück. *[Benedikt, Kabbala, 285]*
Der Punkt ist damit ein Symbol für die 4. Bewußtseinsstufe des Om, die Stille, Turīya: das absolute Bewußtsein, Brahman, Paramātman. Es bewirkt und erleuchtet die anderen Bewußtseinszustände. Es ist ewig selbstleuchtend. *[B, Upan. Vāh., 34]* [1)]

Der Punkt wird als „der Kontaktpunkt zwischen dem Höchsten Schöpfer und Seiner Schöpfung, der Tropfen, der zum Bewußtsein schwillt" von Shankaranarayana bezeichnet. *[Sri Cakra, 29]*
Sai Baba sagt zum Punkt: *[B, SSS, X, 145]*
„Der Punkt *(Bindu)* zeigt den Widerhall des Tones im Raum *(Ākāsha)* des Herzens an."

1) *In verschiedenen indischen Schriften – der Brāhmī-Schrift, der ältesten indischen Schrift, in der Devanāgarī-Schrift, der üblichen Sanskritschrift, usw. – wird der Punkt häufig für den M-Laut eingesetzt.*

Das heilige **SHRĪ CAKRA** ist die geometrische Projektion des Om:

__„Das Shrī Cakra"__ (Shrī Yantra)
[S. Shankaranarayanan, Sri Cakra]

Das Äußere des Shrī Cakras bildet das kosmische Quadrat mit 4 Toren, Symbol für die irdische Welt, die transformiert werden muß. Seine numerische Entsprechung ist die Zahl 4, der Welt, die sich in 4 Himmelsrichtungen erstreckt. Die Kreise verkörpern die zyklisch wiederkehrenden Kräfte, während der Lotos die Grundform einer physikalischen Stütze für das Universum ist und seit frühesten Zeiten ein Symbol für die Zitadelle des Herzens, den Sitz des Höchsten Selbstes. [Madhu Khanna, Das große Yantra-Buch S. 32ff]
Im Zentrum des Shrī Cakras finden wir den Punkt. „Der Punkt ist die Nabe des Großen Rades, des Shrī Cakras, das Paramasya Nābhih, der Nabel der Höchsten Person, aus der die ganze Schöpfung erschaffen wird." [Sri Cakra, 29]

„Im Shrī Cakra, der mystischen Figur, in deren Gestalt Parashakti, das kosmische Energieprinzip (und die Gottheit, die darüber herrscht) angerufen und in der sie verkörpert wird, ist Om das eigentliche Zentrum, und um es herum sind alle anderen Symbole angeordnet. Auch der Mensch muß die göttliche Verkörperung vornehmen. Om ist das wirkliche Lebensprinzip eines jeden Mantras, jedes Menschen."
[B, SSS, X, 117]

Das Shrī Cakra gilt als wichtigste aller Yantras, das im Tantra-Shastra erwähnt wird. Es stellt die geometrische Projektion der höchsten Kraft dar....... Aus diesem Grund wird es in Verehrungszentren installiert. So tat es A. Shankara an verschiedenen heiligen Wallfahrtsorten.
Der 1. göttliche Wunsch schuf eine Bewegung (Spanda), die als Ton (Nāda oder Shabda) vibrierte. Dieser Ton verdichtete sich in einem Punkt (Para-Bindu). Er ist der Ursprung aller Töne und enthält in sich alles, was geschaffen werden soll. Er schließt in sich den statischen Shiva und die dynamische Shakti ein. Der Punkt nimmt einen Radius an, die Polarisation von Shiva und Shakti vollzieht sich. Die dynamischen und statischen Energien treten in Wechselbeziehung, und es ergeben sich 2 weitere Punkte: das Ursprungsdreieck ist gebildet, die Schöpfung beginnt. [S. Shankaranarayanan, Sri Cakra]

OM - OM - OM

Eines Nachts hatte Dr. Hanumanthappa einen sehr langen und aufregenden Traum. Shrī Satya Sai Baba erschien ihm und nahm ihn bei der Hand. Bald wurde dem Träumenden bewußt, daß er flog, daß er sich durch das All bewegte. Liebliches Blau überall - eine ätherische Reise. Er fragte sich, wohin Sai Baba ihn mitnehmen wolle in jener wundervollen Welt des stillen Alls. Bald darauf wurde ihm bewußt, daß die Stille vom Klang des Omkāra, der rhythmischen Wiederholung des Om, durchdrungen war. Der Om-Ton war ununterbrochen zu hören, melodiös und sehr klar. Da wandte Sai Baba sich ihm zu und fragte: „Hörst du das Omkāra? Kannst du Mir sagen, wo es herkommt?“ Er gab sich sehr große Mühe, den Ursprung zu finden, doch Sai Baba lächelte und sagte: „Versuche, dein Gehör zu senken, und horche in dein Herz hinein, um festzustellen, ob es von dorther kommt.“ Dr. Hanumanthappa tat, wie ihm geheißen worden war, doch er konnte den Om-Ton in seinem Herzen nicht hören und sagte dies auch.

Shrī Satya Sai Babas Gestalt leuchtete und war doch so klein in der lieblichen Weite des Alls. „Versuche noch einmal, die Quelle des Om-Tones zu entdecken“, forderte Er ihn auf. Also versuchte es Dr. Hanumanthappa noch einmal sehr angestrengt, aber wieder vergebens. Schließlich sagte Sai Baba: „Gut, dann horche auf Mein Herz.“ So legte er sein Ohr an Sai Babas Herz - und da war es, das sanfte Omkāra, so heilig, so rein, klar und erhaben, wie es dem göttlichen Herzen entströmte und allmählich stärker und lauter wurde. Plötzlich begriff Dr. Hanumanthappa, daß er sich von Angesicht zu Angesicht dem Omkāra-Svarūpa gegenüber befand, dem göttlichen Bewirker des heiligen Om, dem urprünglichen Pranava, dem Lebensodem. Er warf sich Shrī Satya Sai Baba zu Füßen - und der Traum war vorüber.

Dr. Hanumanthappa war unsagbar glücklich, mit dieser göttlichen Schau vom Ursprung des Om gesegnet worden zu sein. Ein paar Tage vorher hatte Sai Baba einen Ring für ihn materialisiert, der das Om-Zeichen trug, und nun hatte Er ihm im Traum das Verstehen um dessen innere Bedeutung geschenkt. *[Sai Briefe, Nr. 20, S. 41]*

„Es gibt 3 Arten von Lauten: Sāmānya (allgemein), Varna (Wort) und Mūka (schweigend). Sāmānya ist der gewöhnliche. Er ist der Laut, der entsteht, wenn Gegenstände fallen, zerbrechen oder verschmelzen, all die üblichen Geräusche der objektiven Welt: Regen und Donner, das Gurgeln der Flüsse, Geräusche von Vulkanen und Erdbeben und ähnliches, selbst das Tropfen des Taus auf ein zartes Rosenblatt, das Schweben einer Vogelfeder durch die Luft.
Die 2. Art ist der Varna-Klang oder das gesprochene Wort: Er trägt eine bestimmte Bedeutung und ist ausgestattet mit der Absicht zu informieren, anzuweisen oder zu inspirieren. Es ist der Fluß des Herzschlags von einem Herzen zum anderen.
Die 3. Art ist Mūka oder der Klang der Stille: Wenn man in die Tiefe dieser Stille eintaucht, hört man sich selbst, das ursprüngliche kosmische Om, Pranava, das ausströmt aus Prāna (Lebenskraft) oder der Lebensvibration, die das Universum erfüllt. Um diesen Klang zu hören, muß man so nah wie möglich an den Kern des eigenen Seins kommen. Deshalb heißen die Upanishaden so; es zwingt dich, nahe zu kommen, tief einzugehen, auf den Grund des Sees zu tauchen. ‘Upa‘ bedeutet ‘nah‘; ‘ni-schad‘ bedeutet ‘sitzend‘.“ [B, SSS, 7 b, engl., p 214]

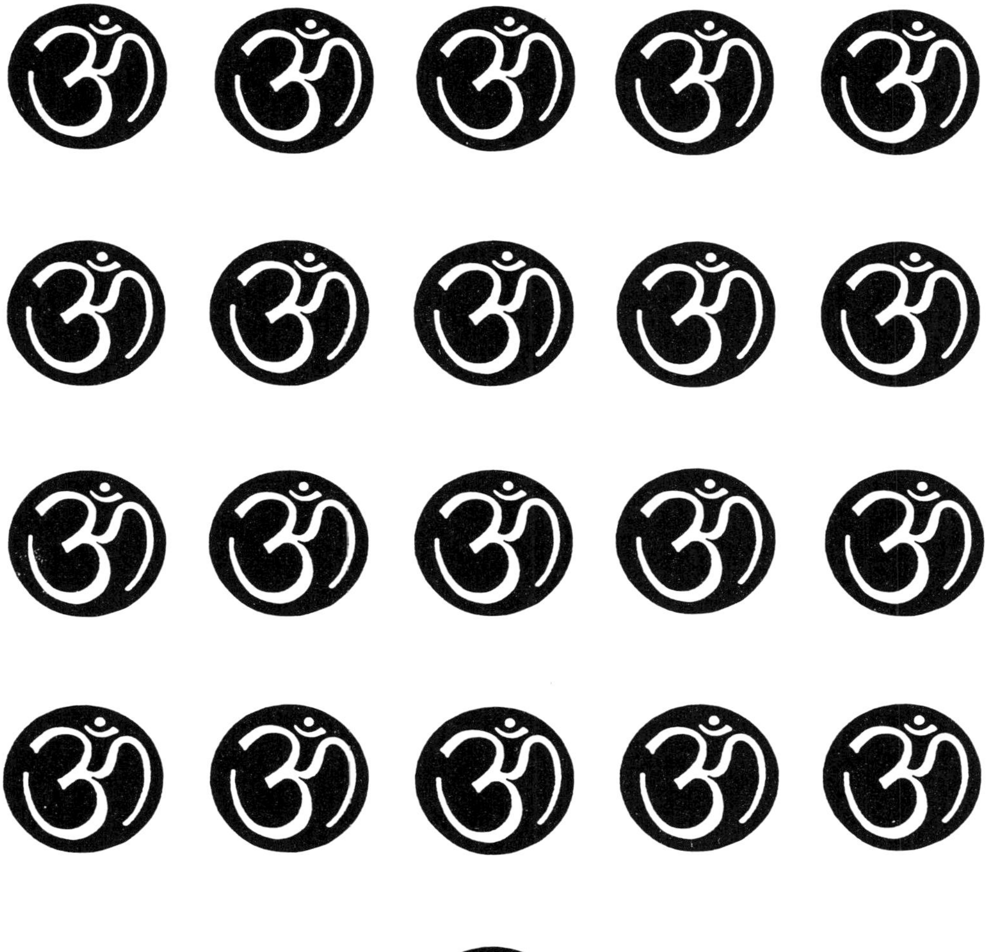

1.003

DAS OMKĀRA

Omkāra bedeutet: **Om, der Laut Om; Om - machend, zur Schwingung-Bringen des Om** *(Kāra = Laut, Wort; machend)*. Insbesondere ist damit das 21-malige frühmorgendliche Om-Singen gemeint, das eine große reinigende Wirkung hat. [1] Sai Baba sagt dazu: *[B. in Hislop, Conversations, S. 128]*

„Das 21-malige Om-Singen ist wichtig:
5 mal für die äußeren Sinne, 5 mal für die inneren Sinne,
5 mal für die Lebenskräfte, 5 mal für die Hüllen,
1 mal für den Jīva, die individuelle Seele."

WIE REINIGE ICH MICH MIT DEM 21-MALIGEN OM-SINGEN ?

Mit den ersten 5 Om wenden wir uns unseren 5 äußeren Sinnen, den **TATORGANEN** *(Karmendrijyās)* zu:
dem **Sprachorgan, Händen, Beinen, Genitalien, Ausscheidungsorganen.**
„Beim 1. Om, das du singst, solltest du dir bildlich vorstellen, welchen Weg das Licht zurücklegt, wie es zuerst dein Sprachorgan, deine Zunge und deinen Mund erfüllt und sie dabei reinigt. Du solltest Gott darum bitten, dir bei der Läuterung dieser Körperregion zu helfen." *[Sandipan, SaSa, 2. 1985 in Sai Br., Nr. 28, S. 15]*
Danach solltest Du das Licht an die anderen 4 Stellen bringen und dir vorstellen, daß das Licht auch diese reinigt.

Mit den nächsten 5 Om führt man das Licht zu den 5 inneren Sinnen, den **WAHRNEHMUNGSORGANGEN** *(Jnānendriyās)* und bittet darum, daß diese gereinigt werden: die **Ohren** *(Karna)*, die **Haut** *(Tvac)*, die **Augen** *(Cakshus)*, die **Zunge** *(Rasanā)*, die **Nase** *(Nāsā)*.

Danach richten wir unsere Aufmerksamkeit auf die **5 LEBENSHAUCHE** oder 5 Lebenskräfte *(Panca-Prānās)*. Sie haben einen bestimmten Sitz im menschlichen Körper und erfüllen bestimmte Funktionen:
1) **Prāna,** der **Atem** oder **Lebensodem**, wird als Anführer dieser Energien bezeichnet. Er sitzt im Gehirn, im Kopf und im Brustkasten und steuert die Sinneswahrnehmung, das Denken und das Fühlen. Prāna kommt von der Sonne und ist die den Körper durchdringende kosmische Energie, die ihn erhält.
2) **Apāna,** der **Aushauch**, sorgt für die Ausscheidung alles verbrauchten Materials aus dem Körper und wirkt im unteren Teil des Körpers. Apāna kommt von der Erde *(Bhūh)*.
3) **Samāna** überwacht die Nahrungsaufnahme und ihre Verwertung und bewahrt durch die damit verbundenen chemischen Prozesse das Gleichgewicht des Körpers. Samāna kommt vom Äther *(Ākāsha)*.

1) Im Mandir von Prashānti-Nilayam wird jeden Morgen vor Sonnenaufgang, in der Morgendämmerung, der Brahma-Muhūrta (der Stunde des Brahman), 21 mal das Om gesungen.

4) **Vyāna** ist im ganzen Körper vorhanden, im Kreislaufsystem, im Nervensystem und in der Haut, und reguliert hier alles Nötige. Vyāna kommt von der Luft *(Vāyu)*.
5) **Udāna** ist ein aufwärts gerichteter Fluß, der höhere Zentren aktiviert. Er wirkt im oberen Teil des Körpers und fördert die spirituelle Entwicklung dadurch, daß er die Verbindung zwischen dem physischen und dem spirituellen Teil unseres Wesens bildet. Udāna kommt vom Feuer.

Baba zieht eine Querverbindung von diesen 5 Lebenskräften zu den „5 Männern der Draupadī":
„Draupadī *(die Gattin der 5 Pāndavas)* heißt nicht nur 'Ehefrau von 5 Männern', nämlich den Pāndavas; jeder Mensch, ob Mann oder Frau, trägt die 5 Ehegefährten in Gestalt der 5 Lebenshauche in sich.... Wenn also gesagt wird, daß Draupadī mit ihren 5 Ehemännern in Harmonie lebte, gibt es dafür eine allegorische Bedeutung: Draupadī sorgte nämlich für das harmonische Gleichgewicht aller 5 Lebenshauche in ihrem eigenen Körper, was eine Voraussetzung für eine ausgeglichene Lebensweise ist. Bei den meisten Menschen ist einer oder sind mehrere dieser 5 Lebenshauche über die optimale Grenze hinaus übererregt. Das führt zum Verlust der Ausgewogenheit und Harmonie unter den einzelnen Lebenshauchen und schließlich zu einer allgemeinen Unausgeglichenheit im Leben." *[B, SoSeg., 1990, S. 77]*

Mit dem 16. bis 20. Om überfluten wir unsere **5 HÜLLEN** *(Panca-Koshās; Kosha = Futteral, Hülle, Schicht)* mit dem Licht.
„5 Hüllen umgeben den Ātman und verhindern, daß Seine Herrlichkeit sich offenbart. Diese müssen geläutert und strahlend gemacht werden." *[B, SSS, II, engl. 24, 25]*

Die äußerste Hülle ist **Annamaya-Kosha, die materielle Hülle,** der grobstoffliche Körper: *(Anna = Nahrung; maya = gebildet: Die Hülle, die aus Nahrung gebildet ist).* Annamaya-Kosha baut sich durch Nährstoffe auf, wächst durch Nahrung und zerfällt ohne Nahrungszufuhr. Sie muß durch reine, lebendige Nahrung gereinigt werden. *[B, SoSe, 1977, engl., S. 25]*

Es folgt **2. Prānamaya-Kosha, die Hülle der Lebenskraft**, auch Vitalkörper und Ätherkörper genannt. Es ist die Sphäre der 5 Lebensenergien *(Prānās)*, sie gestalten diese Hülle. *[B, Prasnot. Vāh. S. 213 in Gītā-Vāh.]* Die Hülle der Lebenskraft erfüllt den äußeren Körper mit Leben. „Sie umfaßt die vegetativen Funktionen, die für die Wärme im Körper sorgen und das Blut durch die Adern fließen lassen." *[B, SoSe, 1977, 83]*

Die **3. Hülle** ist **Manomaya-Kosha**, die Hülle, die vom Geist *(manas, mind: Gedanken, Gefühle)* gebildet *(maya)* wird. Sie wird auch Astralkörper genannt.
„Dort entstehen die Gedanken und Wünsche. Der Geist *(mind, manas)* ist eigentlich nichts weiter als ein Bündel von Wünschen. Ohne Manomayakosha können die beiden vorher genannten Hüllen nicht bestehen." *[B, SoSe, 1977, S. 83]* Diese Hülle muß gereinigt werden durch heilige Gedanken und Gefühle, die unberührt sind von der Bindung an die Sinne und nicht betroffen sind von Freude und Trauer.

Vijnānamaya-Kosha, die Hülle die aus der Erkenntnis- und Unterscheidungsfähigkeit gebildet wird, ist die **4. Hülle**.

Vijnānamaya-Kosha soll den Menschen befähigen, Unterscheidungskraft zu erwerben, womit er zwischen gut und schlecht unterscheiden kann. Ohne sie würden die Hüllen 1-3 leblos sein und könnten nicht funktionieren. Vijnānamaya-Kosha befähigt uns, die Natur und ihre Prinzipien kennenzulernen und wie sie funktionieren! *[B]*
Diese Hülle wird gereinigt durch Kontemplation über die Wirklichkeit. *[B, SSS, II, engl, 24]*

Die **5. Hülle; Ānanandamaya-Kosha**, ist die **Hülle der Glückseligkeit**: Sie ist die Quelle aller Dinge, der lebensspendende Schatz.
„Im Mittelpunkt dieser Hüllen liegt ein Schatz, welcher der Ursprung all der anderen Schichten ist und ihnen Leben spendet. Er wird als 'Ānandamaya Kosha' bezeichnet. Er ist das Glücksbewußtsein *(Ānanda)*, das vom wahren Selbst *(Ātman)* herüberstrahlt und welches die Grundlage der menschlichen Existenz und der 4 Hüllen ist."
[B, SoSe, 1977, 84]

„Die materielle Hülle, die Hülle der Lebenskraft und die der mentalen Funktion sind vergänglich. Die Hüllen der höheren Intelligenz und des Glücksbewußtseins bleiben bestehen. Der Körper ist Erde. Alles wächst aus der Erde. Nur der Körper stirbt. Das Leben und alle Sinne verschmelzen mit dem Geist. Der Geist wird Weisheit erlangen. Weisheit geht auf in Glücksbewußtsein, in Gott." *[B, Hislop, Gespr., 82]*

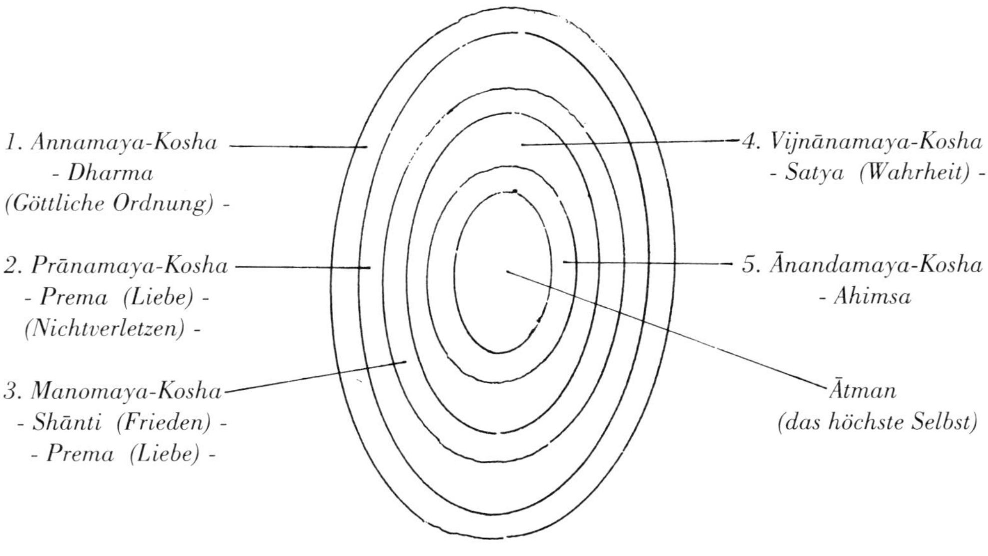

Die 5 Hüllen mit den ihnen zugeordneten Werten
Die Werte entstammen jeweils den entsprechenden Hüllen.

Beim **21. Om** tritt das Licht in die tiefste Schicht des Selbstes ein, und du läßt das Bewußtsein des kleinen begrenzten Ego hinter dir. Dann wirst du dir der Gegenwart Gottes in deinem Innern bewußt. *[Sandipan, SaSa, 2, 1985]*

Das Omkāra-Singen wird abgeschlossen durch 3-maliges Singen von Shānti *(Friede)*.

<u>*Sūrya, der Sonnengott, erhellt die Finsternis*</u>

Felsrelief, Bhājā, 2. Jh. v. Chr.

Sūrya, der Sonnengott, auch Savitri genannt, kommt in einem Wagen herangefahren, den 4 Pferde ziehen. Er wird von 2 Göttinnen begleitet: Ushas, die Morgenröte, und Pratyūsha, die Morgendämmerung. Sūrya vertreibt, erhellt die Dunkelheit und Unwissenheit, als dickes schwammiges, dumpf wirkendes, weibliches Wesen dargestellt.

Möge die Gāyatrī, auch Sāvitrī (= Tochter Savitris) genannt, unsere unbewußte Erdhaftigkeit und Unwissenheit im Licht ertränken, wie die Sonne jeden Morgen die Erde mit Licht erfüllt!

ॐ

Om

भूर्भुवः स्वः

Bhūr Bhuvah Svah

तत्सवितुर्वरेण्यं

Tat Savitur Varenyam

भर्गो देवस्य धीमहि

Bhargo Devasya Dhīmahi

धियो यो नः प्रचोदयात्

Dhiyo Yo Nah Pracodayāt

[Die Gāyatrī in Devanāgarī-Schrift, der üblichen Sanskritschrift]

DIE GĀYATRĪ

DIE KÖNIGIN DER MANTREN
- die Veda-Mātā = die Mutter der Veden; auch „Sāvitrī“ genannt -

Om

der Urton, „das Wort“ (Joh., NT, I, 1-5), aus dem alles entsteht (= Aum)

die Grobstoffliche Welt
Bhūr
die grobstoffliche Welt, die Erde, der Körper, „die Welt, die du siehst“ [B]
- Materialisation -
*Handlungskraft (Kriyā-Shakti); Durgā; der Bhūtākāsha; entspricht dem **Wachzustand**, dem **„A“** im Aum*

die Feinstoffliche Welt
Bhuvah
die feinstoffliche Welt, der Äther, der feinstoffliche Körper
- Vibration, Schwingung -
*Lebenskraft (Prāna-Shakti); Lakshmī; der Cittākāsha; entspricht dem **Traumzustand**, dem **„U“** im Aum*

die Kausalwelt
Svah
das Feinste, die Kausalwelt, der Kausalkörper, das Göttliche
- Strahlung (radiation) -
*Erkenntniskraft (Prajnānam-Shakti), das Gewissen; Sarasvatī; Cidākāsha; entspricht dem **Tiefschlaf**, dem **„M“** im Aum*

das wahre Sein
Tat
Das, Gott, die letzte Wirklichkeit, die nicht beschrieben werden kann

das Göttliche Licht
Savitur
die lebensspendende Kraft; das, aus dem alles geboren wird (=Savitri, Savitā)

das Verehrungswürdige
Varenyam
das Anzubetende, innig zu Liebende, Verehrungswürdige

der Glanz
Bhargo
Glanz, das Strahlende, Herrlichkeit

des Göttlichen
Devasya
Gottes, des Göttlichen (Gen. Sg. v. „deva“)

Meditation
Dhīmahi
Meditation, Versenkung; wir meditieren, laßt uns meditieren

Möge das Göttliche Licht unseren höheren Geist (Intelligenz, Intuition) erleuchten!

Dhiyo
Buddhi, Intelligenz, Intellekt, Unterscheidungskraft, Intuition (Akk, Pl. v. „dhī“)

Yo
der

Nah
unseren (Gen. von „vayam“)

Pracodayāt
er (sie, es) möge erwecken, antreiben, erhellen, erleuchten (Opt. Caus., 3. Sg. v. „pra- √cud“)

Mögliche Übersetzung

Om, o Grobstoffliche Welt, o Feinstoffliche Welt, o Kausalwelt *(Bhūr, Bhuvah Svah)*, Ihr Offenbarungen der höchsten Wirklichkeit!
Wir meditieren *(Dhīmahi)* über das Göttliche *(Devasya)*, strahlend Herrliche *(Bhargo)* der verehrungswürdigen *(Varenyam)* höchsten Wirklichkeit *(Tat)*, das Göttliche Licht *(Savitur)*.
Möge das Göttliche Licht unseren höheren Geist *(Intelligenz, Intuition....)* erleuchten („und meine Unwissenheit auflösen, so wie das strahlende Sonnenlicht alle Dunkelheit vertreibt.“ *[B])*

DAS GĀYATRĪ - MANTRA

„Wenn wir die volle Wirksamkeit und Bedeutung des Gāyatrī-Mantras verstehen, sind wir in der Lage, die wahre Natur, die zugrundeliegende Einheit, das Ātman-Prinzip, das in allen verschiedenen Formen maßgebend ist, zu verstehen."

[B, 17.3.1983]

Immer wieder fordert uns Sai Baba auf, möglichst oft das heilige Gāyatrī-Mantra zu rezitieren. Es ist die **KÖNIGIN DER MANTREN**, die **VEDA-MĀTĀ** = die Mutter Veda, die Mutter des Wissens, die Mutter der Veden. Die Gāyatrī ist die **Grundlage und die Essenz der Veden**. Sie ist **Chandasam-Mātā**, die Mutter aller Versmaße bzw. die Mutter der heiligen Gebetsformeln. Ihre Worte spenden Leben. Sie ist **Shabda-Brahman,** das Brahman *(das höchste Absolute)* als Ton. Sie ist **„Sarva-Mantra-Svarūpinī"**, „die Verkörperung aller Mantren." *[B, 10.2.2000]*
Der Seher **Vishvāmitra** *(„Freund der ganzen Welt")* schenkte der Welt die Gāyatrī. Nach dem Om und der Anrufung der 3 Welten *(Bhūr, Bhuvah, Svah)* folgt die eigentliche Gāyatrī, eine im Metrum von 3 mal 8 Silben abgefaßte Strophe. Wir finden die Gāyatrī unter den Hymnen des Rigveda in Mandala III, 62,10. *[Th. Aufrecht, Hymnen des Rigveda]*
Die Gāyatrī heißt auch **SĀVITRĪ** *(= Tochter des Savitri)*. „Der 2. Name von Gāyatrī ist Sāvitrī, was so viel heißt wie 'Herrschaft über das Leben'." *[B, So Seg. 1993, S. 12]* *(Sāvitrī = von $\sqrt{}$ sū = gebären, hervorbringen, antreiben und von $\sqrt{}$ tr = hinübersetzen, retten)*

Die Gāyatrī ist ein **UNIVERSALES GEBET**. Dieses Gebet kann von allen Männern, Frauen und Kindern überall auf der Welt gesungen werden. Es wendet sich an das allem innewohnende transzendente Göttliche, **„Savitā"** genannt, was bedeutet: **„Das, aus dem alles geboren ist"**, auch **„Savitur"** und **Savitri** geheißen, die **„lebensspendende Kraft"**, die alles durchdringt. In den alten Zeiten verehrten die Rishis und Heiligen Gott nur in diesem formlosen Aspekt als alldurchdringendes göttliches Licht. *(Die physikalische Sonne ist nur eine äußere Hülle dieser alldurchdringenden Kraft)*.

In Gāyatrī steckt das Wort **„Gaia"** = **Erdgöttin** in Griechisch. Wenn man die Silbe „trī" in Gāyatrī mit „retten" aufschlüsselt, würde Gāyatrī bedeuten: **„Die, die die Erde rettet."** Die wahre Bedeutung des Wortes „Gāyatrī" ist: *[B, DharmaVāh., engl., p. 50]*
„Die Gāyatrī ist Das, was die Singenden *(Gāyas)* oder die Lebenskräfte *(Prānas)* oder die Sinnesorgane *(Indriyas)*, beginnend mit der Sprache *(Vāk)*, beschützt, errettet."

Außerdem wird gesagt: *[B, Dharma Vāh., engl., 50]*

Die Gāyatrī heißt Gāyatrī, weil sie den rettet, der sie singt.

Gāyāntem	Trayate	Yasmad	Gāyatrī	Tena	Kathyate
den Singenden	*rettet, beschützt*	*weil, deshalb*		*deshalb*	*heißt, wird genannt*

Der Name „Gāyatrī" ist im Gāyatrī-Mantram nicht zu finden, denn:
„Gāyatrī ist überall. Sie ist immer in dir. Das, was du wirklich bist, das ist Gāyatrī. Sie gibt dir Segen, je mehr Sie dir bewußt wird, und je öfter du Sie wiederholst."

[B, in Sai Briefe, 2, S. 9]

Die Gāyatrī hat unendliche Möglichkeiten und immense Kräfte. *[B, Sai Vāh., 154]* Sie ermöglicht es, den Menschen aller Religionen und aller Rassen auf dem sprirituellen Weg Erfolg zu haben. Sie fördert die Erkenntniskraft und die Weisheit im Menschen. Für jemanden, der das Gāyatrī-Mantra regelmäßig und mit Glauben singt, ist es der Erleichterer aller Krankheiten, der Abwehrer von allem Kummer, der Erfüller aller Wünsche. Es schenkt der Person alles, was gut für sie ist.
In der Bhagavadgītā sagt Krishna, daß Er von den vedischen Mantren die Gāyatrī ist. Wegen ihrer ungeheuren Wichtigkeit erklärt Sai Baba sie immer wieder.

DIE GĀYATRĪ IST DIE WAHRHAFTE VERKÖRPERUNG ALLER FORMEN GOTTES, UND IN DEN ERSTEN 9 WORTEN DES MANTRAS WIRD DIE HÖCHSTE WIRKLICHKEIT AUF 9-FACHE ART UND WEISE BESCHRIEBEN *[B, 17.3.83]*:

1. **OM:** der Urton, aus dem alles entsteht; **Om ist „Nādabrahman": Gott als Ton**

2. **BHŪR:** *(= Bhūh)* die **grobstoffliche Welt = Vishva**, „die Welt, die du siehst." der grobstoffliche physische Körper, die Erde - *[B, SaSa, 6, 1995]*,
- Bhūh ist Materialisation. -
Bhūh wird symbolisiert durch die Göttin **Durgā**, die für **Handlungskraft** ***(Kriyā-Shakti)*** und **ursprüngliche Kraft** ***(Ādi-Shakti)*** steht.
Diese grobstoffliche Welt, das Universum, heißt auch **„Bhūtākāsha"**. Sie ist die gröbste der 3 Welten. *[B., Reden zur Gītā, 177 ff]* Sie besteht aus den 5 Elementen Äther, Luft, Feuer, Wasser und Erde. Alle Dinge dieser Welt sind vergänglich und einem ständigen Wechsel unterworfen.
Wir erleben diese Welt im **Wachzustand**. Sie ist gleichzusetzen mit dem Bewußtseinszustand des **„A"-Lautes**, der im Aum enthalten ist.

3. **BHUVAH:** die feinstoffliche Welt, der feinstoffliche Körper, das Feine, der Äther. **- Bhuvah ist Vibration, Schwingung. -**
Diese Welt wird symbolisiert durch die Göttin **Lakshmī** und steht für **Lebenskraft** ***(Prāna-Shakti)*** und **Wunschkraft** *(Icchā-Shakti)*.
Sie heißt auch **Cittākāsha** und besteht aus den 5 Elementen in ihrer feinstofflichen Form. Sie ist unglaublich weit, - der Bhūtākāsha, das Universum, hat nur die Größe eines Atoms in ihr - doch sie selbst hat nur die Größe eines Atoms in der 3. Welt, der Kausalwelt.
[B, Reden zu Gītā, 177 ff]
Wir erleben diese Welt im **Traum**. Sie entspricht dem **„U"-Laut** im Aum.

4. **SVAH:** Es ist das Feinste, die **Kausalwelt**, der Kausalkörper.
Svah ist Strahlung. Svah verursacht Schwingung, die wiederum die materielle Form erschafft.
Svah ist das Gewissen, die **Erkenntnis- und Unterscheidungskraft.**

(= Jnāna-Shakti, Prajnāna-Shakti, das Göttliche [B, Jnāna-Vah.])
Svah wird symbolisiert durch die Göttin **Sarasvatī**.

Diese Welt heißt auch **Cidākāsha**: Sie wird bestimmt durch das höchste Licht, den Ātman *(Parama-Jyoti)*. „Cidākāsha ist identisch mit dem Ātman." [B, 21.2.01] Sie ist ohne Bewegung und ohne Veränderung.

Ihr entspricht der **Tiefschlaf**, Sushupti, der **M-Laut** im *Aum*.
In diesem Zustand existiert nur Prajnānam *(Erkenntnis)*. Daher wird der Erfahrende in diesem Zustand „Prajnā", der Wissende, genannt.
[B, SaSa 8, 1987, S. 207]

Baba vergleicht diese 3 Welten auch mit dem **Meer** ***(= Svah)***, den **Wellen** ***(= Bhuvah)*** und den **Schaumblasen** ***(= Bhūr)*** *[B, Reden zur Gītā, 183]*. Alle 3 Welten sind im Menschen. Sie sind in ihm gegenwärtig als Hinwendung zum Materiellen *(Ādhibautika)*, Hinwendung zum Geistigen *(Ādhidaiva)* und Hinwendung zum Höchsten *(Ādhyātman)*. Von unseren Vorfahren wurden sie als 3 Göttinnen verehrt: **Durgā, Lakshmī** und **Sarasvatī**.
Durgā symbolisiert die Handlungskraft *(Kriyā-Shakti)* im Menschen und die ursprüngliche Kraft *(Ādi-Shakti)*, Lakshmī symbolisiert die Lebenskraft *(Prāna-Shakti)*, die Wunsch- und Willenskraft *(Icchā-Shakti)*, Sarasvatī die Kraft der Erkenntnis und Unterscheidung *(Jnāna-Shakti)*. *[B, 14.10.1994 in SaSa, 11, 1994]*

5. **TAT:** das höchste Absolute, das wahre Sein, die höchste Wirklichkeit, die ohne Eigenschaften *(Nirguna)*, ohne Form, ewig und unveränderlich ist und nicht beschrieben werden kann

6. **SAVITUR:** ***(= Savitri, Sūrya, Savitā)*** das göttliche Licht, die lebensspendende Kraft; das, aus dem alles geboren ist, reine göttliche Liebe *(von √sū = zeugen, hervorbringen, antreiben und √tr = hinüberführen, retten)*

7. **VARENYAM:** das Verehrungswürdige, zu Verehrende, innig zu Liebende

8. **BHARGO:** Glanz, das Strahlende, Herrlichkeit

9. **DEVASYA:** des Göttlichen, Gottes *(Gen. v. „Deva")*

Nach diesen 9 Worten, in denen das Göttliche angerufen und gepriesen wird, werden wir dann mit dem Wort **„DHĪMAHI"** zur Versenkung, **Meditation** darüber aufgerufen.

Es folgt das **Gebet** **„DHIYO YO NAH PRACODAYĀT"**
indem wir bitten, daß das Göttliche Licht *(Yo)*, unseren *(Nah) höheren* Geist *(Intellekt, Intuition, Unterscheidungskraft... = Dhīyo)* anregen und erleuchten möge *(Pracodayāt)*, so daß wir die höchste Wahrheit realisieren können.

So enthält dieses Mantra die 3 Elemente, die bei der Gottesanbetung eine Rolle spielen: *[B, 28.8.1995 in SaSa, 9, 95]*

ANRUFUNG - VERSENKUNG - GEBET

Sai Baba sagt auch: *[u. a. 10.2.2000]*
Die Gāyatrī wird auch die **Verkörperung aller Göttinnen** *(Sarva-Devī-Svarūpinī)* genannt. Sie hat verschiedene Namen zu verschiedenen Zeiten. In einer Zeit, wenn sie als Beschützerin der Lebenskräfte *(Prānās)* wirkt, kennt man sie als **Sāvitrī**. Wenn sie unsere inneren Qualitäten, unsere Intelligenz fördert, heißt sie **Gāyatrī**. Wenn sie unsere Sprache schützt und fördert, wird sie **Sarasvatī** genannt. *[B, 17.3.1983]*

Gāyatrī ist auch bekannt als die mit den **5 GESICHTERN** *(Panca-Mukhī):*

1. OM
2. BHŪR BHUVAH SVAH
3. TAT SAVITUR VARENYAM
4. BHARGO DEVASYA DHĪMAHI
5. DHIYO YO NAH PRACODAYĀT

In diesen 5 Gesichtern ist sie als Lebenskraft gegenwärtig. Sie schützt und nährt alle Lebensformen. Diese 5 Gesichter sind 5 Aspekte des Göttlichen. Sie sind in Form der 5 Elemente, dessen Produkt der Körper ist, in den 5 Lebenskräften, den 5 Hüllen, den 5 Äußeren - und den 5 Inneren Sinnen in uns anwesend.
[B, 17.3.1983..., Sai Briefe 27, S. 21; B, Prasnottara Vāh.]

Die Gāyatrī ist das **Einweihungsmantra für die 2. Geburt**, den **Upanayanam-Ritus** im Hinduismus. „‘Upa‘ bedeutet zweite, ‘nayana‘ Sehvermögen. Sehvermögen weist hier hin auf das Öffnen des inneren Auges oder des göttlichen Auges in einer Person.“ *[Ramamurthi, Sri Sathya Sai, Anandadayi, S. 162]*. Dadurch wird man zum „Zweimalgeborenen“ (Dvija). Im Jahre 1965 führte Sai Baba das uralte vedische Einweihungsritual, den Schlüssel zur spirituellen Entwicklung, wieder in großem Rahmen ein:
Mehr als 500 Jungen, auch Jungen aus den Unterkasten, welchen lange Zeit der Zugang zu diesem Mantra verwehrt worden war, wurden in Prashānti-Nilayam von Baba eingeweiht. *[Kasturi, Easwaramma, 150, 153]* Jedem Jungen flüsterte Er das Mantra ins Ohr, und jeder erhielt von Ihm die heilige Schnur (Yajnopavīta), das äußerliche Zeichen der Initiation.
„Ihr tragt die heilige Schnur mit den 3 Strähnen. Die 3 Strähnen stehen für Brahmā (Schöpfergott), Vishnu (Gott als Erhalter) und Maheshvara (Gott als Umwandler, Zerstörer). Sie sind aber auch ein Symbol für die Vergangenheit, die Gegenwart und die Zukunft. Diese Einführungszeremonie soll euch näher zu Gott bringen.“
[B, 23.8.1995 in SaSa, 9, 95]

„Die Sonnenenergie muß auf die Erde heruntergebracht werden, um der inneren Vision des Menschen, das heißt der in ihm latent vorhandenen Seelenkraft, wieder Geltung zu verschaffen. Wenn diese Seelenkraft gestärkt ist, werden die Intelligenz, die Sinne und das moralische Empfinden aktiviert und in nützliche Bahnen gelenkt. Kann Dunkelheit das Gehirn durcheinanderbringen oder die Wahrheit verdecken, wenn die Sonne scheint? Kann Leid herrschen, kann Unwissenheit Verwirrung stiften, kann Egoismus blind machen, wenn das Göttliche, das wie die Sonne erstrahlt, dich mit Erleuchtung segnet? Vertraue auf das Gāyatrī Mantra. Es bringt dir den Glanz der Sonne, die deine Intelligenz erleuchtet.“ *[B, in Sai Briefe 27, S. 24]*

Gāyatrī

Eine ***5-köpfige Göttin***, *- was uns darauf hinweist, daß es Gāyatrī ist - sitzt auf einem riesengroßen Lotos, dem Sitz der Götter. - Der Lotos ist das Symbol für absolute Reinheit und Unberührtheit, und wer aus ihm geboren ist bzw. auf ihm sitzt, ist ebensolcher Natur. -*
Auf ihrem mittleren Kopf trägt Sie die zunehmende ***Mondsichel***, *ein Zeichen für den Frieden.*
Die Gāyatrī hat 10 Arme: Es weist auf Ihre göttliche, übernatürliche, allmächtige Natur hin.
In 8 von Ihren 10 Händen trägt Sie besondere Insignien, die Sie weiter beschreiben: Was Sie ist, welche Kräfte Sie hat. In Ihren rechten Händen sehen wir:
den ***Diskus*** *oder das Rad (Cakra), ein Attribut Vishnus, ein Symbol für die Zeit: Gāyatrī ist die Zeit und zuständig für Leben und Tod, für den Kreislauf der Schöpfung. –*
die Keule *(Gadā), ebenfalls ein Attribut Vishnus: ein Symbol für Kraft und Macht –*
eine ***Schale*** *mit Reis, ein Attribut Annapūrnās: Gāyatrī ist die schenkende Natur –*
einen ***Lotos*** *(Padma) bzw. eine Seerose, dem Attribut v. a. von Lakshmī: Gāyatrī ist absolute Reinheit und Unberührtheit.*
In der linken oberen Hand trägt Sie die ***Muschel*** *(Shankha), ein Attribut Vishnus, ein Symbol für den Ton, aus dem die Schöpfung entsteht. Gāyatrī ist die Schöpferin der Welt.*
Eine andere Hand hält ein ***Beil*** *(Parashu), ein Attribut Shivas und Ganeshas u. a., womit die Verhaftungen durchtrennt werden.*
Ihre rechte vordere Hand ist in der ***„Fürchtet-euch-nicht"-Geste*** *(Abhaya-Mudrā) erhoben, die linke vorderste in der* ***„Wunschgewährenden"-Geste*** *(Varada-Mudrā).*
So lehrt uns dieses Bild sehr anschaulich, daß Gāyatrī die Macht aller Götter und Göttinnen hat.

Gāyatrī sitzt vor einer orange-gelben Sonne, die Ihren Kopf wie einen Heiligenschein umgibt, das heißt:
Gāyatrī ist ein Symbol für das Göttliche Licht, die Göttliche Energie, aus der alles hervorgeht. Alles ist Ihre Form. In absoluter Reinheit taucht Sie aus den Wassern empor. Sie bewirkt die Schöpfung und ist die Schöpfung.

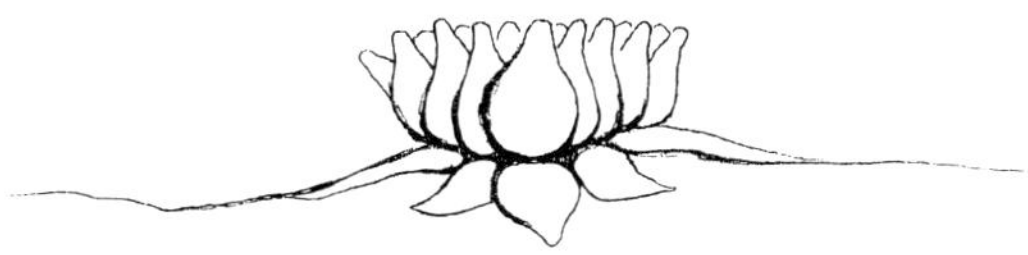

ZUR REZITATION DER GĀYATRĪ

„Singt das Mantra täglich, und es wird euch zur Verwirklichung, zur Erkenntnis der Herrlichkeit Brahmans führen, indem es euch befreit von den Begrenzungen der 3 Welten, den 3 Gunas und dem dreifachen Aspekt der Zeit."

[B. vor Kindern, Fanibunda, Vision, 87]

Da die Gāyatrī identisch mit dem Göttlichen ist, müssen wir uns ihr zunächst einmal in Demut, Verehrung, Verständnis und Glauben nähern. „Die Veda-Mātā, die Mutter Veda, wird all jene mit Wohltaten überschütten, die sie verehren." *[B, Dharma Vāh., engl., 50]*

Es ist wichtig und gut, daß man die Gāyatrī **3 x am Tag rezitiert**, sagt Sai Baba *[17.3.1983]* und zwar: Am Morgen in der Morgendämmerung zwischen 4 - 8 Uhr, am Mittag, wenn die Sonne im Zenit steht und in der Abenddämmerung zwischen 16 - 20 Uhr. Diese 3-malige tägliche Rezitation hat für uns einen großen Reinigungseffekt, denn:
„Ebenso wie du dein Eßgeschirr 3 mal täglich spülst - zum Frühstück, Mittagessen und Abendbrot - so solltest du auch dein Inneres, deinen Geist 3 mal täglich reinigen." *[B]*
– Der Tag hat wie der Mensch 3 Grundeigenschaften (Gunas): sattvisch (rein, ausgewogen), rajasisch (aktiv, leidenschaftlich) und tamasisch (dunkel, träge). Die Zeiten von 4 – 8 Uhr und von 16 – 20 Uhr sind sattvischer Art, die Zeit von 8 – 16 Uhr ist rajasisch und die 8 Nachtstunden von 20 Uhr abends bis 4 Uhr morgens sind tamasischer Natur. Die beste Zeit für die Rezitation der Gāyatrī, wie für jede Gottesverehrung, sind die sattvischen Zeitspannen. – [B]

Man soll die Gāyatrī **mindestens 3 mal hintereinander rezitieren.** Nach oben sind keine Grenzen gesetzt, je öfter desto besser. Wir können sie 108 mal am Morgen rezitieren. „Die 3-malige Rezitation genügt", sagte Sai Baba jedoch auch in einem Interview, das heißt, jeder *(eine Gruppe)* muß für sich selbst herausfinden, was für ihn *(sie)* das beste ist. Die Rezitation sollte bewußt geschehen, indem man über die Bedeutung der Worte meditiert.

„Es ist nicht genug das Gāyatrī-Mantra 3 mal täglich, am Morgen, Mittag und Abend zu singen. **Ihr solltet das Mantra ständig singen.....**" sagt Sai Baba an anderer Stelle. *[B, SaSa, 3.2000, S. 73]* Es bedeutet, sich des Göttlichen ständig bewußt zu sein. Es entspricht dann dem bekannten Satz:

Denke zu allen Zeiten immer und überall an Gott !

Sarvadā	**Sarvakāleshu**	**Sarvatra**	**Hari**	**Cintanam**
immer	*zu allen Zeiten*	*überall*	*Gott*	*Denken, Singen*

Man kann das Mantra auch beim Duschen rezitieren und zur Reinigung der Speisen vor dem Essen. Die Gāyatrī wird uns überall vor Schaden schützen, im Bus oder Auto, in der Eisenbahn oder im Flugzeug, im Geschäft oder auf der Straße.... *[Fanibunda, Mai 1994]*

– Sai Baba empfiehlt auch, die Lichtmeditation, die universellste Meditationsmethode [s. S. 235], mit der Rezitation des Gāyatrī-Mantras zu beenden. Sowohl in der Lichtmeditation als auch beim Gāyatrī-Mantra wenden wir uns an das allem innewohnende transzendente Göttliche Licht, an das, aus dem alles geboren wurde (Savitur), die „lebensspendende Kraft, die alles durchdringt." –

Wir müssen uns auch um die **richtige Rezitation** des Gāyatrī-Mantras bemühen, denn diese ist ebenso wichtig wie der Inhalt. Immer wenn wir sie sprechen, sollten wir uns der Heiligkeit und tiefen Mystik all ihrer Worte bewußt sein und sie aus der entsprechenden Haltung heraus rezitieren. Die Rezitation endet mit:

„Shāntih – Shāntih – Shāntih(i)“ = „Friede – Friede – Friede!“

Die Anrufung der Gāyatrī soll einfach dadurch geschehen, daß du dich selbst mit Gāyatrī identifizierst: ‘Ich bin das‘.

[B, Fanibunda, 5.1994 in Sai Briefe, Nr. 59, S, 23]

DIE GĀYATRĪ

- Notation des Gāyatrī-Mantras nach Sai Babas Rezitation -

[Gāyatrī-Kassette des Sathya Sei Baba Buchzentrums, 63128 Dietzenbach]

Die Gāyatrī in Prashānti Nilayam

In einem feierlichen Ritual wurde am 09.10.1998 in Anwesenheit Sai Babas in Prashānti - Nilayam diese Marmorstatue der Gāyatrī aufgestellt.
Sai Baba, die Verkörperung von „Shiva-Shakti", des göttlichen unveränderlichen Absoluten (Brahman, Shiva) und der Göttlichen Mutter (Göttliche Energie, Gāyatrī) hält Gāyatrīs Hand mit dem Beil: Er zerschlägt unsere Verhaftungen.

Auch diese Gāyatrī sitzt auf dem Lotos, dem Sitz der Götter, und hat 10 Arme, die auf Ihre Göttliche Allmacht hinweisen. In Ihren Händen trägt Sie die verschiedensten Attribute, Ausdruck Ihrer verschiedenen Fähigkeiten und Ihres Wesens:
die ***Muschel*** *(Shankha), ein Symbol für den Schöpfungston, für Schöpfungskraft,*
das ***Zepter*** *(Danda) und die* ***Keule*** *(Gadā), Symbole der Macht,*
das ***Beil*** *(Parashu), mit dem die Verhaftungen durchtrennt werden,*
die ***Schale****, ein Zeichen dafür, daß Sie voller Nahrung ist,*
die ***Gebetskette*** *(Japamālā), ein Attribut Sarasvatīs, Zeichen für Meditation und Erkenntnis,*
und den ***Lotos*** *(Padma), Symbol für Reinheit und Unberührtheit.*
Ihre oberste rechte Hand ***gewährt Schutz*** *(Abhaya-Mudrā), die unterste linke Hand zeigt Sie als Wunschgewährerin (Varada-Mudrā).*

SĀĪ GĀYATRĪ

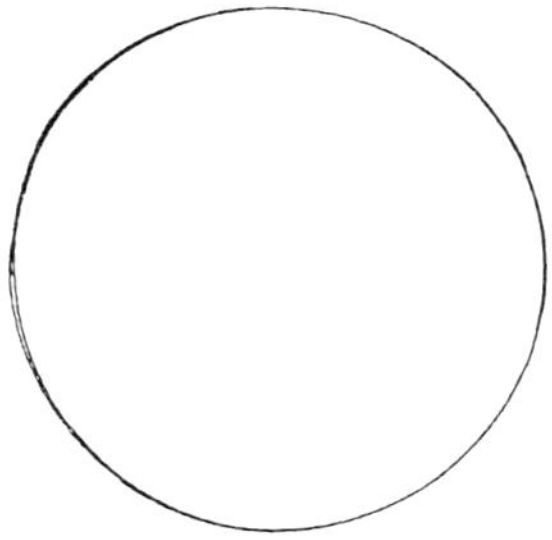

<u>*Sai Baba als Sonnengott auf dem goldenen Wagen*</u>

(Abbildung auf der vorhergehenden Seite)

Sai Baba sitzt auf einem Löwenthron, dem Herrscherthron. Dieser steht auf einem goldenen Wagen vor einer großen goldenen Sonne, dem Sonnenwagen, den 7 Pferde ziehen. Der Wagenlenker, Aruna (= die männliche Morgendämmerung), hält die Zügel der Pferde.

Am Pāduka-Fest, dem 22.9.1997, bestieg Sai Baba diesen goldenen Wagen, den indische Devotees des Pāduka-Trusts Ihm schenkten. Doch in Seiner Ansprache am obigen Tag sagte Er, daß Er diese Dinge nicht möge und man künftig solche Dinge nicht mehr tun solle. Nur reine Liebe wünsche Gott sich als Geschenk.

In beeindruckender Weise wurde jedoch dadurch gezeigt, daß Sai Baba als Sonnengott verehrt wird, Seine Person die allmächtige allanwesende Göttliche Kraft verkörpert und symbolisiert.

SĀĪ GĀYATRĪ

- von G. S. Sastri -

1.005

OM

der Urton,
„das Wort" [Joh. NT, 1, 1 - 5]

Wir erkennen, daß Sai (die Göttliche Mutter) Gott ist.

Sāy - Īshvarāya Vidmahe

sāy = sāī *Göttliche Mutter von allen;* *Gott, der die Mutter ist* *(Sāī: = „sa" + „āyī o. „āī"* *Er, Gott Mutter [B])*	*īshvarāya* *Gott, der Herr* *(Dat. von „īshvara")*	*vidmahe* *wir erkennen,* *wir erfassen*

Über den Gott der Wahrheit laßt uns meditieren !

Satya - Devāya Dhīmahi

satya (= sathya) *Wahrheit* *- absolute Wahrheit, das wahre,* *unveränderliche Sein*	*devāya* *dem Gott, über Gott* *(Dat. von „deva")*	*dhīmahi* *Meditation, Versenkung;* *laßt uns meditieren, wir* *meditieren*

Gott, bitte, erwecke uns ganz (uns alle) !

Tan Nah Sarvah Pracodayāt

tan = tat *Das, Gott, die letzte* *Realität, die nicht* *beschrieben werden kann*	*nah* *uns* *(Akk., Dat., G. v.* *„vayam" = wir)*	*sarvah* *insgesamt,* *vollständig,* *ganz, alle*	*pracodayāt* *er (sie, es) möge erwecken, in Bewegung* *setzen, antreiben, anfachen, erleuchten* *(3. Sg. Opt. Caus. von „pra" und „√ cud")*

Zur Entstehung dieser Sāī-Gāyatrī

Am Weihnachtsabend, dem 24.12.1977, trug der Pandit G. Subrahmanyam Sastri, ein großer vedischer Gelehrter, diese Gāyatrī in Brindāvan in Anwesenheit Babas vor.[1] Er erklärte, daß diese Sāī-Gāyatrī, wie andere Gāyatrīs, eine mystische Form sei und aus 24 Silben bestehe, jede Zeile habe 8 Silben. „Seine" Sāī-Gāyatrī sei aus einer göttlichen Inspiration entstanden.[2] Baba nannte Sastri einen Rishi.[3]

1) A Brief Report by G. V. Subba Rao, A Vedic Scholar is inspired, SaSa, March, 1979
2) Sh. Balu, Living Divinity, p. 143
3) Kassette aus Prashānti Nilayam, auf der diese Sāī-Gāyatrī rezitiert und erklärt wird

1.006

SO ′ HAM

DAS HAMSA – MANTRA, AUCH „HAMSA – GĀYATRĪ“ GENANNT -
[B, So Seg. 1993, S. 12]

Jeder Mensch sollte zuerst Antwort auf die Frage „Wer bin ich?“ suchen, lehrt uns Sai Baba. Bei seiner Geburt schreit das Kind **„KO‘ HAM“ = Wer bin ich ?**
„Ihr dürft nicht mit derselben Frage auf euren Lippen sterben. Wenn ihr sterbt, sollt ihr voller Freude ausrufen können: So’ham - Ich bin Gott!“ *[B, SoSeg. 1990, S. 72]*

SO' HAM = Er ist ich. Ich bin Gott.

<u>so</u> (= sah) = Er, Gott; ‘<u>ham</u> (= aham) = Ich
(sah + aham → so‘ ham)

So’ham ist der Laut, den der Atem erzeugt. *[B, Hislop, Gespr., 107]* 21600 mal am Tag sagt unser Atem „Soham“ *(„Ich bin Gott“)*, „So“ beim Einatmen und „Ham“ beim Ausatmen. „24 Stunden täglich, 21600 mal, wiederholt ihr mit dem Ein- und Ausatmen: Ich bin Gott, ich bin Gott. Warum sollte der Mensch, der all diese Kräfte hat, sich als niedrig und schwach ansehen? Alle Kräfte, alle Fähigkeiten, alle Weisheit liegen in euch.“ *[B, 14.1.2000]*. Doch der Mensch ignoriert diese Botschaft und identifiziert sich mit dem vergänglichen, angenommenem Namen, der dem Körper gegeben wurde. „Solange ihr denkt, ihr seid Ramaiah...., Namen, die eurem Körper gegeben wurden, könnt ihr keinen Fortschritt machen, wie lange ihr euch auch mit spirituellen Übungen befassen mögt.“ *[B, SoSeg. 1990, 73]*

„Der erste dem Selbst entströmende Klang war „Ich“ *(Aham)*. Erst nach dem Ausströmen dieses Ich-Klangs nahm die gesamte Schöpfung ihren Anfang. Ohne dieses Ich gibt es keine Schöpfung. Die Begriffe Ich, Ātman, Brahman oder Selbst sind alles Synonyme. Das Ich ohne den Geist (mind) ist der Ātman oder das Selbst in Seiner ursprünglichen Reinheit. Das mit dem Geist verbundene Ich ist das falsche Selbst *(Mithyātman)*. Es gibt nur einen Ātman bzw. ein Selbst, und das ist das wahre Ich.“
[B, SoSeg. 1990, S. 85]

„Das 1. Wort war ‘Ich‘*(Aham)*. Es kam selbst vor dem Urlaut Om. Vor der Schöpfung existierte nur das ‘Ich‘.“ *[B, SSS, XX, S. 34]* „Ich“ ist der 1. Name Gottes. *[B, SoSeg. 1993, S. 40]* Fragt man in einer Versammlung: Wer ist Maria? Wer ist ......? so antwortet jeder „Ich“, d. h. wir finden das „Ich“ in jedermann. Es ist das Eine in den Vielen. Das Ich ist in allen dasselbe. „Dieses zu erkennen bedeutet, die eigene wahre Identität wahrhaftig zu erkennen, den Einen, den Ātman.“ *[B, SSS, X, S. 137]*

Wenn man „So‘ham“ regelmäßig spricht, wird es zu **„Hamso“** *(= Hamsa)* sagt Sai Baba. Hamsa bedeutet **„Schwan, Gans“** und „bezeichnet die Unterscheidungskraft, die den Menschen zu dem Glauben befähigt, nicht identisch mit dem Körper zu sein.“ *[B, SoSeg. 1993, 12]* Durch regelmäßiges Sprechen von „So‘ham“ können wir zu einem Hamsa werden. *„Der Hamsa hat die Fähigkeit, die Milch vom Wasser zu trennen und nur die Milch zu trinken. Genauso ist ein Paramahamsa in der Lage, die Illusion vom Wirklichen zu trennen und die von der Wahrheit ausgehende Glückseligkeit zu erfahren.“* *[B. SSS, VI, 75]*

__Hamsa__
Haupteingang des Ramakrishna-Tempels in Belur-Math (bei Kalkutta), dem Mutterkloster des Ramakrishna-Ordens *[Foto: Gerhard Bernecker]*

Genau in der Mitte des Medaillons sehen wir einen mächtigen Schwan, der auf den Wasserwellen schwimmt. Am Horizont geht die große strahlende Sonne auf, in die der Kopf des Schwanes eingetaucht ist. Von unten erhebt sich eine vollerblühte Lotosblume, das Symbol absoluter Reinheit und Unberührtheit. Das Medaillon wird eingefaßt von einer Kobra, deren Schwanzspitze und Haube oben am Medaillon zusammenkommen.

Vivekananda deutet dieses Hamsa-Medaillon folgendermaßen: [in Pavitrananda, Common Sense about Yoga]
„Die Wasserwellen in dem Bild sind das Symbol für Karma (Tätigsein), der Lotos steht für Bhakti (Hingabe an Gott) und die aufgehende Sonne für Jnāna (höchstes Wissen). Die umschließende Schlange deutet auf Yoga und die erwachte Kundalini-Energie hin, während der Schwan in dem Bild für den Paramātman (das Höchste Selbst) steht. Deshalb ist die Idee des Bildes, daß bei Vereinigung von Karma, Jnāna, Bhakti und Yoga die Vision des Höchsten Absoluten erlangt ist."
Die Schlange, die sich in den Schwanz beißt, ist auch ein Symbol für das Universum.
[Die Mutter, Gespräche 1953, S. 271]

Ein andereres bekanntes Mantra, in dem „Aham" *(Ich)* steckt, ist das Mantra:

SHIVO'HAM = Ich bin Shiva. Ich bin der Gütige, Freundliche....
shivah + aham (Ich) → „shivo'ham"; *__shiva__ = gütig, freundlich, gnadenvoll, lieb, segensreich*

Shiva ist ebenso wie Sah (= So) ein Name für den allumfassenden Gott. Er schließt in sich ein das unveränderliche ewige Sein und „Gott in Aktion": den Schöpfer, Erhalter und Zerstörer. Wir sollen Shivo'ham und So'ham erleben, sagt Sai Baba. [Kasturi, Sai Baba, Sein Leben, IV S. 85]

1.007

SHĀNTI

<u>*Die zunehmende Mondsichel*</u>
= Symbol für den Frieden

Mantren und andere heiligen Texte enden in der Regel damit, daß man zum Schluß dreimal „Shānti“ spricht:

Friede, Friede, Friede !

SHĀNTIH - SHĀNTIH - SHĀNTIH

<u>shāntih</u> = Nom. v. 'shānti'

Shānti bedeutet: **Friede, Gleichmut, innere Stille, Gelassenheit.** *(Das 3. Shānti spricht man meist* **'Shāntihi'** *aus. 'Shānti' ist die Stammform des Wortes, 'Shāntih' mit 'h' die Nominativform. Sai Baba singt die 3 Worte zügig hintereinander oder macht auch eine ganz kleine Pause zwischen den Worten.)*

Man singt 'Shānti' **3 mal**, da auf 3 Ebenen *(= 3 Welten)* um Frieden gebeten wird:
Das 1. Rufen des Shānti ist für die Reinigung des Körpers *(Ādhibhautika = Bhūr-Bereich, der grobstoffliche Körper)*, das 2. ist zur Reinigung der Gefühle und des 'niederen' unsteten Geistes *(Ādhidaivika = mind-Ebene = der Bhuvah-Bereich, der feinstoffliche Körper)*. Das 3. Shānti ist für die Reinigung des höheren Geistigen *(Ādhyātmika; der Svah-Bereich, die Kausalebene)*. Wir brauchen diesen 3-fachen Frieden.
[B, SSS, X, engl. 164; SSS XI, 121]

– Diesem Reinigungsvorgang entspricht das **3-malige Untertauchen**, wenn man ein Bad in einem der heiligen Flüsse oder Teiche nimmt:
Das 1. Mal Untertauchen dient der Reinigung des materiellen Körpers, das 2. Mal symbolisiert die Läuterung des feinstofflichen Körpers, und das 3. Mal dient dem kausalen Körper, dem nur noch eine Spur des täuschenden Körperbewußtseins anhaftet.
[B, SSS, IV, 82] –

Im Hinduismus ist die zunehmende **Mondsichel** ein Symbol für den Frieden. Wir finden sie im Haar von Shiva... Gleichfalls ist die Mondsichel ein altes sumerisches Symbol *(Piktogramm)* für den Frieden. Im „Großen Kosmischen Spiel“, dem ursprünglichen Schachspiel, das auf Zarathustra zurückgeht, wird sie als Symbol für den Frieden benutzt. *[E. B. Szekely „Das Spiel des Asha“]*

Auch im Christentum ist die **Mondsichel** ein Symbol für den Frieden. Maria, die Gottesmutter, wird häufig mit ihr dargestellt.

DIE 4 MĀHĀVAKYĀS

1.008

- DIE 4 GROSSEN VEDISCHEN SÄTZE -

Die Veden proklamieren 4 große Wahrheiten über den Menschen: *[B, SSS, X, 135]*

Das bist Du.

1. **TAT TVAM ASI**

tat — *Das; Gott; die höchste Wirklichkeit, das unveränderliche, formlose, ewige Sein*

tvam — *du*

asi — *du bist*

[Chāndogya-Upanishad]

Brahman ist höchstes Bewußtsein.

2. **PRAJNĀNAM BRAHMA**

prajnānam — *Weisheit, höchstes Wissen, Erkenntnis, höchstes Bewußtsein*

brahma (Nom. v. brahman) — *Gott, das höchste Absolute, der unpersönliche Aspekt Gottes - Brahman ist namenlos, formlos, unveränderlich, still, allem innewohnend. Es ist „Sac-Cid-Ananda" (Sein, Bewußtsein, Glückseligkeit).*

„Sein (Sat) ist die Essenz des Friedens, Bewußtsein (Cit) ist die Essenz der Weisheit (Jnāna). Diese bilden zusammen mit Glückseligkeit (Ānanda), die Gestalt (Svarūpa) des Göttlich-Absoluten (Brahman)."
[B, Jnāna-Vāh., 28]

[Aitareya-Upanishad]

Dieser Ātman ist Brahman.

3. **AYAM ĀTMĀ BRAHMA**

ayam — *dieser*

ātmā (Nom. von ātman) — *Gott, das Höchste Selbst, das wahre Selbst, das unveränderlich und unsterblich ist, allem innewohnt, alles durchdringt und selbstleuchtend ist*

„'Ayam Ātmā Brahma' bedeutet, daß genau dieser Ātman identisch mit Brahman ist. Der Ātman ist nicht von euch getrennt. Dieser Ātman ist gegenwärtig in jedermann, in allen Lebewesen und in allen Dingen."
[B, SuShowers, 1977, engl., 133]

[Māndūkya-Upanishad]

Ich bin Brahman.

4. **AHAM BRAHMĀSMI**

aham — *ich*

brahma + *asmi* — *ich bin*

[Brihadāranyakā-Upanishad]

1.009

WEITERE VEDISCHE SPRÜCHE

„Alles ist Gott", sagt er (der Weise).

1. **Vāsudevah Sarvam Iti**

vāsudevah = Gott *sarvam* = alles *iti* = sagt er [Bhagavad-Gītā, 7, 19].

Alles dies ist Brahman.

2. **Sarvam Khalv Idam Brahma**

sarvam alles; *khalv* (= khalu) ja, freilich, in der Tat, doch; *idam* dies; *brahma* (Nom. v. brahman) das höchste unveränderliche Absolute

[Chāndogya Upan. 3.14.1]

Die Schöpfung wird ausgestrahlt von Vishnu und hat Seine Natur.

3. **Vishnumayam Jagat**

vishnu Gott, der Erhalter + *mayam* gebildet aus, wird ausgestrahlt, hat die Natur von; *jagat* die Schöpfung; das, was geboren wird und geht

Nur das Eine existiert, die Weisen benennen es mit verschiedenen Namen.
(die Weisen preisen es auf vielfache Art.)

4. **Ekam Sat Viprāh Bahudhā Vadanti**

ekam (Nom. Sg.) eins, das Eine; *sat* seiend, existierend; das wahre absolute Sein; *viprāh* (Nom. Pl.) Weise, Dichter; *bahudhā* vielfach; *vadanti* reden, sprechen, preisen, nennen (3. Pl. Präs. √vad)

[Rigveda]

Einer bin ich, viele will ich sein !

5. **Eko´ ham Bahu Syām**

eko + *aham* einer ich; *bahu* viel, zahlreich; *syām* ich möchte (will) sein [Taitt. Upan. 2.6.1]

Sprich die Wahrheit und halte dich an die Göttliche Ordnung !

6. **Satyam Vada Dharmam Cara**

satyam Wahrheit, das höchste unveränderliche Sein; *vada* sprich!; *dharmam* Göttl. Gesetz, göttl. Ordnung, Rechtschaffenheit; *cara* handle, befolge!

[Taittirīya-Upanishad 1.11.1]

Hilf immer, verletze nie ! **Help ever, hurt never !**

7. **Paropakāra Punyāya Pāpāya Parāpīdanam**

paropakāra Dienstleistung an andere; *punyāya* (Dat. v. punya) gute verdienstvolle Taten; *pāpāya* (Dat. v. pāpa) Böses, Sünde, Leid; *parāpīdanam* weg, entfernt vom Quälen, Drücken

„'Help ever hurt never' ist die Essenz der Veden und heiligen Schriften wie der Bibel, der Bhagavad-Gītā und des Korans." [B, 18.11.1999]

[Vyāsa, B, 15.2.1999]

Nicht durch Tätigsein, noch durch Nachkommenschaft, noch durch gute Gaben,

8. **Na Karmanā Na Prajāyā Dhanena**

na	karmanā	prajāyā	dhanena
nicht	*durch Tätigsein, Tun*	*durch Nachkommenschaft*	*durch Gaben, Besitz, Reichtum*

allein durch Entsagung erreicht man Unsterblichkeit.

Tyāgenaike Amrutatvam Ānashuh

tyāgena +	eke	amrutatvam	ānashuh
durch Opfer, Aufgabe, Entsagen –	*allein*	*Unsterblichkeit*	*erreicht*

Tyāga drückt sich in einem selbstlosen Tun aus und verzichtet auf die Früchte des Handelns.

[Mahānārāyana-Upanishad 10,5]

„Das Wort 'Tyāga' ist das Schlüsselwort in diesem Vers..... Diese Qualität ist es, die eine Führungskraft befähigt, das Unmögliche zu erreichen". [B. zu Chibber, in Sai Briefe Nr. 53, Auszug Chibber, Leadership]
Der Ātman ist nur durch völlige Entsagung zu erreichen. [B, Upan. Vāh., S. 40]
„Unsterblichkeit kann nur durch Opfer gewonnen werden. Schlechte Eigenschaften (Zorn, Eifersucht, Neid...) müssen aufgegeben und geopfert werden." [B, SoSeg. 1977]
„Den Kern der Gītā erhält man, wenn man das Wort 10 mal wiederholt. Es wird dann zu 'Tāgi' und bedeutet 'Entsagung'." [Ramakrishna, Das Vermächtnis]
„Befreiung ist nicht möglich, solange ein Mensch noch Wünsche hat und weltliche Dinge begehrt."
[Ramakrishna, s. o. S. 218]

Die Welt, alles das, was im Universum ist,

9. **Īshāvāsyam Idam Sarvam**

īshā +	vāsyam	idam	sarvam
Gott, der Herr (von √īsh = gehören, herrschen)	*bewohnt, durchdrungen, eingehüllt, bekleidet*	*dies*	*alles*

ist durchdrungen und eingehüllt von Gott.

Yatkinca Jagatyām Jagat

yatkinca	jagatyām (Lok. v. jagat)	jagat
was immer	*in der Welt*	*Welt, Universum; das, was kommt und geht*

Deshalb erfreue dich in Entsagung !

Tena Tyaktena Bhunjīthā

tena	tyaktena	bhunjīthā
deshalb	*durch Aufgabe, Entsagung*	*mögest erfreuen*

Begehre nicht den Reichtum von irgend jemandem oder von irgendetwas !

Mā Gridhah Kasyasvid Dhanam

mā	gridhah	kasyasvid	dhanam
nicht	*begehre!*	*von irgendjemandem, von irgendetwas*	*Reichtum, Geld*

[Ishāvāsya-Upanishad, 1,1]

Wenn die innere Schau mit Erkenntnis gesättigt ist, wird die Schöpfung (Jagat) als Brahman und als nichts anderes geschaut werden. .... Diese Schöpfung ist nichts anderes als der Schöpfer in Gestalt. [B, Gītā-Vāh., S. 94]

PŪRNAM ADAH

1. Version:

2. Version:

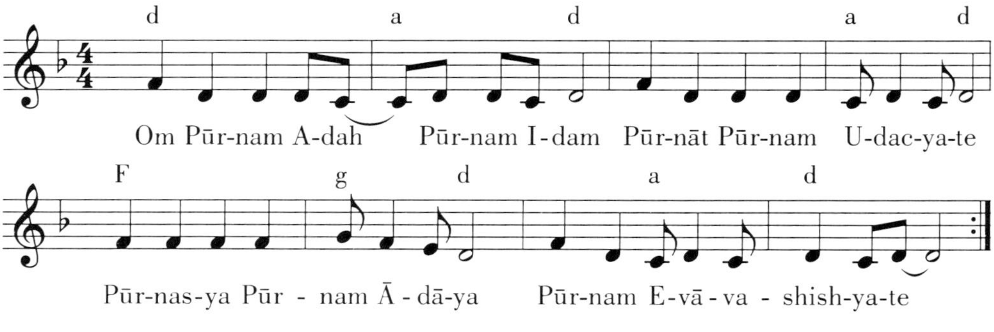

1.010

PŪRNAM ADAH

- Anrufung zu Beginn der Īshā-Upanishad -

Om

Das ist Fülle, dies ist Fülle.

Pūrnam Adah Pūrnam Idam

pūrnam
Fülle; voll, ganz; vollständig

adah
Das; „'Das' bedeutet: das Ferne, das Abgesonderte. Es bezieht sich auf ein Sein, das außerhalb des menschlichen Warhnehmungsvermögens liegt." [B, SSS, XI, 201]

idam
Dies; „'Dies' bedeutet: die sichtbare, materielle Welt, die durch die Sinne wahrgenommen wird und der Erfahrung zugänglich ist. Auch diese ist göttlich, wie alles andere." [B, SSS, XI, 201]

Aus der Fülle entspringt Fülle.

Pūrnāt Pūrnam Udacyate

pūrnāt (Abl. von „pūrnam")
aus der Fülle

udacyate
entspringt, entsteht

Wenn aus der Fülle Fülle entnommen wird,

Pūrnasya Pūrnam Ādāya

pūrnasya (Gen. von „pūrnam")
von der Fülle

ādāya
ent-, genommen wird

so verbleibt die Fülle.

Pūrnam Evāvashishyate

eva + *avashishyate*

„eva" hebt das hervorgehende Wort hervor; so, geradeso

verbleibt, bleibt übrig

Om, Friede, Friede, Friede !

Om Shāntih Shāntih Shāntih(i)

shāntih (Nom. v. shānti)
- Frieden, innere Stille, Gleichmut -

„Das ist Fülle. Dies ist Fülle. Wenn der Fülle Fülle entnommen wird, verbleibt Fülle – dies ist das upanishadische Axiom! Das Göttliche ist Fülle. Die Schöpfung ist Fülle. Selbst als die Schöpfung geschah und der Kosmos als vom Göttlichen hervorgebracht erschien, gab es keine Abnahme der Fülle des Vollkommenen. Fülle ist das Attribut, die Natur des Höchsten. Sie kann nicht durch den Vorgang der Schöpfung des Kosmos vermindert werden. Warum wird die Schöpfung ebenfalls Fülle genannt? Weil sie aus der Fülle kommt." [B, SSS, IX, S. 209]

„Den Jagat (den Kosmos, die Schöpfung) hat Gott aus sich selbst heraus geschaffen, so daß Er sowohl der Urheber wie das Material des Kosmos ist. Er ist Fülle (Paripūrna); die Schöpfung ist auch Fülle, und der individuelle Ātman ist auch Fülle." [B, S. Sai Vāh., S. 53]

SATYAM JNĀNAM ANANTAM

Nach dem 2. Durchgang diese Zeile immer schneller singen:

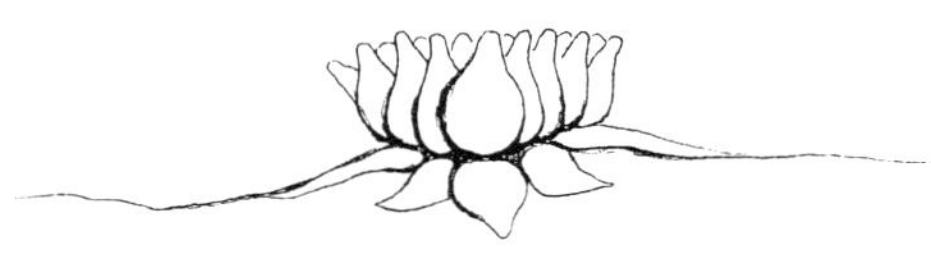

SATYAM JNĀNAM ANANTAM

„So erklären die Upanishaden" [B, SSS, VI, S. 208]

1.011

Brahman (Gott) ist Wahrheit, Erkenntnis und Ewigkeit.

Satyam Jnānam Anantam Brahma

brahma (Nom. von „brahman")
Gott - das höchste Absolute -
Das Brahman ist das allgegenwärtige, ewige, formlose, eigenschaftslose, unzerstörbare Eine. Es „ist durchdrungen von Liebe (Prema)". [B, 3.11.1996, Sai Br. 60]
„Die gesamte Welt ist Brahman: eine Substanz, eine Energie, ein Geist." [B]

Brahman ist Wahrheit.

Satyam Brahma

satyam
Wahrheit, das wahrhaft Seiende; „Satya bezeichnet das, was keiner Veränderung unterworfen ist." [B, SaSa, 8, 1993]
„Die volle Bedeutung von Satya zeigt sich nur in der reinen, unbefleckten Form der Gewissensstimme, die aus dem Herzen kommt." [B, SaSa, 3, 1996]

Brahman ist Erkenntnis.

Jnānam Brahma

jnānam
- Wissen, Erkenntnis, höheres Wissen, Weisheit -
„Jnānam selbst ist Brahman. Jnānam ist keine Qualität Brahmans, es ist Brahman selbst, denn Brahman hat keine Eigenschaft." [B, SSS II, engl., S. 94]

„Ohne Jnānam können wir nie Erlösung finden. Wir müssen erkennen, was wir wirklich sind, daß wir jenseits von Furcht, jenseits von Geburt und Tod stehen." [Vivekananda, Jnana Yoga]

„Erkenntnis ist die Erfüllung, ist das Ziel, ist die Vollendung." [B, SSS, VI, 208]
„Allein Erkenntnis (Jnāna) kann die Vision der letzten Wahrheit gewähren." [B, SSS, VI, 212]
„Das Bewußtsein, daß Gott der Bewohner ist, der alles, was wir fühlen, denken und tun, veranlaßt und ausführt, der die Inspiration gibt, sich zu unterwerfen, die Stärke, sich hinzugeben, den Drang, nur ein Werkzeug in Seinen Händen zu sein für Seine Zwecke: Das ist Weisheit." [B, SSS, VI, 208]

Brahman ist Ewigkeit.

Anantam Brahma

anantam
ewig, unendlich, Ewigkeit

Satyam Jnānam Anantam Brahma

NA PUNYAM NA PĀPAM

NA PUNYAM NA PĀPAM

- Eingangslied von Sai Babas Rede vom 27.5.1990 -

1.012

Ich bin weder Tugend noch Laster.

Na Punyam Na Pāpam

na	*punyam (punye = Pl. von punyam)*	*pāpam (pāpe = Pl.)*
nicht	*Tugend, Verdienst*	*Laster, Sünde, Übel*

Ich bin weder Freude noch Schmerz.

Na Saukhyam Na Duhkham

saukhyam (saukhye = Pl.)	*duhkham (duhkhe = Pl.)*
Freude	*Schmerz, Sorge, Leid*

Ich bin weder das Mantra, noch die heilige Pilgerstätte, noch die Opfergabe für Mich.

Na Mantro Na Tīrtho Na Me Dāna-Yajnam

mantro	*tīrtho (tirthe = Pl.)*	*me*	*dāna*	*yajnam*
Mantra	*heilige Pilgerstätte, Wallfahrtsort*	*für mich*	*Gabe, Spende*	*Opfer, Verehrung*

Ich bin weder der Spender, noch das Essen, noch der Genießer.

Aham Bhojanaiva Na Bhojyo Na Bhokto

aham	*bhoja +*	*na +*	*eva*	*bhojyo*	*bhokto*
ich	*Spender*	*nicht*	*Hervorhebung des vorherigen Wortes; so*	*das Essen, das zu Genießende*	*Genießer*

Meine Form ist Sein, Bewußtsein, Glückseligkeit.

Sac - Cid - Ānanda - Rūpam

sac = sat	*cid*	*ānanda*	*rūpam*
Sein; das wahre, unwandelbare Sein	*Bewußtsein*	*Glückseligheit*	*Gestalt, Form, Verkörperung*

Ich bin Wahrheit, Güte, Schönheit.

Satyam Shivam Sundaram

satyam	*shivam*	*sundaram*
Wahrheit, das wahre Sein	*Güte*	*Schönheit*

LOVE IS MY FORM

LOVE IS MY FORM

- Mantra für Jedermann -

1.013

Liebe ist meine Gestalt, Wahrheit ist mein Atem,

Love Is My Form Truth Is My Breath...

love Liebe · *is* ist · *my* meine · *form* Form, Gestalt · *truth* Wahrheit, Wirklichkeit · *breath* Atem

Glückseligkeit ist meine Nahrung (Gestalt).

...Bliss Is My Food (Form)

bliss = Glückseligkeit, Wonne *food = Nahrung, Speise*

Mein Leben ist meine Botschaft, Ausdehnung ist mein Leben.

My Life Is My Message Expansion Is My Life

life = Leben *message = Botschaft, Sendung* *expansion = Ausdehnung*

Die Liebe bedarf keiner besonderen Zeit, die Liebe bedarf keines besonderen Anlasses;

No Season For Love No Reason For Love...

season = Jahreszeit, Zeit, Saison *reason = Grund, Ursache*

Liebe ist immer da. „Das ganze Universum ist voller Liebe. Liebe ist Reichtum. Sie ist Gerechtigkeit und Wahrheit. Das Universum ist gänzlich auf Liebe angelegt....Liebe allein durchdringt das All..... Liebe ist die Gestalt, das Brahman (Gott) ist durchdrungen von Liebe.... Nur die Liebe hat keine Grenzen....." [B, 23.11.1996, Sai Br. 60, S.3/4]

sie ist ohne Geburt und Tod.

...No Birth No Death

no = kein, nicht *birth = Geburt* *death = Tod*

Ich bin Liebe, Wahrheit, Glückseligkeit, Frieden, Göttliche Ordnung, Glückseligkeit.

Prema Satya Ānanda Shānti Dharma Ānanda

prema reine selbstlose Liebe; Göttliche Liebe · *satya* Wahrheit; das unwandelbare Sein · *ānanda* Glückseligkeit; wahre Freude · *shānti* Frieden, innere Stille, Gleichmut · *dharma* Göttliches Gesetz, Göttl. Ordnung Rechtschaffenheit, Religion

„Das, was alles aufrecht erhält, ist Dharma". [B, 18.6.1996]

O Shirdi Sai, o Satya Sai, o Prema Sai, Sieg, Preis sei Dir !

Shirdi Sāī Satya Sāī Prema Sāī Jai Jai

shirdi = Ort in Indien *sāī = Göttliche Mutter* *jai = Sieg, Ehre!*

O Shirdi Baba, o Parti Baba, o Prema Baba, Ehre, Sieg !

Shirdi Bābā Parti Bābā Prema Bābā Jai Jai

bābā = Vater, Göttlicher Vater *parti = Abk. für Puttaparti; Symbol für den Körper*

1.014 NAMASKĀRA - NAMASTE

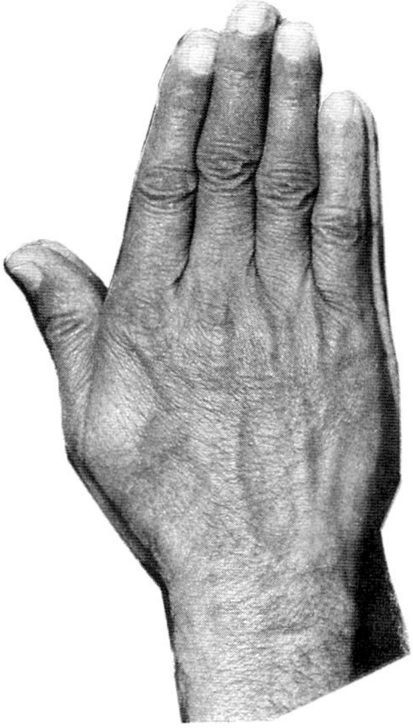

Die Hände Sai Babas in Namaskāra

NAMASKĀRA und **NAMASTE** *(Ich verneige mich, ich verehre, ich grüße dich.)* ist eine Grußform in Indien. *(Namas = Verehrung, Verneigung, Gruß; kāra = tuend; te = dir).* Man sagt es, wenn man sich trifft und wenn man auseinandergeht. Häufig legt man dabei die **beiden Innenflächen der Hände zusammen** und hält sie vor die Brust: Es ist die **Anjali-Mudrā,** eine Verehrungshaltung.

Was bedeutet diese Handhaltung? *[B, SSS, IV, 180 engl.]*
„Die rechte Hand ist 'Tat', Das *(der unsichtbare Grund)*, und die linke ist 'Tvam', Du *(das getrennte und individuelle Ich, das, was sich begrenzt und allein fühlt).* Wenn die beiden Handflächen zusammengeführt werden, wird die Einheit von 'Das' und 'Diesem', von all dem, was um dich herum ist, mit all dem, was du bist, betont und gezeigt. Es sagt: Ich bin Brahman *(Aham Brahmāsmi).*"
So zeigt jeder mit dieser Geste, daß er Gott ist und der andere ebenso. Gott in Dir grüßt Gott im andern.
Eine weitere Interpretation dieser Geste ist: *[B, SSS, IV, 113]*
Beim Zusammenlegen der Hände treffen die 10 Finger zusammen. Die Finger der rechten Hand stellen die 5 Tätigkeitsorgane *(die Karmendriyas: Sprachorgan, Hände, Füße, Sexual- und Ausscheidungsorgane)* dar und die 5 Finger der linken Hand die Wahrnehmungsorgane *(die Jnānendriyas: Ohr, Haut, Augen, Zunge und Nase).* Alle Zehn werden dem Guru *(Lehrer, Höchsten Selbst)* geweiht, bereit, Ihm zu dienen und Seine Gebote auszuführen.

Namaskāra entspricht der Begrüßung **„Grüß Gott"** in Deutschland. Würden wir dabei unsere rechte Hand auf die Brust legen, wie die Essener es taten, wenn sie miteinander sprachen, so wäre auch bei uns die Verehrung des Göttlichen im anderen noch deutlicher. Indem ich meine Hand an meine Brust lege, weise ich noch einmal darauf hin, daß wir im Herzen, in Gott eins sind.

Baba weist den Fingern der Hand folgende weitere Bedeutungen zu:
Der Daumen ist das Symbol für Paramātman *(Gott, das höchste Selbst)*, der Zeigefinger steht für Jivātman *(das individuelle Selbst)*, der Mittelfinger für die sattvische *(reine, ausgeglichene)* Grundeigenschaft, der Ringfinger für die rajasische *(leidenschaftliche)* und der kleine Finger für die tamasische *(dunkle, träge)* Natur im Menschen. *[Sulochana, Sri Satya Sai Divya Vani, S. 55]*
- Eine **Japamālā** *(Gebetskette)* legt man über den Mittelfinger und hält mit der Spitze von Daumen und Zeigefinger die jeweilige Perle fest. – *[Sulochana, s. o.]*

Eine bestimmte Finger- und Handhaltung soll auch während der **Meditation** eine besondere Wirkung hervorrufen:
Wenn ich während der Meditation meine geöffneten Hände mit den Handflächen nach oben auf mein linkes bzw. rechtes Bein lege, wobei sich Daumen und Zeigefingerspitze berühren *(Cin-Mudrā)*, so will ich dadurch begünstigen, daß mein individuelles getrenntes Selbst sich mit dem allumfassendem höchsten Selbst verbindet. Lege ich in der Meditation die beiden geöffneten Hände in meinen Schoß ineinander oder verschränke dabei die Finger miteinander, die Daumen stoßen gegeneinander, so vereine ich in mir den männlichen und weiblichen göttlichen Aspekt, empfange und lasse das Göttliche einfach kreisen und fließen. *(= klassische Meditationshaltung)*

Ramakrishna Paramahamsa in Samādhi

Natarāja
- Detail -
Shiva hält
Damaru

Natarāya

- Shiva, der König des Tanzes -

Bronzeplastik, Cola, um 1000 n. Chr., vom Kankālanātha-Tempel Aliyur, Thanjavur Bezirk
[Abb. 6, Nagaswamy, Masterpieces of early South Indian Bronzes]

Shiva ist der der ewige kosmische Tänzer, dessen Tanz die Schöpfung bewirkt. Aus Seinem unveränderlichen unergründlichen Sein heraus, das höchster Friede und Glückseligkeit ist, manifestiert sich die Schöpfung, die große Illusion, das Göttliche Spiel, das jedem ermöglicht, über seine eigene Erfahrung zur göttlichen Einheit zurückzufinden:
Shivas fein lächelndes Gesicht drückt Friede und höchstes Gewahrsein aus. Indem Er tanzt, durch und in allen Wesen, bringt er alle letztendlich zur Erleuchtung, zur höchsten Wahrheit. Er tanzt die Unwissenheit und Gedächtnislosigkeit, hier ausgedrückt in dem kleinen Zwerg, Apasmāra, auf dem Sein rechter Fuß steht, zu Staub. Leicht und spielerisch geht Ihm der Tanz vonstatten!
Seine linke vordere Hand weist auf Seinen Fuß hin, was ausdrücken mag, wendet euch Mir, dem Göttlichen zu, und ihr werdet Erlösung erfahren. Zugleich erhebt sich neben dieser Hand ein etwas bedrohlicher Kopf einer Kobra – vielleicht eine Warnung an uns, sich nicht in den Fängen Seines Schöpfungsspiels zu verlieren. Shiva selbst kann sich mit Schlangen schmücken, denn Er steht oberhalb der Sinne und des Geistes (mind).
Shivas obere rechte Hand hält Damaru, die kleine sanduhrförmige Trommel, das Symbol für den Ton, den die Schöpfung ins Leben ruft. Seine obere linke Hand dagegen trägt das Feuer, ein Symbol für die Göttliche Energie, Vernichtung, Reinigung und Verschmelzung.
Seine herabfallenden Haarsträhnen flattern im schnellen Tanz. Oben links in Seinem Haar sitzt die Flußgöttin Gangā, ein Symbol für Reinigungskraft, Fruchtbarkeit und Hingabe.
Umgeben ist Shiva von einem Feuerkranz, dem Tiruvāshī, der mit dem OM oder der Natur (Prakriti) identifiziert wird. [Coomaraswamy, The dance of Shiva]

OM NAMAH SHIVĀYA

1. Version:

2. Version:

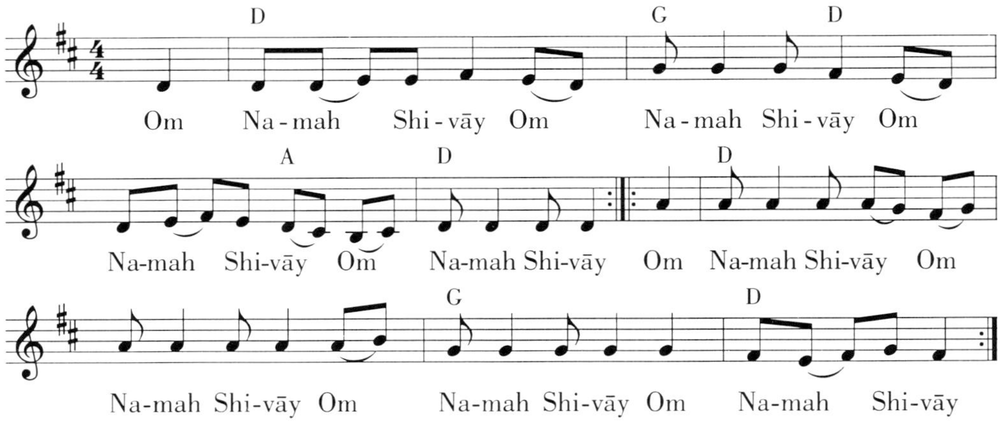

3. Version:

OM NAMAH SHIVĀYA

1.015

Om, ich verneige mich vor Shiva.

Om Namah Shivāya

om
der Urlaut, aus dem alles entstanden ist; „das Wort“ [Joh, NT, 1, 1-5]

namah
ich verneige mich, verehre, begrüße, übergebe mich; Verehrung, Verneigung, Gruß; Übergabe des Egos

shivāya (Dat. v.“ shiva“)
dem Shiva, Gott
Shiva bedeutet: Güte, Segen, Glück, Gnade – Er besitzt alle Arten von Reichtum, allen Glanz, alle Kräfte, alle Macht (Sakala Aishvarya) [B] - Shiva ist auch der große Zerstörer, Umwandler und Erneuerer. Er umfaßt die 3 Aspekte : ‘Schöpfung‘, ‘Erhaltung‘ und ‘Auflösung‘, und ist zugleich das ‘Sat‘, das ‘wahre Sein‘, was keiner Veränderung unterworfen ist.

Om, ich übergebe mich Shiva.

Om Namah Shivāya

Om, Verehrung sei Shiva !

Om Namah Shivāya

Shiva, Du bist das Om, ich verneige mich vor Dir.

Shiva Om Namah

*In einem **Interview** fragte Sai Baba: [„Sai Briefe“, Nr. 49, S. 29-30]*
***„Was bedeutet ‘Om Namah Shivāya?‘ “ „**Dein Wille geschehe“, antwortete jemand. Baba schüttelte den Kopf und sagte:*
*„Das ist nicht alles!“ Er legte die Hände zusammen, wie die Inder sie zum Gruß zusammenlegen, wenn sie sich vor Gott verneigen, der in jedem Wesen wohnt. „Das ist **Namah“** , sagte Baba: **„Ich grüße dich, ich verehre dich, ich verneige mich vor dir.“***

*In dem **2. Interview** derselben Gruppe fragte Baba wieder:*
„Was bedeutet ‘Om Namah Shivāya?‘ “ Als wieder die Antwort kam „Dein Wille geschehe“, schüttelte Er den Kopf und sagte:
*„‘Namah‘ steht für ‘na mama‘, d. h. ‘nicht mein‘. Es heißt ‘Ich bin nicht mein Körper‘ und es bedeutet: **‘Die Übergabe des Egos an Shiva.‘“***

SHIVĀYA NAMAH

1. Version:

2. Version:

3. Version:

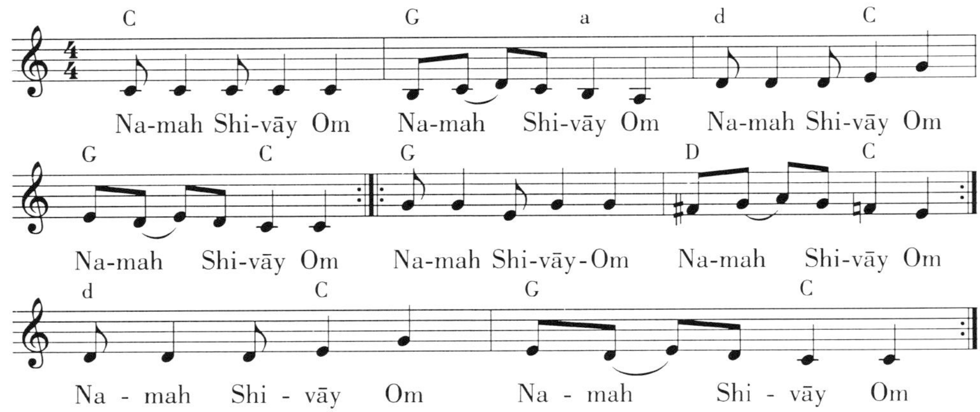

SHIVĀYA NAMAH

1.016

Vor Shiva verneige ich mich, Shiva,

Shivāya Namah Shiva...

shivāya (Dat. v. shiva)
vor Shiva, vor Gott,
dem Ātman, dem höchsten
Absoluten, dem höchsten Selbst,
dem Gütigen, dem Zerstörer und
Erneuerer, dem Transformer

namah = nama
ich verneige mich, ich verehre,
ich grüße, ich übergebe mich;
Verehrung, Verneigung, Gruß,
Übergabe des Egos

Gott übergebe ich mich, dem Gütigen, Shiva

...Shivāya Namah Shiva Shivāya...

übergebe ich mich, Om, Verehrung sei Shiva !

...Nama Om Namah Shivāya

om
der Urlaut, aus dem alles
entstanden ist, Gott als Ton; „das Wort“ [Joh., 1, 1-5].

Vor Shiva verneige ich mich, Shiva, Gott, übergebe ich mich, Shiva !

Shivāya Namah Shiva Shivāya Namah Shiva

Shiva sei Verehrung, Om, vor Shiva verneige ich mich !

Shivāya Nama Om Namah Shivāya

OM SHIVĀYA

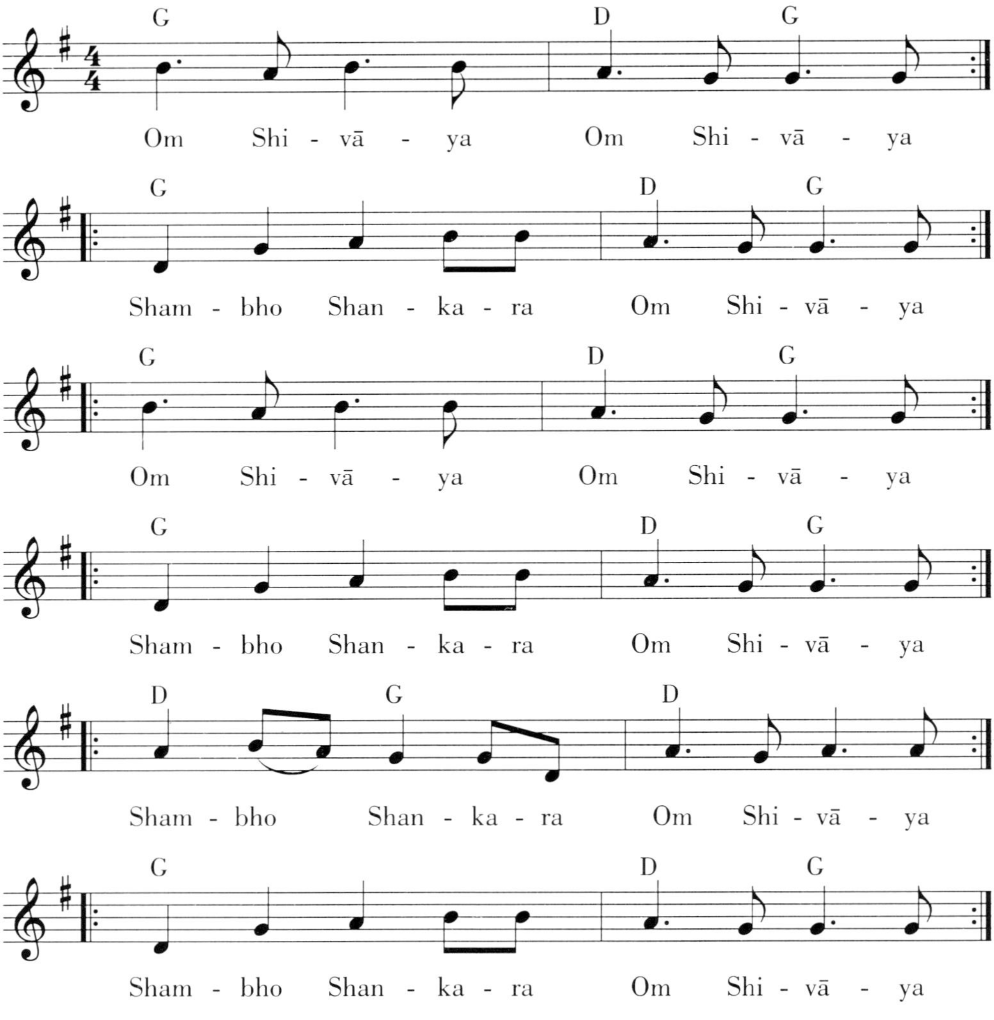

3 bis 4 Tempi

OM SHIVĀYA

1.017

Om, vor Shiva, Om, vor Gott, verneige ich mich !

Om Shivāya Om Shivāya

om
der Urton, aus dem alles entstanden ist; „das Wort“
[Joh., NT 1, 1-5]

shivāya (Dat. v. „shiva“)
vor Shiva, vor Gott, dem Gütigen, Ihm, der alle Herrlichkeiten, alle Kräfte, alle Fähigkeiten besitzt, der in sich die 3 Aspekte Schöpfung (Shrishti), Erhaltung (Sthiti) und Auflösung (Laya) vereinigt; dem großen Zerstörer, Transformer und Erneuerer; dem Ātman, dem Höchsten Selbst in uns

O Du Ursprung des Guten, o Du Glücksbringer, Om, Shiva sei Verehrung !

Shambho Shankara Om Shivāya

shambho (Vok. von „shambhu“)
anderer Name für Shiva -
o Ursprung des Guten u. des Glücks,
o Freudenbringer -
(sham = shan = Glück aller Art, Wohlergehen)

shankara
- Name Shivas -
o Wohltäter, o Glücksbringer -
„Er, der ‚shan‘, Glück, Wohlergehen aller Art und auf alle Weise verleiht (kara).“
[B, SSS, IX, 40]

Om Shivāya Om Shivāya (Hara)

Shambho Shankara Om Shivāya (Om)

Shambho Shankara Om Shivāya (Om)

Die Vorsängerin begann dieses Bhajan an Mahāshivarātri 1977 mit aller Kraft zu singen, bevor Sai Baba das Lingam aus Seinem Mund gebar, als die ‚Geburtswehen‘ einsetzten.

SHIVA SHIVA SHIVA

Shiva zertanzt die Unwissenheit

Detail eines Shiva-Natarājas vom Thanjavur Bezirk, um 950 n. Chr., Madras Government Museum

[Abb. 51, Nagaswamy, Masterpieces of early South Indian Bronzes]

Als Natarāja steht Shivas rechter Fuß auf dem Zwerg der Unwissenheit und Gedächtnislosigkeit, Apasmāra. Shiva zertanzt in Seinem kosmischen Tanz alle Unwissenheit zu Staub und bringt so letztendlich alle Wesen zur Erleuchtung, zur Erfahrung, daß sie eins mit Ihm, Shiva, sind. Apasmāra hält in der Hand eine Kobra, Symbol für die Lebensenergie und „die materielle Welt mit ihren giftigen Fängen.“ [B]

SHIVA SHIVA SHIVA

O Shiva, Du Gütiger, Du Allmächtiger, Du Freudenbringer,

Shiva Shiva Shiva Shambho...

shiva
Gott, der Gütige, der Ātman, das höchste Absolute, das höchste Bewußtsein, das wahre Sein - Er, der alle Arten von Reichtum, allen Glanz, alle Fähigkeiten, alle Macht besitzt; der große Zerstörer und Transformer

shambho (Vok. v. „shambhu")
Name Shivas: o Freudenbringer, o Ursprung des Guten
(sham = Glück und Wohlergehen jeder Art)

o Du Zerstörer, o Gütiger, o Shiva, Du Ursprung des Guten !

...Shiva Shiva Shiva Shambho

O großer Gott, Du Freudenbringer,

Mahādeva Shambho...

mahā + deva
großer Gott
- Name Shivas -

o großer Gott, Du Shambho !

...Mahādeva Shambho

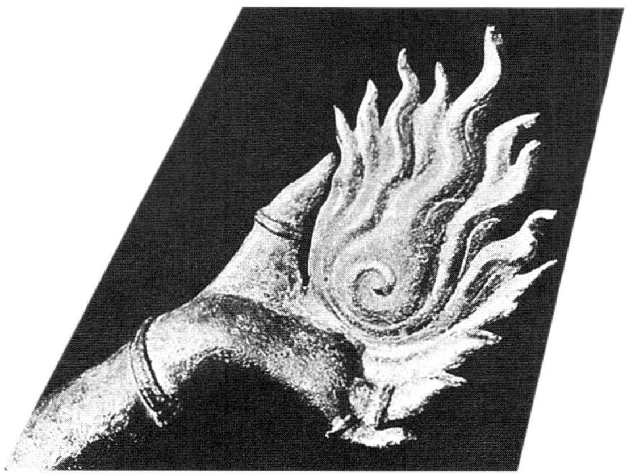

Shiva trägt das Feuer

Als Natarāja trägt Shiva in der Regel in Seiner oberen linken Hand das Feuer, Symbol für Göttliche Kraft, Zerstörung, Reinigung und Verschmelzung

JAYA GAURĪ SHANKARA

Shiva und Pārvatī auf dem Kailāsa

Ausschnitt aus „Rāvanagrahamūrti", Virupaksha-Tempel, Pattadakkal
Symbolische Darstellung für die Vereinigung des Individuums (der Schöpfung, Pārvatī) mit dem göttlichen unveränderlichen Urgrund (Shiva), die jedoch in Wirklichkeit eins sind.

1.019

JAYA GAURĪ SHANKARA

Sieg Dir, Du Wohltäter der Gaurī, Sieg Dir,
Du alldurchdringender Beschützer !

Jaya Gaurī - Shankara Jaya Vishvanāth...

jaya – Sieg, siege, Ehre, Preis
gaurī – Die Göttliche Mutter: Die Weißliche, Rötliche, Glänzende = Symbol für die Natur; die göttl. Energie in ihrer sanften Form
shankara – Name Shivas - der Wohltäter - Er, der Glück und Wohlergehen jeder Art (shan) bringt (kara).
vishva + *nāth* – alles, ganz, durchdringend, Schöpfung; Beschützer, Herr

Siege, o Gemahl der Pārvatī, o Beschützer der Reinen !

...Jaya Pārvatī - Pati Bholānāth

pārvatī – die Göttliche Mutter, die sanfte reine Gemahlin Shivas, die die Rolle der fürsorglichen Ehefrau übernommen hat
pati – Herr, Gebieter,
bholā + *nāth* – arglos, unschuldig, treuherzig - Name Shivas: der Beschützer der Reinen, Unschuldigen

O Bholānāth, o Beschützer der Unschuldigen,

Bholānāth Bholānāth...

Sieg Dir, o Gemahl der Pārvatī, o Beschützer der Reinen !

...Jaya Pārvatī - Pati Bholānāth

TRYAMBAKAM YAJĀMAHE

__Shivalingam mit einem Shivakopf__

Ekamukha-Lingam

= Lingam mit einem (eka) Kopf Shivas
Gupta, 5. Jh. nach Chr., National Museum New Delhi
[Abb. 42 Gupta, Masterpieces from the Nat. Museum Collect.]

Das Gesicht Shivas, fein strahlend aus innerem Frieden heraus, weist uns auf unser wahres Sein hin: Auch wir sind „Shiva" = Güte, Freude......
Auf Seiner Stirn das 3. Auge, das Auge der Weisheit, in Seinem Haar, der Jatā Mukuta, der zunehmende Mond, Symbol für den „kosmischen Geist (mind) des Schöpfers" laut Rig Veda, auch Symbol für den Frieden.

Das Lingam ist die symbolische Form Gottes. Es symbolisiert die ständige Gegenwart der unveränderlichen Realität (Brahman) und die allanwesende göttliche Lebenskraft. Das aufgerichtete (ūrdhva) Lingam weist auf die schöpferische Potenz hin, gehalten von yogischer Disziplin.
Das Lingam nimmt in der Regel einen Platz im Allerheiligsten eines Shiva-Tempels ein. Sichtbar ist dann nur der obere zylindrische Teil.

TRYAMBAKAM YAJĀMAHE

TRYAMBAKAM - HOMA - MANTRA
(Feueropfer, Homa, an den „Dreiäugigen“, Shiva)

Om, laßt uns den Dreiäugigen,

Om Tryambakam Yajāmahe...

tri	+	*ambakam*	*yajāmahe*
drei		*Äugigen*	*laßt uns opfern,*
= Name Shivas			*wir wollen opfern*

„Die 3 Augen Shivas sind die Augen, die die Vergangenheit, Gegenwart und die Zukunft enthüllen. Shiva allein hat alle Drei.“ [B, SSS, I, engl., 112] Es wird auch überliefert, daß Shiva mit einem Feuer aus Seinem 3. Auge die 3 Festungen (Körper) der Dämonen verbrannte.

den Duftenden, den Mehrer von Gedeihen und Wohlstand, verehren !

...Sugandhim Pushti - Vardhanam

sugandhim	*pushti*	*vardhanam*
den Wohlriechenden, Duftenden	*Gedeihen, Fülle, Wohlstand*	*Wachstum, Stärkung, Mehrung*

Wie sich die Frucht vom Stiele löst,

Urvārukam Iva Bandhanān...

urvārukam	*iva*	*bandhanān (= bandhanāt, Abl.)*
Gurkenart, Kürbisart, Frucht	*wie*	*vom Stiele, Stengel*

möge Er mich vom Tod befreien und zur Unsterblichkeit führen, Svāhā !

...Mrityor Mukshiya Māmritāt (Svāhā)

mrityor	*mukshiya*	*mā*	+	*amritāt*	*svāhā*
vom Tod	*möge befreien*	*mich*		*zur Unsterblichkeit*	*Ehre, Heil !*
(Abl. v. mrityu)				*(Abl. v. amrita)*	*Ausruf beim vedischen Opferritual;*

„Möge die Opfergabe gut brennen.“
[B, Līlā Kaivalya Vāh. in Antworten, S. 26]
(1 Tropfen Ghee wird als Ritualopfergabe nach dem Svāhā ins Feuer gegeben)

1.021

SHIVA LINGAM MANTRA

Das von Brahmā, Vishnu und den Göttern gepriesene Lingam,

Brahmā Murāri Surārcita Lingam

brahmā der Schöpfergott; *murāri* Name Vishnus, Krishnas: der Feind (ari) des Mura, ein Dämon = Symbol für das Ego; *sura* Götter + *arcita* verehrte, gepriesene, strahlende; *lingam* = eine symbolische Form Gottes (B, SSS, I, 105); Symbol für Gott als den Schöpfer und die Schöpfung

das fleckenlose, leuchtende, herrliche Lingam,

Nirmala Bhāsita Shobita Lingam

nirmala fleckenlos, rein; *bhāsita* leuchtende; *shobita* herrliche, schöne; geschmückte

das durch Geburt entstandene, Leid zerstörende Lingam,

Janmaja Duhkha Vināshaka Lingam

janmaja durch Geburt entstandene; *duhkha* Leid, Schmerz, Unerfülltheit; *vināshaka* Zerstörer, Auflöser

dieses ewige Shiva-Lingam verehre ich.

Tat Pranamāmi Sadā - Shiva - Lingam

tat das, dieses; *pranamāmi* ich verehre, preise, verneige mich tief; *sadā* ewig; *shiva* Gott, der Gütige, Allmächtige

Das von Göttern und besten Heiligen verehrte Lingam,

Deva - Muni - Pravarārcita Lingam

deva Götter; *muni* Heiliger, Frommer; *pravara* vorzüglichste, beste + *arcita* gepriesene, verehrte

das Begierde verbrennende, Mitgefühl bewirkende Lingam,

Kāma - Dahana Karunākara Lingam

kāma Begierde, Lust, Wünsche; *dahana* verbrennend, vernichtend; *karunā* Mitgefühl, Mitleid, Erbarmen + *kara* bewirkend, tuend

das den Stolz des Rāvana zerstörende Lingam,

Rāvana - Darpa - Vināshaka Lingam

rāvana Name des Dämonenkönigs, der Sītā, die Gattin Rāmas, entführte; *darpa* Stolz, Überheblichkeit

dieses ewige Shiva-Lingam verehre ich.

Tat Pranamāmi Sadā - Shiva - Lingam

Das ganz von Wohlgeruch überzogene Lingam,

Sarva Sugandha Sulepita Lingam

sarva – *ganz, alles*; *sugandha* – *Wohlgeruch, Duft*; *sulepita* – *gut überzogene, bestrichene*

das die Intelligenz und Intuition fördernde Lingam,

Buddhi - Vivardhana - Kārana Lingam

buddhi – *Intelligenz, Unterscheidungskraft, Intuition*; *vivardhana* – *fördernd*; *kārana* – *Macher, Verfestiger*

das von Vollendeten, Göttern und Dämonen verehrte Lingam,

Siddha - Surāsura - Vandita Lingam

siddha – *Vollendeter, Seher; Wesen feinstofflicher Bereich*; *sura* + *asura* – *Götter; Sonnengott* / *Dämonen, schlechte negative Eigenschaften des Menschen*; *vandita* – *verehrte*

vor diesem ewigen Shiva-Lingam verneige ich mich.

Tat Pranamāmi Sadā - Shiva - Lingam

Das goldene, große, Edelstein geschmückte Lingam,

Kanaka - Mahāmani - Bhūshita Lingam

kanaka – *Gold*; *mahā* + *mani* – *groß* / *Perle, Edelstein*; *bhūshita* – *geschmückte*

das von Schlangen umwundene, herrliche Lingam,

Phani - Pariveshtita Shobhita Lingam

phani – *Schlange*; *pariveshtita* – *umwinden, umringen*

das das Opfer des Daksha zerstörende Lingam,

Daksha - Suyajna Vināshaka Lingam

daksha – *Name eines Rishis, dessen Opfer Shiva zerstörte, da Er nicht eingeladen wurde*; *suyajna* – *gute Opfer*; *vināshaka* – *Zerstörer*

dieses ewige Shiva-Lingam preise ich.

Tat - Pranamāmi Sadā - Shiva - Lingam

Das mit Safran und mit Sandelholzpaste bestrichene Lingam,

Kunkuma - Candana - Lepita Lingam

kunkuma Safran; *candana* Sandelbaum o. -holz; Creme, die aus Sandelholz zubereitet wird; *lepita* bestrichen

das ganz herrliche, mit einem Lotoskranz geschmückte Lingam,

Pankaja - Hāra Sushobhita Lingam

pankaja Lotosblume: die im Sumpf (panka) Geborene (ja); *hāra* Kranz; *sushobhita* sehr herrlich, glänzend; schön geschmückt

das das angesammelte Übel zerstörende Lingam,

Sancita - Pāpa - Vināshaka Lingam

sancita aufgehäuft, gesammelt; *pāpa* Übel, Böses, Sünde

dieses ewige Shiva-Lingam verehre ich.

Tat Pranamāmi Sadā - Shiva - Lingam

Das von Göttern und Ganas gepriesene, verehrte Lingam,

Deva - Ganārcita - Sevita Lingam

deva Götter; *gana* Scharen (des Shiva), Kobolde, Göttl. Kräfte (z. B. die Sinnesorgane) + *arcita* strahlende, verehrte; *sevita* verehrt, verherrlichte

das auf verschiedenste Weise in Hingabe verehrte Lingam,

Bhāvair Bhaktibhir Eva Ca Lingam

bhāvair (Instr. Pl. v. bhāva) Verehrung Gottes auf verschiedene Weisen; *bhaktibhir* (Instr. Pl. v. bhakti) durch Hingabe; *eva* so, Betonung des Vorhergehenden; *ca* und, auch

das wie 10 Millionen Sonnen lichtmachende Lingam,

Dinakara Koti Prabhākara Lingam

dinakara Sonne; *koti* 10 Millionen; *prabhākara* hervorragende Lichtmacher

dieses ewige Shiva-Lingam verehre ich.

Tat Pranamāmi Sadā - Shiva - Lingam

Das von 8 Blättern umhüllte Lingam,

Ashta - Daloparіveshtita Lingam

ashta — *acht*; *dala* — *Teil, Blatt*; + *upariveshtita* (→ *daloparіveshtita*) — *umhüllte, umwundene*

das die Entstehung von allem bewirkende Lingam,

Sarva - Samudbhava - Kārana Lingam

sarva — *alles, ganz*; *samudbhava* — *Entstehung, Ursprung, Quelle*; *kārana* — *Bewirken*

das die 8 Arten der Armut zerstörende Lingam,

Ashta - Daridra - Vināshaka Lingam

ashta — *acht*; *daridra* — *arm, bedürftig*; *vināshaka* — *zerstörend*

dieses ewige Shiva-Lingam verehre ich.

Tat Pranamāmi Sadā - Shiva - Lingam

Das von Gottlehrern und höchsten Göttern angebetete Lingam,

Sura - Guru Sura - Vara Pūjita Lingam

sura — *Gott*; *guru* — *Lehrer*; *vara* — *vorzüglichste, beste*; *pūjita* — *verehrte, angebetete*

das mit Blüten aus dem Suravana-Hain ewig verehrte Lingam,

Suravana - Pushpa Sadārcita Lingam

suravana — *ein Hain der Götter*; *pushpa* — *Blüten, Blume*; *sadā* — *ewig*; + *arcita* — *verehrte*

das beste Höchste, das höchste Ātma-Lingam,

Parama - Param Paramātmaka Lingam

parama — *fernste, höchste, beste*; *param* — *jenseits; beste, der höchste Gott, die Allseele*; *parama* — *höchste, entfernteste*; + *ātmaka* — *das höchste Absolute, das höchste Selbst*

dieses ewige Shiva-Lingam verehre ich.

Tat Pranamāmi Sadā - Shiva - Lingam (3 x)

Wer diese achtteilige, heilige und reine Lingam-Verehrung

Lingāshtakam Idam Punyam

linga + ashtakam — *8-fache Verehrung, 8-tägige Verehrung*; *idam* — *diese*; *punyam* — *heilig, rein*

rezitiert, erreicht die Nähe Shivas,

Yad Pathet Shiva Sannidhau

yad = wer; *pathet = rezitiert*; *sannidhau (Lok.) = in die Nähe von*

die Stätte Shivas.

Shivalokam Avāpnoti

lokam = Stätte, Ort; *avāpnoti = erreicht*

Er erfreut sich zusammen mit Shiva.

Shivena Saha Modate

shivena (Instr.) — *mit dem Shiva*; *saha* — *zusammen*; *modate* — *er freut sich*

(Manchmal wird diese Strophe noch gesungen:

Das die gottliebenden Menschen behütende Lingam,

Bhakta - Jana - Paripālaka Lingam

bhakta — *ein Gottliebender*; *jana* — *Mensch*; *paripālaka* — *behütend, beschirmend*

das aus Liebe gebildete, das höchste Wesen habende Lingam,

Premamaya Paramātmaka Lingam

prema + maya — *reine, selbstlose Liebe* / *gebildete*; *parama* — *Höchste*; *atmaka* — *das Wesen habend – aus bestehend*

das Parti Lingam, von Sai, dem Herrn,

Partipuri Sāīshvara Lingam

parti + puri — *Puttaparti, Symbol für den Körper* / *Stadt, Körper*; *sāī + īshvara* — *Göttliche Mutter* / *Gott, der Allmächtige*

dieses ewige Shiva-Lingam verehre ich.

Tat Pranamāmi Sadā - Shiva - Lingam)

Das Goldene Lingam

*Mahāshivarātri (die große Nacht Shivas), Prashānti Nilayam 4.3.2000:
Sai Baba zeigt das eiförmige goldene Lingam, nachdem es in Seinem Körper entstanden und über den Mund geboren wurde.*

„Ihr sollt die Erschaffung und Offenbarung des Lingas nicht überbewerten, es ist nur die Offenbarung eines Atoms meiner Majestät. In mir, der ich Welten erschaffen und das Universum füllen kann, gibt es Verehrungswürdigeres: universelle Liebe, die Lehren des Dharma, die Wiederbelebung der Veden, die Pflege des Guten, die Segnung von spirituell Strebenden (Sādhakas).“ [B, SSS, VI, 123]

1.022

KRIPĀ - SAMUDRAM

- SHIVA - STOTRA (HYMNE) -

Den Ozean des Mitleids, den Dreiäugigen, den mit dem Asketenhaar,

Kripā - Samudram Trinetram Jatā - Dharam

kripā – Mitleid, Mitgefühl; *samudram* – Ozean, Meer; *trinetram* – 3-Äugigen; *jatā* – Haar der Asketen; *dharam* – Tragenden

den Gatten der Pārvatī, den ewigen Shiva,

Pārvatī - Vāmabhāgam Sadāshivam

pārvatī – Gattin Shivas; Symbol für die reine Schöpfung; *vāma* + *bhāgam* – lieb, Seite, Eigentum – Name Shivas, Gatte der Pārvatī; *sadā* + *shivam* – ewig, den Shiva, Gott, den Gütigen – Gott in Seiner Totalität -

den Schrecklichen, den mit der ewigen Gestalt,

Rudram - Akhanda - Rūpam

rudram – den Schreienden, Furchtbaren; *akhanda* – ganz, ununterbrochen, ungebrochen, voll; *rūpam* – Gestalt, Form

den Herrn von Parti, den Lenker des Herzens und der Gefühle, verehre ich !

Parti - Purīsham Hridi - Bhāvayāmi

parti – Abk. für Puttaparti, Symbol für den Körper; *pur* + *īsham* – Stadt, Burg, den Herrn, Gott; *hridi* – Herz; *bhāva* + *yāmi* – Sein; Gefühl, Gedanke, Lenker, Seele, Gewissen

Om, Verehrung dem Shiva !

Om Namah Shivāya

namah – Verehrung, Verneigung, Begrüßung; *shivāya* – dem Shiva

Sai, Om, Verehrung dem Shiva !

Sāī Om Namah Shivāya

sāī – Göttliche Mutter

SHAMBHO SHAMBHO

- SHIVA - STOTRA -

1.022.1

O Freudenbringer, o Ursprung des Guten, o Shiva, o Shambho, o Du aus Dir selbst Seiender !

Shambho Shambho Shiva Shambho... ...Svayambho

shambho (Vok. von „shambhu")	*shiva*	*svayambho*
o Shambho ! Name Shivas: der Freudenbringer, der Ursprung des Guten	*Gott, der Allumfassende, Allgewaltige, der Gütige*	*der aus sich selbst Seiende*

O Wohltäter, der Du die Gangā trägst, Du bist voller Mitgefühl !

Gangā - Dhara Shankara Karunā - Kara

gangā	*dhara*	*shankara*	*karunā*	*kara*
der Fluß Ganges; Symbol für Fruchtbarkeit, Fülle, Hingabe	*Träger*	*Name Shivas: Wohltäter, Glücksbringer*	*Mitleid, Mitgefühl*	*bewirkend, tuend*

Der Legende nach fing Shiva die Gangā in Seinem Haar auf und trägt sie in Seinem Haar.

O Du Retter aus dem Ozean von Geburt und Tod und Furcht !

Bhava - Bhaya - Sāgara - Tāraka

bhava	*bhaya*	*sāgara*	*tāraka*
Welt; Kreislauf von Geburt und Tod	*Furcht*	*Ozean*	*Retter*

Shambho Shambho Shiva Shambho...
...Svayambho

Gangā - Dhara Shankara Karunā - Kara

Bhava - Bhaya - Sāgara - Tāraka

Shambho Shambho Shiva Shambho...
...Svayambho

1.022.2

JAYA JAYA MAHĀDEVA

- SHIVA - STOTRA -

Sieg, Sieg, Du großer Gott, Du Wohltäter !

Jaya Jaya Mahādeva Shambho...

jaya	*mahādeva*	*shambho* (Vok. von shambhu)
Sieg !	*großer Gott = Name Shivas*	*Name Shivas: der Wohltäter, Glücksbringer*

Du ewiger Shiva, Du Mandara-Berg der Dir Hingegebenen !

...Sadā Shiva Āshrita - Mandara...

sadā	*shiva*	*āshrita*	*mandara*
ewig	*Gott, der Gütige*	*haftend, hingegeben*	*der Mandara-Berg*

O Du in den Upanishaden Gepriesener,

...Shrutishikharasamcāra

shrutishikharasamcāra = der in den Upanishaden Gepriesene

o, Du Gott mit der blauen Kehle,

Nīla - Kantha Rā Deva...

nīla	*kantha*	*deva*
blau, dunkel, schwarz	*Hals, Kehle*	*Gott*

= der mit der blauen Kehle = Name Shivas

o, Du Freund der Armen, Du Erfreuer der Rādhā und der Raghufamilie !

...Dīna - Bāndhava Rādhā - Raghu - Ramana

dīna	*bāndhava*	*rādhā*	*raghu*	*ramana*
arm, elend	*Verwandter, Freund*	*Krishna völlig ergebene Hirtenfrau; Symbol für d. Schöpfung*	*Familie, aus der Rāma stammt*	*Erfreuer*

Du bist der mit dem gebogenen Rüssel, o Svami,

Vakra - Tunda Rā Svāmi...

vakra	*tunda*	*svāmi*
gebogen, krumm	*Rüssel*	*o Meister, Herr*

Du ewig Reiner, beschütze uns !

...Nitya Nirmala Pāhi

nitya	*nirmala*	*pāhi*
ewig	*rein, fleckenlos*	*beschütze !*

Nīla - Kantha Rā Deva...
...Dīna - Bāndhava Rādha - Raghu - Ramana

Andere Götter betrachte nicht !

Anya Daivamu Kolurā

anya – *andere*; *daivamu (Telugu)* – *Götter*; *kolurā (Telugu)* – *betrachte nicht !*

Du unbeschreibbare Stätte, Du Glückskörper, Du Gangāträger !

Nirupādamu Vidura Mangalānga Gangā - Dhara

nirupādamu (Telugu) – *unbeschreibbare*; *vidura* – *Stätte*; *mangala* + *anga* – *Glück, Wohlbefinden* + *Glied, Körper*; *dhara* – *Träger*

Nīla - Kantha Rā Deva...
...Dīna Bāndhava Rādha - Raghu - Ramana

Shiva

[Detail von Kalyāna-sundara-Shiva, Nat. Museum, New Delhi]

Shiva ist der mit Schlangen Geschmückte. Eine Schlange erhebt ihr Haupt hinter Seinem Rücken. Deutlich sichtbar in Shivas Haar eine Dhattūra-Blüte, die Blume Shivas.

1.023

GANESHA - GĀYATRĪ

- Taittirīya - Āranyaka X, 1,5 -

Laßt uns das wahre Sein, das Höchste Selbst erkennen !

Tat - Purushāya Vidmahe

tat — *Das; das höchste, ewige, unveränderliche Absolute, das wahre Sein*

purushāya (Dat. v. „purusha") — *das höchste Selbst, der Ātman, erwachtes Bewußtsein, Leben, die individuelle Seele*

vidmahe — *laßt uns erkennen, wir erkennen*

Laßt uns über den mit dem gebogenen Rüssel meditieren !

Vakra - Tundāya Dhīmahi

vakra — *krumm, gebogen*

tundāya (Dat. von „tunda") — *Rüssel*

dhīmahi — *Meditation; laßt uns meditieren, wir meditieren*

Der mit dem einen Zahn möge unser Höheres Selbst entfachen !

Tan No Dantih Pracodayāt

tan = tad — *Das, das Höchste Selbst*

no = nah — *von uns*

dantih — *der mit einem Zahn*

pracodayāt — *er möge erwecken, in Bewegung setzen, antreiben, erleuchten*

Ganesha
Chedi, 11. Jh., Madhya Pradesh
[National Museum New Delhi]

Ganesha, der Gott (Īsha) über die Ganas (= Scharen, Göttlichen Kräfte, Sinne) wird immer am Anfang verehrt: Er ist Ādi-Pūjā-Deva. Er gilt als der „Gott über die Hindernisse" (= Vighneshvara) und verleiht Buddhi, höhere Intelligenz und Intuition.

SHUKLĀMBARA - DHARAM

- GANESHA-MANTRA -

1.024

Über den mit dem weißen Gewand, den Allgegenwärtigen,

Shuklāmbara - Dharam Vishnum

shukla +	*ambara*	*dharam*	*vishnum*
weiß, rein	*Gewand, Himmel, Herz*	*Tragenden*	*Allgegenwärtigen, den alles Durchdringenden*

dessen Äußeres wie der Mond ist, über den Vierarmigen,

Shashi - Varnam Catur - Bhujam

shashi	*varnam*	*catur*	*bhujam*
Hase, Mond	*Äußeres, Farbe*	*vier*	*Armigen*

den mit dem freundlichen Gesicht,

Prasanna - Vadanam Dhyāyet

prasanna	*vadanam*	*dhyāyet*
ruhig, mild, klar, freundlich	*Gesicht*	*man soll (möge) meditieren; meditiere !*

über den Beseitiger aller Hindernisse meditiere !

Sarva - Vighno - Prashāntaye

sarva	*vighno*	*prashāntaye*
alle	*Hindernis*	*dem Erlöscher, Beseitiger*

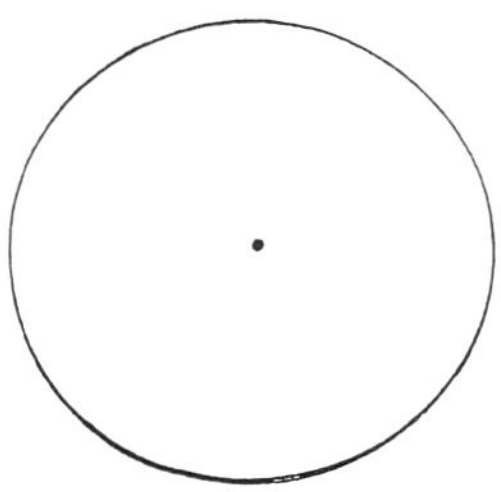

OM NAMO BHAGAVATE

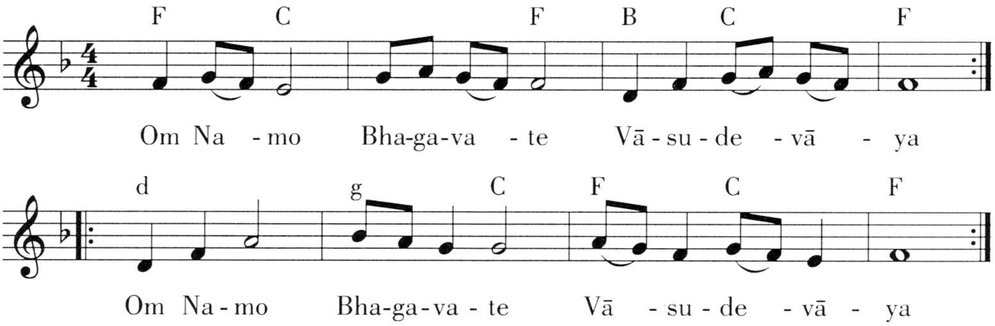

Nārāyana auf Garuda

Nepal, 9. Jh. [Abb. 380, Harle, The art and architecture of the Indian Subcontinent]

Ein wahrhaft majestätischer machtvoller Vishnu (= Nārāyana) sitzt hier auf Garuda, dem mystischen Vogel, einem Symbol für das Herz, die Seele des einzelnen Menschen. [B, Vidyā-Vāh., S. 64]

In Seinen Händen hält Vishnu die für Ihn typischen Attribute: Cakra (das Rad), das Symbol für die Herrschaft über die Zeit, Gadā (die Keule), das Symbol für Herrschaft und Macht und in Seiner linken Hand Shankha (die Muschel), Symbol für den Ton, aus dem das Universum entsteht.

1.025

OM NAMO BHAGAVATE

Om, ich verneige mich vor dem Strahlenden, vor Gott.

Om Namo Bhagavate Vāsudevāya

om – der Urlaut, „das Wort“ *[Joh, NT 1, 1-5]*

namo – Verehrung, Verneigung, Übergabe des Egos

bhagavate (Dat. von „bhagavān“) – vor Gott, dem Allmächtigen, Strahlenden, Herrlichen; Name Vishnus, Nārāyanas - „Bhagavān ist der Schöpfer und Erhalter der Schöpfung.... Er ist der, der erhellt und erleuchtet. Er selbst ist die Quelle des strahlenden Lichtes, das allen Dingen überall Glanz verleiht.“ *[B, SSS, XI, 68, 73]*

vāsudevāya (Dat. v. „vāsudeva“) – vor Gott – Name Krishnas: „der Sohn des Vasudeva“ - „Vāsudevah Sarvam Iti“: „Alles ist Gott“, sagt der Wissende. *[Bhagavad-Gītā 7, 19]*

(„‘Bha‘ symbolisiert göttliche Strahlung, göttliches Licht. ‘Ga‘ steht für Verbreiten und Durchdringen. ‘Van‘ bedeutet die Fähigkeit zu verbreiten und zu durchdringen..“ [B, 26.10.2001])

Om Namo Bhagavate Vāsudevāya

BOLO BHAGAVAN

1.026

Sag: Sieg (Preis) Bhagavan, dem herrlichen,

Bolo Bhagavan Shrī...

bolo (Hindi) – sag, sprich, sing

bhagavan (Vok.) – Gott, Name Vishnus, Krishnas...: der Herrliche, Strahlende, Erhabene; die Quelle des strahlenden Lichtes, das allen Dingen überall Glanz verleiht *[B, SSS, XI, 68]*

shrī – Reichtum, Fülle, Glück, Herrlichkeit; ehrenvolle Anrede

verehrten Satya Sai Baba !

...Satya Sāī Bābājī Kī Jai

satya – Wahrheit; das wahre Sein

sāī – Göttliche Mutter

bābā + *jī* – Vater, Göttlicher Vater + verehrter, siegreicher

kī (H) – Kasusbezeichnung

jai – Sieg, Ehre

SHRĪMAD NĀRĀYANA JAI

<u>Arjunas kosmische Vision von Krishna</u>

Jaipur um 1790

[Colnaghi, Indian Painting, Abb. S. 71]

Arjuna sieht Krishna (Vishnu) als den Vielköpfigen, Vielhändigen, der alle Wesen, das ganze Universum in sich trägt. Unten in Seinem Streitwagen steht der Vishnu verehrende Arjuna.

SHRĪMAD NĀRĀYANA JAI

1.027

Sieg Dir, herrlicher Nārāyana,

Shrīmad Nārāyana Jai...

shrīmad
vorzüglich, glänzend, herrlich, glückbringend

nārāyana
Gott; Name für Vishnu, Krishna, der Alldurchdringer, der Ātman; wörtlich: Er, der Nāra (das Wasser, den Menschen) bewegt (ayana). Gott, der als Avatar Gestalt annimmt; der Erhalter der Schöpfung

Sieg, Sieg, Dir, o Nārāyana, Sieg Dir !

...Jai Jai Nārāyana Jai

Shrīmad Nārāyana Jai...
...Jai Jai Nārāyana Jai

O, Hari, o Nārāyana, Sieg,

Hari Nārāyana Jai...

hari
Gott, Name Vishnus; → deutsch „Herr" –
Gott ist hier besonders unter dem Aspekt des Zerstörers, Wegnehmers (z. B. von Unwissenheit, Ego) zu verstehen.
(von √‾har = zerstören, wegnehmen, bezaubern, anziehen)

Sieg, Sieg, Dir, Gott ! Vor Dir verneige ich mich, Dir übergebe ich mich !

...Jai Jai Nārāyana Namo Namaha

namo = namaha (=namah)
ich verneige mich, verehre, grüße; Verehrung Verneigung; tiefere Bedeutung: Ich übergebe mein Ego

ALAKH NIRANJANA

Vishnu ruht auf Shesha, der Schlange ohne Ende, im Milchmeer

[Privatbesitz Russek, Männedorf/Zürich; Abb. 271 in Russek, Hinduismus]

Aus Vishnus Nabel wächst der Weltlotos, in dem Brahmā sitzt und die Welt erträumt.

ALAKH NIRANJANA

1.028

O unsichtbarer Vollkommener, o unsichtbarer Erfreuer, o Zerstörer des Kreislaufes von Geburt und Tod und von Furcht,

Alakh Niranjana Bhava - Bhaya - Bhanjana...

alakh (Hindi)	niranjana	bhava	bhaya	bhanjana
unsichtbar	*Vollkommener, ohne Makel, Erfreuer, Entzücker - Gott -*	*Welt, Kreislauf von Werden und Vergehen*	*Angst, Furcht*	*Zerstörer, Zerbrecher*

o Nārāyana, o Allgegenwärtiger !

...Nārāyan Nārāyan

nārāyan(a)
- Gott, Name für Vishnu, die eine wahre Realität -
der Allgegenwärtige, der Ātman; der Erhalter der Schöpfung; Gott, der als Avatar Gestalt annimmt

nārāyana =	nāra +	ayana =	wörtl.: „Er, dessen Wohnsitz der Mensch (das Wasser) ist“
	Mensch, Wasser	*der Beweger, der Gehende, Wohnsitz*	*„Der im Menschen (als Mensch) Gehende“ - „Der Beweger des Menschen“*

„Weil die Wasser früher der Wohnsitz (ayana) Nārāyanas waren, ist er als Nārāyana bekannt.“
[O'Flaherty, „Hindu Myths“, S. 186]

O Nārāyana, o Gott, Du Alldurchdringer, o Sai, Du Nārāyana !

Nārāyan Nārāyan Nārāyan Sāī Nārāyan

sāī
- Göttliche Mutter -

RĀM RĀM RĀM SĀĪ

1.029

Sāī, Du bist Rāma, der Erfreuer, der Quell aller Freude, Rām, Rām, Rām,

Rām Rām Rām Sāī Rām Rām Rām...

rām

Gott: Er, der erfreut, der Quell aller Freude, der Ātman; der Āvatar Rāma, „das Meer der Wonne in menschlicher Gestalt“ [B]

sāī

Göttliche Mutter [B], die göttliche Energie [Shakti], Gott in Aktion

o Göttliche Mutter, Du bist Rāma, der Erfreuer, der Quell aller Freude, Sāī, o Rāma !

Sāī Rām Rām Rām Sāī Rām

SĀĪ RĀM

1.030

O Göttliche Mutter, o Quell aller Freude !
(O Sai, Du bist Rāma!)

Sāī Rām

sāī
Göttliche Mutter [B], die göttliche Energie (Shakti), Gott in Aktion

rām
Gott: Er, der erfreut, der Quell aller Freude, der Ātman; das höchste unveränderliche Absolute.
Der Name Rāma ist die kraftvollste Formel, die den Geist befreien, reinigen und erheben kann. [B, SSS, VI, S. 142]
Der Āvatar Rāma, die Verkörperung aller Tugenden, insbesondere aber von Dharma (Göttliches Gesetz) und Satya (Wahrheit).

Rāma
Südindische Bronzeplastik, Cola, um 950 n. Chr., Detail, National-Museum New Delhi
[Abb. 167, Nagaswamy, Masterpieces of early south Indian Bronzes]
Rāma war das Meer der Wonne, der Ozean des Mitleids in menschlicher Gestalt. Jeder wollte Ihm nahe sein, Ihn anschauen." [B in Hislop, Gespräche, S. 66]

HARE RĀMA SĀĪ KRISHNA

[Text und Melodie: Münchner Sai Zentrum]

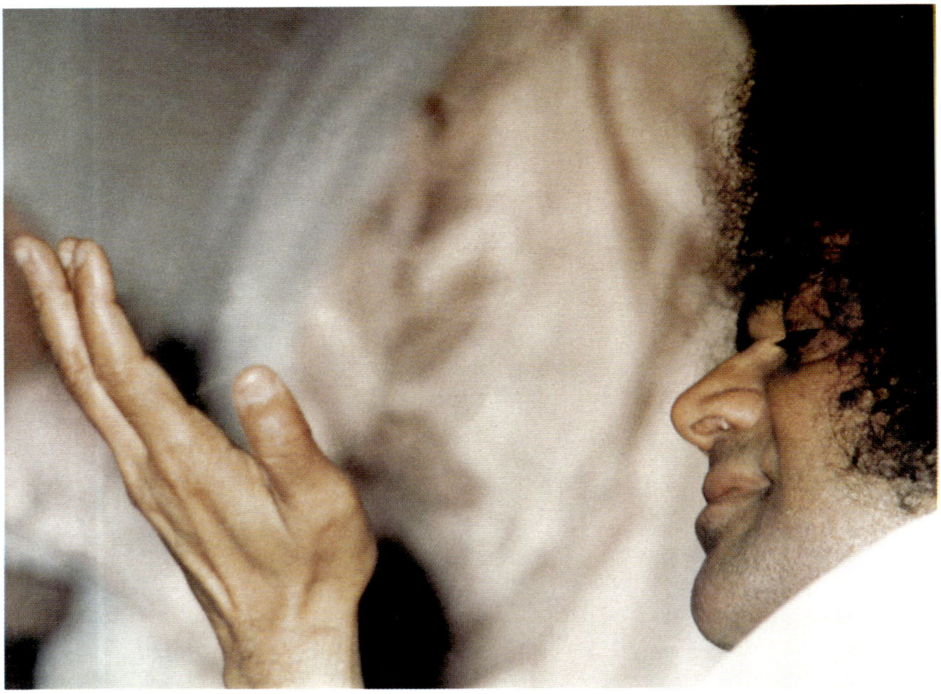

Sai Baba

Sai Baba, der als der lebende Rāma und Krishna verehrt wird:
Ein Leben aus dem Sein

HARE RĀMA SĀĪ KRISHNA

1.031

O Gott Rāma, o Sai, Du Krishna,

Hare Rāma Sāī Krishna...

hare (Vok. v. hari)
o Gott, Name Vishnus
bes. als Zerstörer
→ „Herr“ im Deutschen
(von √‾hr = zerstören, wegnehmen,
bezaubern, anziehen)

sāī
Göttliche Mutter,
Gott in Aktion =
die Göttliche Energie
(Shakti)

krishna
Gott, das Höchste Selbst:
der Dunkle, der Blaue = Symbol
für die Grenzenlosigkeit Gottes –
„Er, der lockt und anzieht“ [B, SSS X, 47]
„Er, der das Feld des Herzens pflügt.“ [B] –
der Avatar Krishna: Er besaß unwidersteh-
lichen Charme und Süße.

o Sai, Du Rāma, o Göttlicher Vater, Du bist reine Liebe !

Sāī Rāma Prema Bābā

rāma
Gott: Er, der erfreut, der Quell aller Freuden,
der Ātman, das Höchste Selbst;
der Avatar Rāma, „das Meer der
Wonne in menschlicher Gestalt.“ [B]

prema
reine selbst-
lose Liebe

bābā
Vater,
Göttlicher Vater

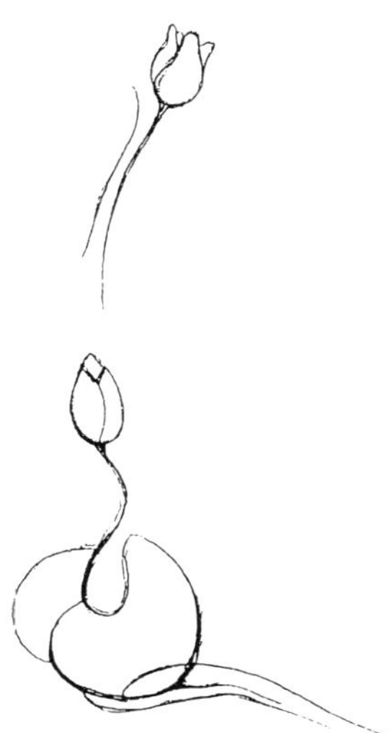

Rāma kämpft gegen die Dämonen

Guler – Rāmāyana, um 1720

[Government Museum and Art Gallery, Chandigarh]

Ganz alleine steht Rāma auf der rechten Seite und kämpft gegen ein Dämonenheer. Er ist gerade dabei, einen sichelförmigen Pfeil anzulegen, mit dem Er die Köpfe von den Rümpfen abtrennen kann. Rāma ist unbesiegbar, die Dämonen haben nicht die geringste Chance gegen Ihn. Die Dämonen erkennt man an ihren Hörnern, Fangzähnen, Schwänzen, Krallen....., Merkmale, die auf niedere tierische Eigenschaften wie Gier, Gewalttätigkeit...., dieser Menschen hinweisen sollen. Rāma ist mit einer blauen Hautfarbe dargestellt, die auf Sein unauslotbares göttliches Wesen hinweist.

Diese Kampfszene kann man als Symbol für den inneren Kampf im Menschen verstehen, in dem reine göttliche Eigenschaften im Widerstreit gegen dumpfe, agressive, dämonische liegen. Doch wer sich ganz dem Göttlichen verschreibt – Rāma ist ein Symbol für unser höchstes göttliches Selbst, unser wahres Wesen – und göttliche Eigenschaften wie Liebe und Mitgefühl in sich zum Erblühen bringt, in dem sind die niederen Eigenschaft dem Untergang geweiht.

<u>*Krishna mit der Flöte*</u>

Krishna von Dakshineshvara (bei Kalkutta), der einst von Ramakrishna repariert wurde
[Abb. S. 601, Saradananda, Sri Ramakrishna the great master, Band II]

Mit Seiner Flöte (Muralī) erinnert Krishna die Menschen, alle Wesen, an ihre wahre Heimat und ruft sie zurück. Seine dunkle Haut (Krishna bedeutet: dunkel, schwarz, blau) weist auf das große göttliche Geheimnis des wahren Einen hin, dessen Kinder wir alle sind. Er ist umhüllt mit dem roten Mantel der Liebe, auf Seinem Kopf die Pfauenfeder, das „Symbol für den tausendäugigen Gnadenblick." [B, Sai Vāh., S. 169]
Krishnas Anziehungskraft und Süße konnte niemand widerstehen.

HARE RĀMA HARE RĀMA

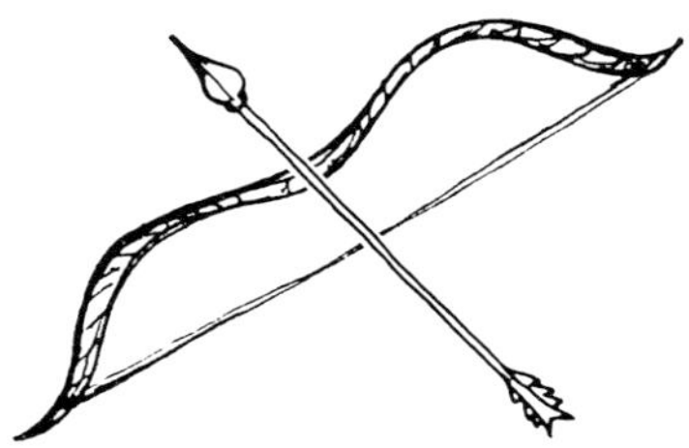

Rāmas Pfeil
und Bogen

HARE RĀMA HARE RĀMA

1.032

O Hare Rāma, o Gott, Du Quell aller Freude,

Hare Rāma Hare Rāma...

hare (Vok. von „hari")
o Gott, o Herr – Name Vishnus:
Er, der zerstört, wegnimmt, anzieht,
verzaubert → „Herr" im Deutschen

rāma
Gott, der Ātman, Er, der erfreut; der Avatar Rāma,
die Verkörperung aller Tugenden, insbesondere von Dharma.
Der Name Rāma ist die kraftvollste Formel, die den Geist
befreien, reinigen und erheben kann. [B, SSS, VI, S. 142]

o Rāma, o Erfreuer, o Hari, o Zerstörer,

...Rāma Rāma Hare Hare...

o Hare Krishna, o Gott, o Krishna,

...Hare Krishna Hare Krishna...

krishna
Gott, das Höchste Selbst
Krishna bedeutet: schwarz, dunkelblau (= Symbol für die Tiefe des göttlichen Geheimnisses) -
Er, der pflügt und pflegt – Er, der lockt und anzieht [B, SSS, X, 47];
der Avatar Krishna: „Die kleinste Handlung Krishnas war gesättigt von höchster Süße". [B]

o Krishna, o Krishna, o Hari, o Herr !

...Krishna Krishna Hare Hare

Hare Krishna Hare Krishna...
...Krishna Krishna Hare Hare...
...Hare Rāma Hare Rāma...
...Rāma Rāma Hare Hare

HARE KRISHNA

HARE KRISHNA

1.033

Hare Krishna, o Gott Krishna,

Hare Krishna Hare Krishna...

<u>hare</u> (Vok. v. hari)
o Gott, o Herr;
Name Vishnus: der Zerstörer
Wegnehmer, Verzauberer
→ 'Herr' im Deutschen

<u>krishna</u>
Gott, das Höchste Selbst, Name Vishnus;
der Avatar Krishna;Krishna bedeutet:
der Dunkle, Schwarze, Blaue -
Er, der das Feld des Herzens pflügt -
Er, der lockt und anzieht

o Krishna, Krishna, o Gott, o Gott !

...Krishna Krishna Hare Hare

Hare Rāma, o Gott Rāma,

Hare Rāma Hare Rāma...

<u>rāma</u>
Gott, das Höchste Selbst; 'Er, der erfreut' (√¯ram)
- der Avatar Rāma, die Verkörperung aller Tugenden, insbesondere von Dharma, das Meer der Wonne in menschlicher Gestalt

o Rāma, o Erfreuer, o Gott, o Gott !

...Rāma Rāma Hare Hare

Hare Krishna Hare Krishna...
...Krishna Krishna Hare Hare

Hare Rāma Hare Rāma...
...Rāma Rāma Hare Hare

GOPĀLA GOPĀLA

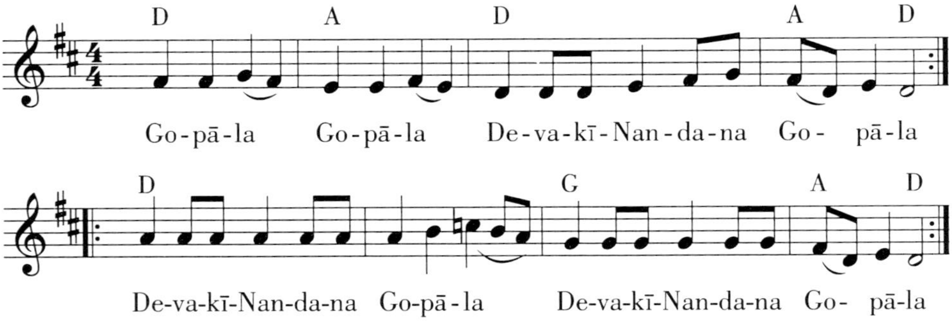

Bālakrishna

- der kleine Krishnajunge, 12. Jh. -

[State Archaeology Department Collection, Madras]

GOPĀLA GOPĀLA

1.034

O Gopāla, Du Beschützer der Kühe,

Gopāla Gopāla...

gopāla
Name Krishnas

go + *pāla*
Kuh, Erde, Sinne. Laut, Atem, Individuum — *Beschützer, Hüter*

- Gopāla ist ein Name für den bezaubernden kleinen Krishna, der als Junge in Brindāvan die Kühe hütete und als ewiger Herr die Seelen der Individuen hütet. - [B]

Alle Handlungen Krishnas waren durchdrungen von höchster Süße. Der Grund dafür war die Liebe (Prema), die als Unterströmung all Seine Worte und Taten motivierte. [B, Bhag. Vāh., engl. p. 228]

„Ein Hauptaspekt des Paramātman ist es, sich um „Go" zu kümmern, sie zu beschützen, und sie letztendlich in Ihn verschmelzen zu lassen." [B, SuShow., 1978, S. 167]

„Gopāla" = „Lokapāla" = Beschützer der Welt [B, Bhag. Vāh, engl.,p. 256]

o Sohn der Devakī, Du Behüter aller Wesen !

...Devakī - Nandana Gopāla

devakī
- die leibliche Mutter Krishnas -
Sie gebar Krishna im Gefängnis in Mathurā.

nandana
Sohn;
Freude, Wonne

„Krishna wurde im Gefängnis geboren, eine Tatsache, die uns lehrt, daß Gott sich in dem dunklen und engen Gefängnis unserer Herzen präsentieren oder inkarnieren muß, damit wir daraus Licht ableiten und Freiheit erwirken können." [B, SSS, X, 99]

Krishna ist das sichtbare Göttliche Selbst. „Es wird in der Region des Nabels (Mathurā) geboren als Frucht der Energie (Devakī). Danach wird Es zum Mund (Gokula) gebracht und von der Zunge (Yashodā) gepflegt,..." [B erz., 29]

O Gopāla, Du Sohn der Devakī,

Devakī - Nandana Gopāla...

o Gopāla, Du Freude der Devakī !

...Devakī - Nandana Gopāla

1.035

BĀBĀ NĀM BĀBĀ NĀM

- von Antonio C. Agpaoa -

Den Namen Baba, allein den Namen Baba !

Bābā Nām Bābā Nām Kevalam

bābā – *Vater, Göttlicher Vater*
nām – *Name*
kevalam – *einzigen, ausschließlich*

Bābā Nām Bābā Nām Kevalam

O höchster Vater Baba !

Param Pitā Bābā Kī

param – *höchste*
pitā – *Vater*
kī (Hindi) – *Kasusbestimmung Gen.*

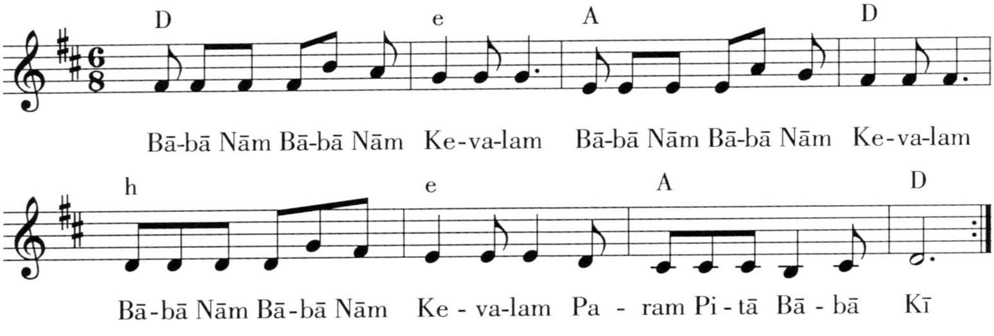

BĀBĀ NAMO KEVALAMO

1.036

Göttlicher Vater, Dir allein übergebe ich mich !
Göttlicher Vater, Dich allein verehre ich !

Bābā Namo Kevalamo

<u>*bābā*</u>	<u>*namo*</u>	<u>*kevalamo*</u> *(Telugu: kevalamu)*
Vater, Göttlicher Vater	*ich verehre, verneige mich, grüße, übergebe mich; Verehrung, Verneigung*	*einzige, ausschließlich*

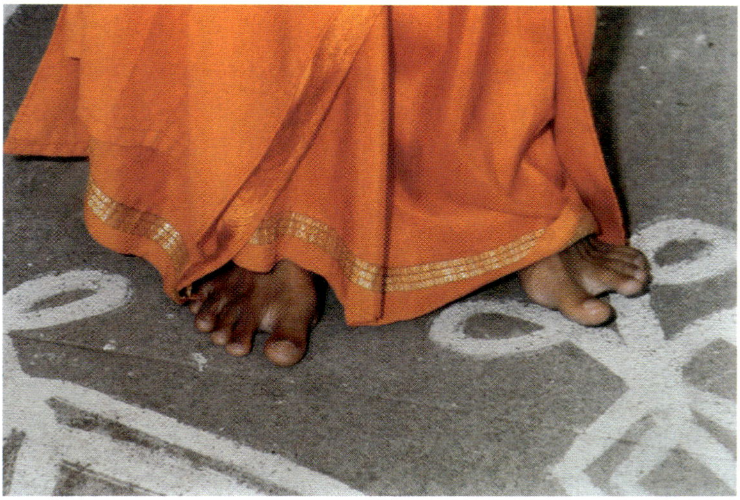

<u>Die Lotosfüße Sai Babas</u>

1.037

ALLĀH

Gott !

Allāh

allāh

der Gott (aus Arabisch: al (der) + ilāh (Gott)
der Name Gottes im Islam (Islam bedeutet die völlige Hingabe an den Willen Gottes);
Allāh bedeutet: Der Erhabene - „Dasjenige, das jenseits aller Formen ist, jenseits aller Namen, jenseits allen menschlichen Fassungsvermögens, jenseits des Vorstellbaren und zugleich 'Alles' ist."

*Dieser Name eignet sich besonders, ebenso wie die folgenden Mantren, für das ständige Gottgedenken (= **Dhikr, Erinnern**), das insbesondere im Sufitum praktiziert wird. Dhikr ist neben dem Koran der wichtigste Pfeiler des Sufismus, denn niemand kann Gott erreichen, ohne Seiner ständig zu gedenken. Dhikr ist das wichtigste Mittel, um das Herz, das den Sufis als Hort des wahren Wesens des Menschen gilt, von den Schleiern zu befreien.*

Hū
Inschrift auf Pfeiler in der Gebetshalle der Ulu Cami in Bursa, Türkei
[Abb. Moinuddin, Die Heilkunst der Sufis, S. 39]

1.038

ALLĀH HŪ

Gott, Er !

Allāh Hū

allāh
der Gott, Name Gottes im Islam

hū
Er; der 1. Laut, der im Universum ertönte; Ich bin, der ich bin; der Eine

***Hū** = der ekstasische Ruf „Gott" [A. Schimmel,Rumi, S. 67]*

*Der Derwisch (Anhänger des Sufitums) sagt nicht „Allāh Hū", sondern **„Hū Allāh"**.*
[R. Field, Ich ging den Weg des Derwisch, S. 81]

ALLĀH ALLĀH ALLĀH YĀ ALLĀH

- Sufigesang -

1.039

Gott, Gott, Gott, Gott !

Allāh Allāh Allāh Yā Allāh

<u>*allāh*</u>
der Gott = Name Gottes im Islam

<u>*yā*</u>
Anrufung, Betonung

<u>*Allāh*</u>

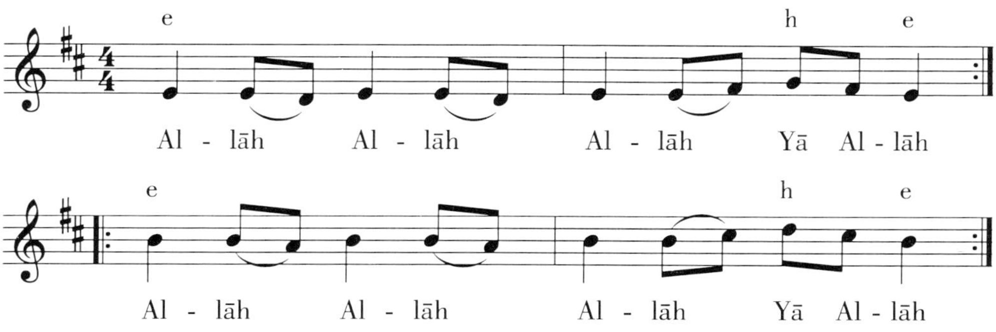

ALLĀH ALLĀH ALLĀH ILLĀ'LLĀH

1.040

Gott, Gott, Gott, nur Gott !

Allāh Allāh Allāh Illā'Llāh

allāh
der Gott
(aus Arabisch: al (der) + ilāh (Gott)
der allumfassende Gott, das höchste Absolute

illā'llāh
illāh + *allāh* → *illā'llāh*
nur, außer *Gott, Allāh*

Allāh

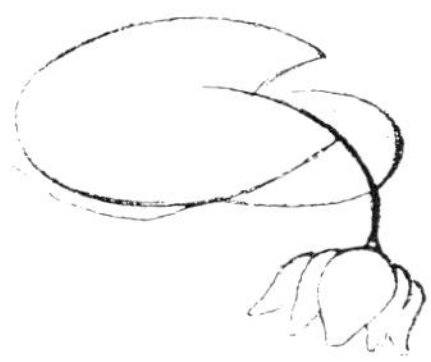

LĀ ILĀHA ILLĀ'LLĀH

1.041

Es gibt keinen Gott außer Gott.

Lā Ilāha Illā'Llāh

lā	ilāha	illā'llāh		
nicht, nein	Gott, Name Gottes in vorislamischer Zeit	illā nur, außer	+	allāh Allah, Gott; das allumfassende Höchste Absolute, „Das, was alles ist"

Das ist der vollständige Dhikr (Gottgedenken), den alle Moslems sprechen. Er bedeutet: Es gibt Nichts außer Gott. Alles ist Gott.

Der Derwisch (Anhänger des Sufismus) sagt:

„Lā Ilāha Illā Hū" = „Es gibt keinen Gott außer Ihm". *[R. Feild, Ich ging den Weg des Derwisch, S. 80] und*

„Lā Ilāha Illā'Llāh Hū" = Nein, es gibt keinen Gott außer Gott, Ihm.

Eine heilige Formel für den Derwisch ist ebenso: ***„Illā'Llāh Hū*** *= „Nur Allah, nur Gott, Er" und einzelne Abschnitte aus diesem Dhikr, z. B.* ***„Hū".*** *[Feild s. o. S. 81 ff; Moinuddin, Die Heilkunst der Sufis, S. 188]*

1.042

BISMI'LLĀH IR-RAHMĀN

Im Namen Gottes, des Erbarmers, des Barmherzigen !

Bismi' Llāh Ir - Rahmān Ir - Rahīm

bismi' llāh	ir-rahmān	ir-rahīm
bismi + allāh im Namen Gottes	des Erbarmers, des Gnädigen, des Mitleidvollen	des Bamherzigen, des Allbarmherzigen

Alles was ein Derwisch oder Sufi tut, beginnt er mit diesen Worten.

Ar-Rahmān und Ar-Rahīm sind die beiden ersten der 99 Schönen Namen Gottes, die wir im Koran finden. Sie sollen den Menschen Gott in all Seiner scheinbaren Gegensätzlichkeit begreifbar machen.

JAI DURGĀ LAKSHMĪ

<u>*Sai, die Göttliche Mutter*</u>
Ooty, 19.10.1987:
Unser 1. Darshan
[Darshan = Anblick eines Heiligen oder Gottes, innere Gottesschau]

JAI DURGĀ LAKSHMĪ

1.043

Ehre sei Dir, Durgā, Lakshmī,

Jai Durgā Lakshmī...

jai
Sieg, Ehre, Preis

durgā
Name für die Göttliche Mutter
- die Schwerzugängliche -
- die Machtvolle -
- die Große Mutter, in der sich die zerstörerischen und lebensspendenden Kräfte vereinen
- die Vernichterin der Dämonen, der niederen, widrigen Kräfte, wie Egoismus, Haß.....

lakshmī
Name für die Göttliche Mutter als die Mutter des Wohlstandes, des Glücks und der Schönheit, auch Shrī und Padmā (Lotos) genannt.
*Die mantrische Keimsilbe für Shrī Laksmī im Tantrismus ist **„Shrīm“**.*
[Madhu Khanna, Yantra-Buch, S. 34]

Sarasvatī, o Sai, Du Göttliche Mutter der Welt !

...Sarasvatī Sāī Jaganmātā

sarasvatī
Name für die Göttliche Mutter als die Verantwortliche für Sprache, Rede, Weisheit, Intuition, Künste, Wissenschaft, Technik, Organisation

sāī
Göttliche Mutter - Sāī ist zusammengesetzt aus „Sa“ = Er, „Gott“ und „Āyī“ oder „Āī“ = Mutter [B]

jagan +
Welt, Kosmos, Schöpfung

mātā
Mutter, Göttliche Mutter

O Sai, Du Göttliche Mutter der Welt,

Sāī Jaganmātā...

beschütze mich, o Göttliche Mutter der Welt !

...Mām Pāhi Jaganmātā

mām
mich

pāhi
beschütze !

OM KĀLĪ OM MĀTĀ

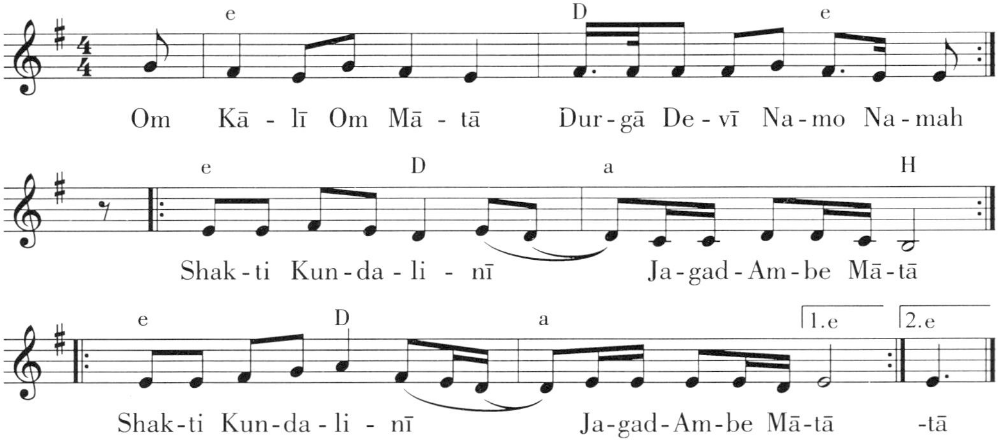

Kālī

Vom Vadavira-Tempel, Thanjavur Bezirk, nun im Komeshvara-Tempel, Kodavasal, Thanjavur-Bezirk

[Abb. 105, Nagaswamy, Masterpieces....]

Kālī ist als die mächtige Dämonenzerstörerin dargestellt: mit Flammenhaar, Fangzähnen, Menschenschädelkette als Brahmanenschnur und Schädelschale. Sie ist ein Symbol für die Göttliche Kraft, die uns verhilft, niedere Eigenschaften, wie Egoismus, Unwissenheit und Gier, in uns zu zerstören.

OM KĀLĪ OM MĀTĀ

1.044

Om, Kālī, Om, Mutter,

Om Kālī Om Mātā...

om
der Urton

kālī
die Dunkle, die Schwarze
= Name der Göttlichen Mutter bes. in ihrem zerstörerischen Aspekt - die Göttin der Zeit -
*Die mantrische Keimsilbe von Kālī im Tantrismus ist **„Krīm“**, ihre Macht zu Schöpfung und Auflösung verkörpernd.* [Madhu Khanua, Das große Yantra-Buch, S. 37]

mātā
Mutter, Göttliche Mutter

o Durgā, o Devī, vor Dir verneige ich mich, Verehrung sei Dir !

...Durgā Devī Namo Namah

durgā
Name der Göttlichen Mutter, der ursprünglichen Kraft, Ādi-Shakti, und der Kriyā-Shakti (Handlungskraft) - Durgā, die Große Mutter, vereinigt in sich die zerstörerischen und lebensspendenden Kräfte. Sie ist die große Zerstörerin der Dämonen (wie Gier, Unwissenheit...) und stellt die kosmische Ordnung wieder her.

devī
die Göttin, die Göttliche Mutter; Bezeichnung für die Göttliche Kraft, die rajasische Form angenommen hat, um die Kräfte des Bösen zu bezwingen und die sattvische (reine) Eigenschaft zu schützen; [B, Sai Br., Nr. 41, 8]
die Göttliche Energie allgemein, die viele Formen annimmt (Liebe, Mitleid....)

namo = namah
Verehrung, Verneigung, Gruß, Übergabe des Egos; ich verehre, ich verneige mich, grüße, übergebe mein Ego

O Shakti, o Göttliche Energie,

Shakti Kundalinī...

shakti
die Göttliche Energie, die auch als Mutter..... bezeichnet wird, aus der alles entsteht, die alles zerstört = Gott in Aktion

kundalinī
Göttliche Energie, auch „Schlangenkraft“ genannt

o Mutter der Welt, o Mutter !

...Jagad - Ambe Mātā

jagad
Welt, Universum; „das, was kommt und geht“

ambe (Vok. von „ambā“)
Göttliche Mutter

<u>*Kālī, die Göttliche Mutter*</u>

Dakshineshvara bei Kalkutta, Basaltbildnis, 19. Jh.

Kālī, die Schwarze, wird hier als Bhavatārinī, die Erlöserin des Universums verehrt. Sie hat 4 Arme, ein Zeichen göttlicher Macht; auf Ihrer Stirn das 3. Auge, das Auge der Weisheit.
„Ihre majestätische Haltung kann kaum beschrieben werden. Sie verbindet den Schrecken der Zerstörung mit der Versicherung mütterlicher Zuneigung, denn Sie ist die Kosmische Kraft, die Gesamtheit des Universums, die wunderbare Harmonie der Gegensatzpaare." [Ramakrishna, Das Vermächtnis, S. 15]

Kālī steht auf der weißen Marmorfigur ihres ausgestreckten Gatten Shiva. Kālī und Shiva müssen als eines betrachtet werden: den dynamischen und statischen Zustand des Göttlichen.

<u>Die Grüne Tārā, die Große Mutter</u>

[gemalt von Graham Dyer 1990, Leicester LE3 5SB]

*Die Grüne Tārā, die spezielle Schützerin Tibets, ist die **Geschwinde Befreierin** (Tārā = Retterin, Hinübersetzerin). Sie ist immer bereit, sich von Ihrem Lotossitz zu erheben, um allen Lebewesen zu helfen. Ihre grüne Farbe – „mit dem **Windelement** und daher mit Bewegung verbunden – bringt zm Ausdruck, daß **Tārā das aktive Prinzip des Mitgefühls ist**.“ [J. Landaw, Bilder des Erwachens, S. 108]*
Sie bringt alle weltlichen und überweltlichen Handlungen, die anderen Nutzen gewähren, zur vollen Entfaltung.
Die kreative Imagination, mit der man Gottheiten erschafft, hilft bei der eigenen Transformation. Die Freilegung unserer eigenen Buddhanatur kann dadurch gestärkt und beschleunigt werden.

Die Göttliche Mutter Maria

Marienbrunnen in Legau im Allgäu

Hoch oben auf der Brunnensäule steht diese so lichte, in sich versunkene Gottesmutter Maria auf der Weltkugel. In Ihrer linken Hand trägt Sie eine goldene Lilie, Symbol für absolute Reinheit, Hingabe und Herrlichkeit, zu Ihren Füßen die Mondsichel, Zeichen für den Frieden. Ihr rotes Gewand ist Ausdruck Ihrer reinen göttlichen Liebe.

„Viele Pfade führen zu Gott, doch der Weg Mariens ist der süßeste und sanfteste. Wenn du mit Maria, der Matrix des Lebens, der Göttlichen Mutter, eins wirst, dann wirst du in Christus und Christus wird in Dir geformt werden, und so wirst du durch den Atem der Gnade Gottes ins Leben gerufen werden und Ihn erkennen.“ [Reshad Feild, Ich ging den Weg des Derwisch, S. 101]

„Dein Körper ist die Jungfrau Maria – sei dessen inne in jedem Augenblick deines Lebens.“ [s. oben S. 103]

1.045

MEERSTERN

1. Meerstern, ich Dich grüße! O Maria, hilf! Gottes Mutter, süße!
   O Maria hilf! Maria, hilf uns allen aus unsrer tiefen Not!
2. Rose ohne Dornen. O Maria, hilf! Du von Gott Erkor'ne! O Maria...
3. Lilie ohne gleichen. O Maria, hilf! Der die Engel weichen! O Maria...
4. Quelle aller Freuden. O Maria, hilf! Trösterin in Leiden! O Maria...
5. Dich als Mutter zeige. O Maria hilf! Gnädig uns zuneige! O Maria...

[Volkslied aus Paderborn]

1.046

OM TARE TUTTARE

Mantra aus dem Tibetischen Buddhismus:
Grundmantra, mit dem man Tara erschafft

Om, Tara, Du Retterin, Du Beseitigerin aller Ängste, Du höchst Schreckliche, die Du alle Feinde erschlägst, Svāhā !

Om Tare Tuttare Ture Svāhā

<u>*tare*</u>
o Tara: o Retterin!
von √‾tr = hinübersetzen, retten; die Befreierin aus dem Kreislauf von Geburt und Tod (Samsāra) - Name der Göttlichen Mutter aus dem Tibetischen Buddhismus = Verkörperung für das Allwissen aller Buddhas, ihrer Liebe, ihres Mitgefühls, bes. aber für die geschickten umsichtigen Handlungsweisen aller erleuchteten Wesen. Die „Grüne Tara“, Symbol für das aktive Prinzip des Mitgefühls, und die „Weiße Tara“, Symbol für Weisheit und Mitgefühl, sind bes. bekannt.

<u>*tuttare*</u>
„Sie, die alle Ängste beseitigt“ [K. McDonald, Wege zur Meditation, S. 199] und uns von allem Leiden befreit.

<u>*ture*</u>
die höchst Schreckliche, die schreckliche Herrin, die alle Feinde erschlägt [Lobpreis der 21 **Tārās,** *in Kinsley, Indische Göttinnen]*

<u>*svāhā*</u>
Preis ! Heil ! (Aussprache auch ‘Soha‘) Es bedeutet hier auch: „Mögen all die segenspendenden Eigenschaften Taras, die in dem Mantra enthalten sind, in unserem Herzen Wurzeln fassen.“ [K. McDonald, Wege zur Meditation, 200]

OM TARE TAM SVĀHĀ

- Buddhistisches Mantra an die Göttliche Mutter -

1.047

Om, Tara, Tam, Svāhā !

Om Tare Tam Svāhā

om	tare	tam	svāhā
der Urton	*o Tara, o Retterin! Die Göttin Tara gilt als die Befreierin aus dem Kreislauf von Geburt und Tod (Samsāra). – (von √ tr = hinübersetzen, retten)*	*die Keimsilbe für Tara*	*Heil, Preis, Ehre! Ausruf beim vedischen Opferritual (Auch „Soha“ ausgesprochen)*

OM MANI PADME HUM

1. Version:

2. Version:

1.048

OM MANI PADME HUM

- Mantra aus dem tibetischen Buddhismus -

Om, o Juwel im Lotos, Hum !
(Om, Gott residiert im reinen Herzen, Hum !)

Om Mani Padme Hum

om	mani	padme (Lok. v. 'padma')	hum
der Urton, der Schöpfungston	Juwel, Perle, Edelstein, Kleinod	im Lotos; in der Lotosblüte = Symbol für das spirituelle Herz, in dem Gott wohnt, Symbol für Reinheit	entspricht dem 'Om' [Yogananda, Kosmische Lieder, S. 24]

– Auf Tibetisch: ***Om Mani Peme Hung*** *–*

Das Mantra ist eine Anrufungsformel von Avalokiteshvara (Tschenresi), ein Bild für die universale Vereinigung der Gegensätze in der Symbolik des Weiblichen (Lotosblüte) und des Männlichen (Kleinod), das Nirvāna im Samsāra (Welt), das höchste Gut im Reinheitswandel selbstloser Güte.

[J. Chwaszcza, Umschnitten von Stille, V]

Es ist ein Bildsymbol für die Einheit von Brahman, dem unveränderlichen Urgrund allen Seins, und der Shakti, der Göttlichen Energie.

SŪRYĀYĀ SVĀHĀ

[Noten nach Rezitation von Shri Vasant Paranjpe]

<u>Agni, der Gott des Feuers</u>
Cola, 13. Jh. nach Chr.,
National Museum New Delhi
[Abb. 17, C. Sivaramamurti, Satarudriya]

Agni ist die göttliche Kraft,
die die Welten errichtet,
der göttliche Seher-Wille.
[Aurobindo]

1.049

SŪRYĀYA SVĀHĀ

- *AGNI HOTRA MANTRA* -

„Von den heiligen Handlungen oder Ritualen ist die Verehrung des Feuers (Agni-Hotra) die hervorragendste. Die Ausübung solcher Rituale trägt zur Reinigung des Geistes bei.“

[B, Upanishad-Vāh., S. 29]

Zum Sonnenaufgang:

Für die Sonne sei es, Svāhā !

Sūryāya Svāhā

sūryāya (Dat. v. „sūrya“)
die Sonne, der Sonnengott, der Schöpfer ($\sqrt{s\bar{u}}$ = zeugen, beleben), die sichtbare Offenbarung Gottes für die Erde ; Symbol für Dienen und Nishkāmakarma: die Sonne gibt und gibt und erwartet keine Gegenleistung. [B]

svāhā
Preis ! Heil ! Ausruf beim vedischen Opferritual; Svāhā bezeichnet das Opfern sakramentaler Speisen (Havis) für die Götter und bringt Lobpreis zum Ausdruck. Es bedeutet hier: Möge die Opfergabe gut brennen [B. Antworten, 26] (1 Prise Reis wird danach als Opferritualgabe ins Feuer gegeben.)

Für die Sonne sei dieses, nicht für mich !

Sūryāya Idam Na Mama

idam = dieses *na = nicht* *mama = von mir, meins, für mich*

Für den Schöpfer sei es, Svāhā !

Prajāpataye Svāhā

prajāpataye (Dat. v. prajāpati → ‘prajāpataya‘ vor idam)
Herr der Geschöpfe, der Schöpfer, Gott

Für den Schöpfer sei dieses, nicht für mich !

Prajāpataya Idam Na Mama

Zum Sonnenuntergang:

Für den Feuergott sei es, Svāhā !

Agnaye Svāhā

agnaye (Dat. v. agni, → ‘agnaya‘ vor idam)
das Feuer; der Feuergott, die göttliche Kraft des Feuers, das der Sonne innewohnt; das Göttliche Prinzip [B]

Für den Feuergott sei dieses, nicht für mich !

Agnaya Idam Na Mama

Für den Schöpfer sei es, Svāhā !

Prajāpataye Svāhā

Für den Schöpfer sei es, nicht für mich !

Prajāpataya Idam Na Mama

1.049.1

SVĀHĀ - AGNI - SŪRYA

Sehr ausführlich erklärt Sai Baba einem Aspiranten das Mantra „Svāhā" in Seiner „Līlā-Kaivalya-Vāhinī": *[Antworten, 25 ff]*

Das Wort **„SVĀHĀ"** wird im allgemeinen nur dann gebraucht, wenn bei Ritualen Opfergaben dem Feuer übergeben werden. Es bezieht sich auf die Gabe, die mit dem Sprechen angeboten wird. Es ist ein Mantra zur Anrufung der jeweiligen Gottheiten und bringt Lobpreis und Verherrlichung zum Ausdruck. Wenn Gaben zusammen mit „Svāhā" angeboten werden, erfreut das die Götter, und sie gewähren dem, der Svāhā ausspricht, Fortschritt.

Es gibt eine Gottheit mit Namen Svāhādevī, die mit dem Wort angerufen wird. - Es ist auch ein Name für Sarasvatī, die Göttin der Sprache *(Vācdevī)*.

*(Mit dem Mantra **„Svādhā"**, das auch häufig bei Feuerritualen gesprochen wird, werden die Ahnen, Pitarah, angerufen und aufgefordert, die rituellen Opfer anzunehmen.)*

Als traditionelle Mantren aus den Veden, in denen „Svāhā" benutzt wird, nennt Baba: „Keshavāya Svāhā", „Prānāya Svāhā", „Indrāya Svāhā". Baba sagt, daß hier das Mantra „Svāhutam Astu", „Suhūrtam Astu" bedeutet: Möge *(Astu)* die Opfergabe gut brennen, sozusagen gut verdaut werden. *[Antworten, 26]*

„Svāhutam bezeichnet nicht das reine Verbrennen oder die völlige Vernichtung der Opfergaben, die dem Feuer übergeben werden. Aus weltlicher Sicht kann nur dies beobachtet werden. Aber die Veden räumen ein, daß Feuer neben der allgemein bekannten materiellen Form und Funktion auch eine göttliche Form und Funktion besitzt. Die Göttlichen Formen *(Götter)* sind jenseits der Reichweite der Sinne. Deshalb empfehlen die Veden, die Götter mit Hilfe von Riten und Ritualen zu verehren. Und **Agni** oder der Feuergott enthält in sich die Quelle und den Erhalt der Götter *(Agnir Eva Devayonih)*. **Agni ist das Göttliche Prinzip.** Derjenige, der den Göttern durch Agni Opfergaben darbietet, wird mit göttlichen Eigenschaften gesegnet. Nur diejenigen, die in der Lage sind, diese Tatsache zu verstehen, können dieses Prinzip erreichen". .....*[B, s. o., S. 27]*

„AGNI, der Feuergott, wird geboren, wenn Hartholz (Arani) aneinandergerieben wird. Agni hat Eltern, aber sobald Er geboren ist, verzehrt Er Seinen Vater und Seine Mutter, das heißt, die beiden Holzstücke, die durch Reibung den Funken produzieren. Agni wird mit 10 Mädchen dargestellt. Sie sind die 10 Finger, die das Holz halten und bewegen. Da Er jedesmal, wenn das Holz in einem Ritual entzündet wird, geboren wird, nennt man Agni auch den 'Vielgeborenen' *(Bahujanma)*."

[B, Antworten S. 18]

Die allererste Göttliche Wesenheit ist **Āditya**, die Sonne. Ihr spirituelles Gegenstück ist die lebendige Wärme in den Lebewesen, das **Prānāgni**.

Agni enthält in sich Ājya, geklärte Butter, und Soma, den Saft der Soma-Pflanze.

„Agni ist der beste Freund des Menschen, denn ohne Feuer kann dieser kaum sein Leben erhalten. Das Prinzip des Feuers befindet sich an der Basis der menschlichen Aktivität, sowohl innerhalb des Körpers als auch außerhalb. Deshalb wird Agni als Herr des Hauses *(Grihapati)* bezeichnet. Agni hat keine Vorlieben und keine Vorurteile, Agni behandelt alle Lebewesen, alle Rassen und Klassen gleich, ohne Unterschied. Deshalb wird er auch als der gleichbleibende Freund *(Samamitra)* bezeichnet". *[B, Antworten, 18]*

Aurobindo sagt: *[Letters, 3rd Series, in Satprem, Sri Aurobindo, S. 257]*

„Agni ist in Erde und Himmel eingedrungen, als wären sie eins."

Dieses Agni spielt eine entscheidende Rolle im Transformationsprozeß.

„Dieses höchste Agni, das Sri Aurobindo und die Mutter in der Materie und in den Zellen des Körpers entdeckten, ist die Hebelkraft der Transformation des Körpers und der physischen Veränderung der Welt." *[Satprem, Sri Aurobindo, S. 257]*

„Agni wird im Veda stets im Doppelaspekt von Kraft und Licht dargestellt. Er ist die göttliche Kraft, die die Welten errichtet, eine Macht, die stets mit vollkommenem Wissen handelt..... Ferner wird wiederholt gesagt, daß die Götter Agni als das Unsterbliche in den Sterblichen eingesetzt haben, die göttliche Kraft im Menschen, die Energie der Erfüllung, durch die Sie ihr Werk in ihm tun.... Die Wichtigkeit des Opferfeuers beim äußeren Ritual entspricht der Wichtigkeit dieser inneren Kraft von Licht und Macht beim inneren Ritus, wodurch Kommunikation und Austausch zwischen dem Sterblichen und dem Unsterblichen erfolgt." *[Aurobindo, Das Geheimnis des Veda, 74]*

SŪRYA, der Name des Sonnengottes, wird im Veda als „das Selbst alles Beweglichen und Unbeweglichen" bezeichnet. *[Aurobindo, Geheimnis des Veda, S. 418]*

„Sūrya bedeutet der Erleuchtete oder Leuchtende, wie der erleuchtete Denker Sūri genannt wird; aber die Wurzel heißt zudem auch schaffen, oder – wörtlicher – loslassen, freisetzen....., denn nach indischer Vorstellung ist Schöpfung ein Loslassen dessen, was im unendlichen Sein verborgen liegt. Lichtreiche Schau und lichtreiche Schöpfung sind die beiden Tätigkeiten von Sūrya. Er ist Sūrya, der Schöpfer und Er ist Sūrya, die offenbarende Schau, der All-Seher.

Was erschafft Er? Zuerst die Welten; denn alles wird aus dem strahlenden Licht und der Wahrheit des unendlichen Wesens erschaffen, freigesetzt aus dem Körper Sūryas, der das Licht Seiner unendlichen Selbstschau ist, gestaltet von Agni, dem Seher-Willen, der allwissenden schöpferischen Kraft und flammenden Allmacht jener Selbstschau." *[Aurobindo, Geheimnis des Veda, S. 417]*

Sūrya, die Sonne, ist „jene Wahrheit, die in der Dunkelheit verborgen wohnt, uns vorenthalten in der geheimen Höhle des Unterbewußten." *[Aurobindo, Geheimnis des Veda, S. 414]*

„Ebenso wie Agni, der göttliche Seher-Wille, zuerst verborgen oder verdunkelt vom Rauch menschlicher Leidenschaft und menschlichen Eigenwillens auf Erden wirkt, so liegt Sūrya, die göttliche Erkenntnis, in Nacht und Dunkelheit verborgen, unerreichbar, verhüllt und enthalten in der Unwissenheit und im Irrtum der gewöhnlichen menschlichen Existenz." *[Aurobindo, Geheimnis des Veda, S. 418]*

Sūrya, der Sonnengott

Konārak „Der Sonnentempel", 13. Jh. nach Chr.

Die göttliche Energie, die Schöpferkraft, wird hier symbolisch dargestellt in einem schönen starken männlichen Gott, der auf einem Pferd reitet.

OM MITRĀYA NAMAH

– MANTRA, IN DEM DIE SONNE MIT 12 NAMEN VEREHRT WIRD – [1)]

„Ihr glaubt, die Sonne selbst gäbe jedem ihr Licht, aber die Sonne erhält ihr Licht aus dem Ātman."
[B, 21.2.01 vor der Hervorbringung des Lingas]

Om, Verehrung sei der Sonne, dem Freund !

Om Mitrāya Namah

mitrāya (Dat. von mitra) – *Freund, Sonne*

namah (gesprochen oft „namaha") – *Verehrung, Verneigung, Übergabe*

Om Ravaye Namah

ravaye (Dat. von ravi)
Sonne

Om Sūryāya Namah

sūryāya (Dat. von sūrya)
Sonne, Schöpfer (√‾sū = zeugen, beleben)

Om Bhānave Namah

bhānave (Dat. von bhāna)
Sonne, Glanz, Licht (√‾bhā = scheinen)

Om Khagāya Namah

khagāya (Dat. von khaga)
Sonne (√‾khac = durchscheinen)

Om Pūshne Namah

pūshne (Dat. von pūshan)
die Sonne, der Mehrer (√‾push = gedeihen)

Om Hiranyagarbhāya Namah

hiranya + *garbhāya (Dat. von garbha)*
golden, Gold – *Mutterschoß, Keim*
- Goldschoß, Goldkeim -

Om Marīcaye Namah

marīcaye (Dat. von marīci)
Sonne, Name Prajāpatis (des Herrn der Geschöpfe)

Om Ādityāya Namah

ādityāya (Dat. von āditya)
Sonne, Sūrya (√‾dī = scheinen);
Name der Sonne im 12. Monat des Jahres [Brāhmanas]

Om Savitre Namah

savitre (von savitri)
Sonne, der Beleber (√‾sū = zeugen beleben)

Om Arkāya Namah

arkāya (Dat. von arka)
Sonne (√‾arc = strahlen)

Om Bhāskarāya Namah

bhāskarāya (Dat. von bhāskara)
Sonne, der Lichtmacher (√‾bhās = scheinen + √‾kr = machen)

1) Das Jahr wird in **'12 Tierkreiszeichen'** *gegliedert, den* **'12 Häusern des himmlischen Sonnengottes'**, *den 12 Entwicklungsstufen des Lebens auf der Erde. [H. Sterneder, Tierkreisgeheimnis und Menschenleben, S. 64]*
Die Zahl 12 ist eine heilige Zahl. „Es ist die Zahl der Vollkommenheit in der Konzeption und in der Schöpfung." [Die Mutter, Gespräche 1955, S. 339]

WE ARE OPENING UP
HE JONGE HO JONGE

Kanon zu 3 Stimmen:

1.051

WE ARE OPENING UP
HE JONGE HO JONGE

- Traditionelle indianische Lieder (Tänze) -

Wir öffnen uns in süßer Hingabe

We Are Opening Up In Sweet Surrender...

we = *wir* · *are opening up* = *öffnen uns* · *in* = *in* · *sweet* = *süß, lieblich* · *surrender* = *Übergabe, Hingabe*

dem leuchtenden Liebeslicht des Einen.

...To The Luminous Lovelight Of The One.

to = *zu* · *the* = *dem* · *luminous* = *leuchtend* · *lovelight* = *Liebeslicht* · *of* = *von* · *the* = *der* · *one* = *Eine, Gott*

Wir öffnen uns, wir öffenen uns.

We Are Opening We Are Opening.

He Jonge Ho Jonge He Jong Jong...
...He Jonge Ho Jonge He Jong Jong

1. Die Erde ist unsere Mutter,

The Earth Is Our Mother...

the = *die* · *earth* = *Erde* · *is* = *ist* · *our* = *unsere* · *mother* = *Mutter*

wir müssen auf sie achten.

We Must Take Care Of Her.

we must take care = *Wir müssen darauf achten, wir müssen aufpassen* · *of her* = *auf sie*

2. Mit jedem Schritt, den wir machen, wandeln wir

Her Sacred Ground We Walk Upon...

her = *ihrem* · *sacred* = *heiligen* · *ground* = *Boden* · *we walk* = *wir gehen, wandeln*

auf ihrem heiligen Boden.

...With Every Step We Take.

with = *mit* · *every* = *jedem, jeder* · *step* = *Schritt* · *take* = *nehmen*

<u>***Die Ernte***</u>

Vincent van Gogh, Saint-Remy, vor September 1889
[Standort: Museum Folkwang, Essen]

„Alles ist Göttliches Licht,
ein wogendes Meer von Licht,“
geschaut und dargestellt
von dem „Seher-Maler“
Vicent van Gogh

1.052

GOATE LENO LENO

- Sonnentanz der nordamerikanischen Indianer -

Wir sind eins mit der unendlichen Sonne,

Goate Leno Leno Maote...

gomatī in Sanskrit wörtlich „kuhreich", was „voller Licht" im Rigveda bedeutet
[so Aurobindo, Geheimnis des Veda, 128 ff]

für immer, für immer, für immer !

Hayyano Hayyano Hayyano

Wir sind ewig eins mit der unendlichen Sonne.

We Are As One With The Infinite Sun...

we are – *wir sind*; *one* – *eins*; *with the infinite sun* – *mit der unendlichen Sonne*

...Forever Forever Forever

forever forever forever
ewig

1.053

GATE GATE PĀRA GATE

- Das Mahāprajnāpāramitā-Hridaya-Sūtra:
Das große Herzsūtra der vollkommenen Erkenntnis (Prajnā), die das andere Ufer erreicht -

Gegangen, gegangen, den ganzen Weg hinübergegangen,

Gate Gate Pāra Gate...

gate – *gegangen*

pāra – *das andere Ufer; das Höchste, Vollendung (pāramitā = das Erreichen des jenseitigen Ufers, Vollkommenheit)*

alle hinübergegangen zum anderen Ufer, Erleuchtung, Heil !

Pāra Samgate Bodhi Svāhā

samgate – *alle gegangen*

bodhi – *Erleutung, höchsten Erkenntnis*

svāhā – *Preis, Heil, Willkommen*

„Daher sollte man erfahren, daß Vollkommenes Verstehen ein großes Mantra ist, das höchste Mantra, das Mantra ohnegleichen, das alles Leiden tilgt, die unbestechliche Wahrheit. Das Mantra der Prajnāpāramitā sollte daher verkündet werden. Dies ist das Mantra:“ [Thich Nhat Hanh, Über die Worte Buddhas]

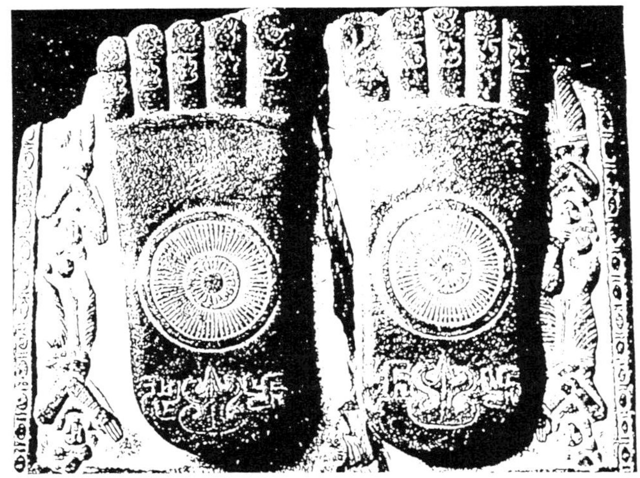

Die Fußsohlen des Buddha

Amarāvatī-Relief, Āndhrapradesh; 2. Jh. nach Chr.

Auf den Fußsohlen Buddhas sehen wir jeweils ein Cakra (Rad) in Form einer Sonnenscheibe (Symbol für Göttliche Kraft, Herrschaft über die Zeit), in deren Mitte sich eine Lotosblüte befindet (Symbol für das Herz, Reinheit und Unberührtheit).
Auf den Fersen in der Mitte das Shrīvatsazeichen (das Symbol der Shrī = Glück, Reichtum), das, ebenso wie das danebenstehende Svastika-Zeichen („Hakenkreuz“), ein Glückssymbol ist.

ASHEM VOHU

- Mantra aus der Zoroastrischen Religion -

1.054

Ashā, die Kosmische Ordnung, ist das Beste von allem Guten.[1)]
(Reinheit ist das Höchste Gut.[2)])

Ashem Vohu

ashem (avestisch)
von „ashā" = Kosmisches Gesetz, Kosmische Ordnung [1)]
„Ashā kommt im Sanskrit dem Begriff 'Dharma' am nächsten".[3)]
Ashā umfaßt alle Tugenden, die auf der Wahrheit basieren.
Praktizierte Wahrheit ist Dharma.
Für die Anhänger Zarathustras (= der Parsen) ist es das höchste Gebot, richtig im Sinne der Kosmischen Ordnung zu leben.[1)]

vohu (avestisch)
liebend, unschuldig, rein, gut

1) so übersetzt von Edmond Szekeley Bordeaux, Archeosophy, a new science, San Diego 1973, p 25....
2) so übersetzt von Hanish, Deutsche Mazdaznan-Bewegung, Avesta im Lied
3) Eruch B. Fanibunda, Vision of the Divine, p 40

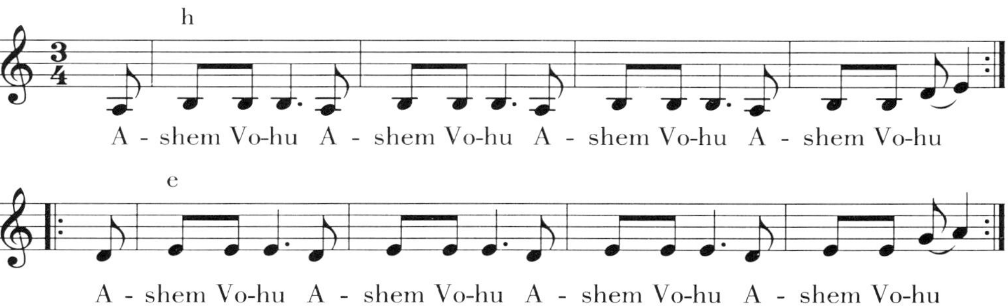

Ātar
das Feuer, Symbol für den Zoroastrismus

ĀRMAITI ANAHITA

Der Morgen
2. Fassung
Ausschnitt:
„Lichtlilie"
Philipp Otto Runge
1808/09
[Hambuger Kunsthalle]

ĀRMAITI ANAHITA

- Avestisches Lied, Lied der Parsen -

1.055

Engel der Erde, Engel des Wassers,

Ārmaiti Anahita

ārmaiti
die lichte Naturkraft der Erde;
Symbol für Fruchtbarkeit, unermüdliches kreatives Tun, für Demut und Bescheidenheit

anahita
die lichte Naturkraft des Wassers;
Zeichen für Reinheit und Mitgefühl – (Nach ihrem Tod wurde Ainyahita „Anahita", „die berühmte Schutzpatronin der Gewässer" und „Himmelsquell" genannt. [1] *)*

Engel des Feuers, Engel der Luft,

Ātar Vāyu

ātar
lichte Naturkraft Feuer;
Zeichen für Kraft, Energie, Läuterungskraft;
das Feuer ist der „personifizierte Sohn Gottes";
der göttliche Funke in uns

vāyu
lichte Naturkraft Luft, Wind;
Zeichen für Weisheit und Unterscheidungskraft

Ahura Mazdā, o Gott !

Ahura Mazdā Ahura Mazdā

- Name Gottes: Zarathustra nannte Gott „Ahura Mazdā"-

ahura
Ahura kommt von „Ahu", was „Sein, Herr" bedeutet [2]*; "Ich bin, der Ich bin", Gott, das höchste unveränderliche Absolute, Brahman*

mazdā (Aussprache etwa „massdā")
mazdā wörtl.: „der Großes Bewirkende" (maz = 'mah' in Sanskrit = groß; $\sqrt{}$dā = geben, bewirken) - die göttliche Kraft, der Schöpfer

*O Gott, **Ahura Mazdā,** Du manifestierst Dich als die lichten Naturkräfte:*
***Ārmaiti**, als Engel der Erde, der uns ein Symbol für Fruchtbarkeit und Demut sein soll, für unermüdliches schöpferisches Tun, das keine Belohnung erwartet –*
*als **Anahita**, Engel des Wassers, der reinigt und tränkt und uns ein Beispiel für Reinheit und Mitgefühl gibt –*
*als **Ātar**, Engel des Feuers - Symbol für Kraft und Energie -, der das Schlechte zu vernichten vermag, der der göttliche Funke in uns ist und uns in lodernder Liebe zu Dir zu entzünden vermag –*
*als **Vāyu**, Engel der Luft - Symbol für Weisheit -, der uns Wahres von Unwahrem unterscheiden läßt.*
An Euch, Ihr Göttlichen Kräfte, wende ich mich, Euch rufe ich an, daß Ihr mir helft, Gott in mir zu verwirklichen.

1) O.Z.A. Hanish „Ainyahita", S. 10
2) Eruch B. Fanibunda „Vision of the Divine", p. 39

<u>*Schmetterling*</u>

Illustration zum Gedicht „Schmetterling" von G. Falke,
in dem es um einen kleinen Jungen geht, der einen schönen Schmetterling fangen will.
Gemeinschaftsarbeit 8-jähriger Schüler;
Zeichnen mit Wachsmalstiften
[Unterricht: Ellen Bernecker, 1967]

1.056

JEDER GRASHALM

1. Jeder Grashalm, jede Blume, jeder Baum und jedes Tier
spendet aus der großen Fülle Gottes Segens reichlich mir.
Überall kenn Gott ich wieder, hör Sein Rufen immer nun,
überall fühl ich Sein Schweigen, überall Sein weises Tun.

2. In dem Sonnenschein, im Regen, in des Donners Widerhall,
in den Wogen großer Meere, in der Wucht vom Wasserfall.
Überall kenn Gott.....

3. Sand und Felsen, Stein und Kiesel künden die Allgegenwart.
Wie erschaffen, so beständig, bleiben treu sie ihrer Art.
Überall kenn Gott...

[Text und Noten: Deutsche Mazdaznan Bewegung, Avesta im Lied, 34549 Edertal-Bringhausen 1975]

VON GUTEN MÄCHTEN

[Musik: Siegfried Fietz, Text: Dietrich Bonhoeffer - Musikrechte: ABAKUS Musikverlag Barbara Fietz, 35753 Greifenstein - Textrechte: Gütersloher Verlagshaus / Christian-Kaiser Verlag, Gütersloh]

VON GUTEN MÄCHTEN

1.057

1. Von guten Mächten treu und still umgeben,
behütet und getröstet wunderbar, -
so will ich diese Tage mit euch leben,
und mit euch gehen in ein neues Jahr.

2. Noch will das Alte unsre Herzen quälen,
noch drückt uns böser Tage schwere Last.
Ach Herr, gib unsern aufgescheuchten Seelen
das Heil, für das Du uns geschaffen hast.

3. Und reichst Du uns den schweren Kelch, den bittern,
des Leids, gefüllt bis an den höchsten Rand,
so nehmen wir ihn dankbar ohne Zittern
aus Deiner guten und geliebten Hand.

4. Doch willst Du uns noch einmal Freude schenken
an dieser Welt und ihrer Sonne Glanz,
dann woll´n wir des Vergangenen gedenken,
und dann gehört Dir unser Leben ganz.

5. Laß warm und hell die Kerzen heute flammen,
die Du in unsre Dunkelheit gebracht,
führ, wenn es sein kann, wieder uns zusammen!
Wir wissen es, Dein Licht scheint in der Nacht.

6. Wenn sich die Stille nun tief um uns breitet,
so laß uns hören jenen vollen Klang
der Welt, die unsichtbar sich um uns weitet,
all Deiner Kinder hohen Lobgesang.

7. (Refrain) Von guten Mächten wunderbar geborgen
erwarten wir getrost, was kommen mag.
Gott ist bei uns am Abend und am Morgen
und ganz gewiß an jedem neuen Tag.

[Dietrich Bonhoeffer, gedichtet im 2. Weltkrieg Ende 1944, wenige Monate vor seiner Hinrichtung am 9.4.1945 im Konzentrationslager Flossenbürg; D. Bonhoeffer, Widerstand und Ergebung, Gütersloh 1997]

JEDNOG DANA

C F C
1. Jed-nog Da - na Kad Za-vr-sim Put
2. Ti Ces Tad I - za-ci Bo-ze Moj
Po - let-jet Cu
C F C
1. Os - ta - vit Cu Svo-je Bri-ge Sve
2. A Ja S Bra-com Te-bi Pje-vat Cu
Po - let-jet Cu
C F C
1.+2. Po - let - jet Cu O Bo - ze Po - let - jet Cu
C F C
A - le - lu - ja Sla-va I - su - su Po - let-jet Cu
Coda (schneller)
C F C
I Shall Fly O God I Shall Fly
C F C
Hal - le - lu - ja Glo - ry To Je - sus I Shall Fly

1.058

JEDNOG DANA

- Lied bosnischer Sai-Devotees aus Sarajewo in kroatischer Sprache -
Es war ihnen im Krieg und den Nachkriegswirren Stütze und Trost.
[Übersetzung: Dubravka Schiffmann]

Eines Tages, wenn mein Weg beendet wird, werde ich fliegen.

Jednog Dana Kad Zavrsim Put Poletjet Cu

jednog eines · *dana* Tages · *kad* wenn · *zavrsim* zu Ende gehen, beenden · *put* Weg · *poletjet cu* ich werde fliegen

Ich werde alle meine Sorgen zurücklassen, ich werde fliegen.

Ostavit Cu Svoje Brige Sve Poletjet Cu

otavit cu = ich werde verlassen, zurücklassen · svoje = meine · brige = Sorge, Last · sve = alle

Ich werde fliegen, o Gott, ich werde fliegen.

Poletjet Cu O Boze Poletjet Cu

o boze = o Gott

Lobet den Herrn, gepriesen sei Jesus, ich werde fliegen.

Aleluja Slava Isusu Poletjet Cu

aleluja = Halleluja (Hebräisch) = lobet den Herrn · slava = Gloria, Lobpreis · isusu = Jesus

Poletjet Cu O Boze Poletjet Cu
Aleluja Slava Isusu Poletjet Cu

Mein Gott, dann wirst Du erscheinen, ich werde fliegen.

Ti Ces Tad Izaci Boze Moj Poletjet Cu

ti = Du · tad = dann · ces izaci = du wirst herauskommen · boze = Gott · moj = mein

Und ich werde Dich mit meinen Brüdern lobpreisen, ich werde fliegen.

A Ja S Bracom Tebi Pjevat Cu Poletjet Cu

a = und · ja = ich · s = mit · bracom = Brüder, Bruderschaft · tebi = Dir · pjevat cu = ich werde singen

Poletjet Cu O Boze Poletjet Cu
Aleluja Slava Isusu Poletjet Cu

Ich werde fliegen, o Gott, ich werde fliegen.

I Shall Fly O God I Shall Fly

i (Englisch) = ich · shall (E) = werde · fly (E) = fliegen · god (E) = Gott

Lobet den Herrn, gepriesen sei Jesus, ich werde fliegen.

Halleluja Glory To Jesus I Shall Fly

glory (E) = Lobpreis · to Jesus (E) = dem Jesus

1.059

KYRIE KYRIE ELEISON

Herr, Herr, erbarme Dich, Herr !

Kyrie Kyrie Eleison Kyrie *(5 mal Wiederholung)*

kyrie (Griechisch) *eleison (G)*
Herr, Gott *erbarme Dich*

Christus, Christus, Christus, erbarme Dich, Christus, Christus !

Christe Christe Christe Eleison Christe Christe

christe = Christus *(5 mal Wiederholung)*

[Gesang: Missa Luiba, Congo, in J. E. Berendt, Stimmen! Stimmen! – der Riesige Ruf, CD 2]

Christuskopf

Detail des Kruzifixes von Ernst Barlach, Elisabeth-Kirche, Marburg
[Bildarchiv Foto Marburg]

MEIN HERR UND MEIN GOTT

- Gebet des heiligen Nikolaus von der Flüe (= Bruder Klaus) -

1.060

Mein Herr und mein Gott,
nimm alles von mir,
was mich hindert zu Dir,
Mein Herr und mein Gott,
gib alles mir,
was mich führet zu Dir.
Mein Herr und mein Gott,
o nimm mich mir
und gib mich ganz zu eigen Dir.

ASATO MĀ

F C d
A - sa - to Mā Sad Ga - ma - ya
d C F
Ta - ma - so Mā Jyo - tir Ga - ma - ya
C F C F
Mrit - yor Mā Am - ri - tam Ga - ma - ya

ASATO MĀ

- Brihadaranyaka-Upanishad I, 3.28 -

1.061

Vom Unwirklichen führe mich zum Wirklichen !
(Vom Nichtsein führe mich zum Sein !)

Asato Mā Sad Gamaya

asato – *vom Nichtsein, vom Unwirklichen, vom Unwahren (Abl. von „asat")*

mā – *mich*

sad (= sat) – *das Sein, das wahre Sein, die Wirklichkeit; das absolute unwandelbare Sein, das identisch mit dem Ātman ist*

gamaya – *führe ! mache mich gehen ! (2. Pers. Imperativ Kausativ √ga)*

Aus der Dunkelheit führe mich zum Licht !

Tamaso Mā Jyotir Gamaya

tamaso – *aus der Finsternis, aus dem Dunkel, aus dem Irrtum, aus der Unwissenheit (Abl. von „tamas")*

jyotir – *Licht, Glanz*

Vom Tod führe mich zur Unsterblichkeit !

Mrityor Mā Amritam Gamaya

mrityor (oder mrutyor) – *vom Tod (Abl. von „mrityu")*

amritam (oder amrutam) – *zur Unsterblichkeit, Nektar der Unsterblichkeit*

„Der Mensch muß danach streben, dieser Täuschung zu entgehen und den Zustand der vollerleuchteten Weisheit zu erlangen. Die beste spirituelle Disziplin dazu ist die Liebe.... Schreitet fort von ein wenig Liebe zu mehr Liebe, begrenzter Liebe zu sich weitender Liebe. Die Aussage 'von der Unwahrheit zur Wahrheit' ist nicht richtig. Der Fortschritt ist immer von geringerer Wahrheit zur Wahrheit, die Gott ist." [B, SSS, IX, S. 213]

LOKĀH SAMASTĀH

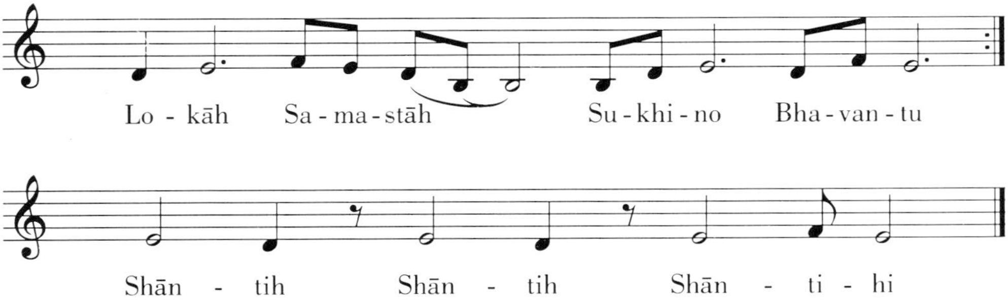

Lotos
Balustrade, Sāncī, Stūpa Nr. 2, 110 vor Chr.
Lotosblumen wachsen aus einem Topf, dem „Topf der Fülle".

LOKĀH SAMASTĀH

1.062

Alle Menschen (Wesen, Welten)

Lokāh Samastāh...

<u>lokāh</u> *(Nom. Pl.)*
Menschen, Welten

<u>samastāh</u> *(Nom. Pl.)*
alle

mögen glücklich sein !

...Sukhino Bhavantu

<u>sukhino</u> *(Nom. Pl.)*
froh, glücklich, gedeihlich

<u>bhavantu</u> *(3. Pers. Pl. Imperativ von √ bhū)*
mögen sein, mögen werden

Friede, Friede, Friede !

Shāntih Shāntih Shāntih(i)

<u>shantih</u> *(Nom. v. = shānti)*
Frieden, innere Stille, Gleichmut;
das Ruhen der Sinne, Leidenschaften, Gedanken......
Das 3. Shānti wird meistens „Shāntihi“ ausgesprochen.

Wir singen 3 mal „Shānti“, denn es wird gebeten um Frieden auf der körperlichen, emotional-geistigen und der höheren geistigen Ebene. Diese 3 Ebenen entsprechen den 3 Welten 'Bhūr' (grobstofflicher Körper), 'Bhuvah' (feinstofflicher Körper), 'Svah' (Kausalkörper). Wir brauchen diesen 3-fachen Frieden. [B]

„Wenn ihr das Gebet 'Lokāh Samastāh' sprecht.... soll es von eurem ganzen Herzen kommen mit der Überzeugung, daß dasselbe Göttliche jedem innewohnt.“ [B]

„Wenn ihr die Welt verändern wollt, im ganzen Land Wohlstand verbreiten wollt, so daß das Gebet, daß alle Menschen glücklich werden mögen, Wirklichkeit wird, dann müßt ihr einen starken Glauben an euer göttliches Selbst entwickeln und Gott nie vergessen, denn ohne Ihn gibt es das Universum nicht.“
[B, SaSa 8, 1995 vom 9.7.1995]:

Die Purānas sprechen von 14 Lokās (Regionen, Welten):
Alle diese Regionen befinden sich in eurem eigenen Körper. Die oberen Lokās (Regionen) sind: Nase, 2 Augen, 2 Ohren, Haut, Zunge. Die niederen Lokas sind für die Erhaltung des grobstofflichen Körpers notwendig. Es sind: Magen, Hände und Füße, Organe für Ausscheidung von Kot und Urin.
[B. SSS, XI, 185 ff]

SARVE VAI SUKHINAH

Lakshmī

Bhārhut, 2. Jh. vor Chr.

Lakshmī, die Göttin des Glücks und des Reichtums, umgeben von Lotossen.

SARVE VAI SUKHINAH

1.063

Om, mögen alle glücklich sein !

Om Sarve Vai Sukhinah Santu

sarve	*vai*	*sukhinah (Nom. Pl.)*	*santu (3. Pers. Pl. Imp. √‾as)*
alle	*Betonung des vorhergehenden Wortes*	*glücklich, froh*	*mögen sein*

Mögen alle gesund sein !

Sarve Santu Nirāmayāh

nirāmayāh (Nom. Pl.)
gesund, fehlerfrei, vollkommen

Mögen alle das Gute und Schöne sehen !

Sarve Bhadrāni Pashyantu

bhadrāni (Pl. von „bhadra")	*pashyantu (3. Pers. Pl. Imp. von √‾drish)*
das Gute, das Schöne	*sie mögen sehen*

Niemandem möge Leid zuteil werden !

Mā Kashcid Duhkham Āpnuyāt

mā	*kashcid*	*duhkham*	*āpnuyāt (3. Pers. Sg, Opt. √‾āp)*
nicht	*irgendeiner*	*Leid, Unglück, Plage, Beschwerde*	*möge zuteil werden*
= niemand			

Om, Friede, Friede, Friede !

Om Shāntih Shāntih Shāntih(i)

om	*shāntih (Nom. v. shānti)*
der Urton, aus dem alles entstanden ist; das „Wort" [Joh. I, 1-5]	*- Frieden, innere Stille, Gleichmut –* *- Ruhen der Sinne, Emotionen, Gedanken....–*

Man singt 'Shānti' 3-mal, da um Frieden auf der körperlichen, gefühlmäßig-geistigen (mind-Bereich) und der höheren geistigen Ebene gebeten wird. Diese Bereiche entsprechen den Welten: Bhūr (grobstofflicher Körper), Bhuvah (feinstofflicher Körper), Svah (Kausalkörper).

SAHA NĀV AVATU

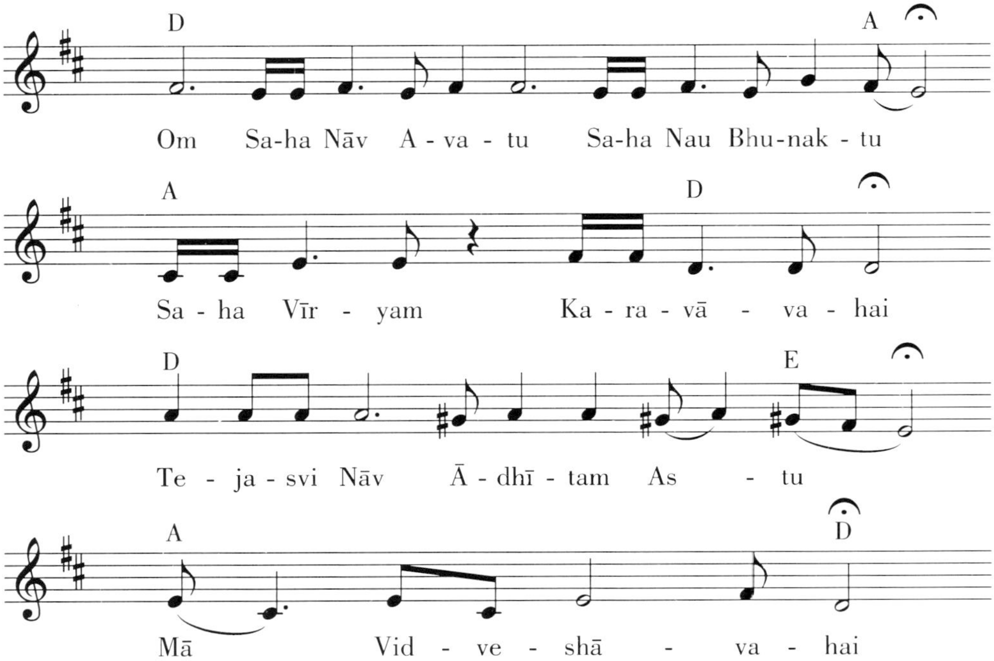

Elefanten um Lotosblüte

Bhārhut, Vedikā, 2. Jh. vor Chr.

In der Mitte eine Lotosblüte, umkreist von Elefanten mit Lotossen

SAHA NĀV AVATU

- *Friedensanrufung (Shānti-Pātha)* - [1]

1.064

Om, möge Gott uns gemeinsam fördern !

Om Saha Nāv Avatu

saha	*nāv = nau (Akk. u. Gen.)*	*avatu (3. Pers. Sg. Imperativ √ av)*
gemeinsam	*uns beide*	*er (sie, es) möge fördern, laben, nähren, sättigen, schützen*

Möge Er uns gemeinsam erfreuen !

Saha Nau Bhunaktu

bhunaktu (3. Pers. Sg. Imperativ √ bhuj)
er möge essen oder genießen machen, erfreuen, nähren

Laßt uns gemeinsam mit Kraft wirken !

Saha Vīryam Karavāvahai

vīryam	*karavāvahai (1. Pers. Dual, Imperativ √ kr)*
Kraft, Mut	*mögen wir beide tun, arbeiten, wirken*

Möge unser Denken lichtvoll sein !

Tejasvi Nāv Ādhītam Astu

tejasvi	*ādhītam*	*astu (3. Pers. Sg. Imperativ √ as)*
voll Licht, das Glänzende	*Denken, Meditieren*	*er (sie, es) möge sein, zuteil werden*

Laßt uns nicht streiten !

Mā Vidveshāvahai

mā	*vidveshāvahai (1. Pers. Dual, Imperativ von vi + √ dvish)*
nicht	*laßt uns beide streiten, kritteln, hassen, eifersüchtig sein*

Om, es sei Friede, Friede, Friede !

Om Shāntih Shāntih Shāntih(i)

shāntih (Nom. von 'shānti')
Frieden, Gleichmut, Stille

1) Dieser Vers steht zu Beginn der Katha- und der Kena-Upanishad. Lehrer und Schüler beteten ihn gemeinsam. Baba sagt dazu [SSS, XV, engl., 239]:
Heute stehen sich Lehrer und Schüler mißtrauisch gegenüber, sie sind oft in feindlichen Lagern. Welch ein Kontrast besteht zum Upanishad-Ideal des alten Indiens, wo beide zusammen obigen Vers beteten.

GURUR BRAHMĀ

2. Version:

GURUR BRAHMĀ

1.065

Der Schöpfer (Brahmā) ist mein Lehrer, Gott der Erhalter (Vishnu), ist mein Lehrer,

Gurur Brahmā Gurur Vishnur

gurur
Lehrer: „Er, der die Dunkelheit (gu) vertreibt“ (ru) [B, 12.7.1995]
„Der Guru ist nicht jemand, der das Mantra ins Ohr spricht... Guru und Schüler sind beide in euch.“ [B, 6.7.1982, in „Sai Briefe“, Nr. 3, S. 9]

brahmā
der Schöpfer

vishnur (= vishnu(h))
Gott, der Erhalter, der Allgegenwärtige

Gott der Zerstörer (Maheshvara) ist mein Lehrer.

Gurur Devo Maheshvarah

devo (= deva)
Gott

mahā + īshvarah
großer Herr, Gott
Name Shivas: In der Hindutrinität der große Zerstörer

Das höchste Absolute (Param Brahma) ist mein wirklicher Lehrer.

Guruh Sākshāt Param Brahma

sākshāt
wirklich

param
höchste

brahma
das allumfassende, alles durchdringende, namenlose, formlose, ewige, unzerstörbare Absolute

„Es gibt nur einen Guru, und das ist Sac-Cid-Ānanda, Sein - Bewußtsein - Glückseligkeit. Er allein ist der Lehrer.“ [Ramakrishna, Das Vermächtnis, S. 135]

Vor diesem herrlichen Lehrer verneige ich mich.

Tasmai Shrī Gurave Namah

tasmai
diesem, dem

shrī
herrlich, erhaben - „Shrī drückt größte Heiligkeit aus.“ [B, SaSa, 5, 1993]

gurave
dem Lehrer (Dat. von „guru“)

namah
Verehrung, Verneigung, Übergabe des Egos

In der Hindutrinität, der Dreiheit ‘Brahmā, Vishnu, Maheshvara‘ ist Brahmā der Schöpfer, Vishnu der Erhalter, Maheshvara (Shiva) der Zerstörer. Diese Drei symbolisieren Aspekte der einen göttlichen Wirklichkeit (Brahman), die über allen Wandlungsprozessen steht. [B]
„Alle drei sind in uns, in jedem von uns.“ [B, 6.7.1982]

Der Guru ist Brahmā, weil das Leben eine schöpferische Tätigkeit ist; der Lehrer ist aber auch Vishnu, weil er das Kind fördern, leiten und beschützen muß; er ist Maheshvara, weil er die schädlichen Neigungen und die unerwünschten Eigenschaften und Gewohnheiten wie Unkraut herausreißen muß.
[B, 11. – 12.5.1971 in Sathya Sai Baba, Sein Leben, III, 248]

BRAHMĀNANDAM

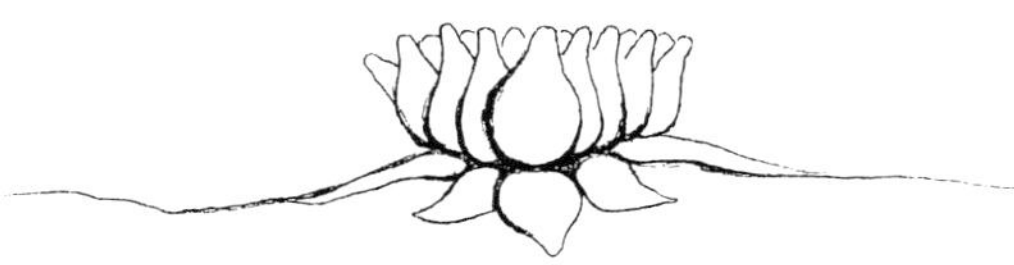

BRAHMĀNANDAM

- Lobpreisung des Gurus (Brahma Stuti)-

So wurden in alten Zeiten die Rishis von ihren Schülern gepriesen. [B, SSS,XVIII engl., p. 72 ff]

1.066

Du bist die Glückseligkeit Brahmans, der höchste Freudenspender,

Brahmānandam Parama - Sukhadam

brahma +	ānandam	parama	sukhadam
die höchste unveränderliche Wirklichkeit	*Glückseligkeit*	*höchste, jenseits*	*Freudenspender*

„Brahmānanda ist ewig und unveränderlich und bleibt im Wach-, Traum- und Schlafzustand unverändert.“
Es ist immer und ewig mit euch und überall zu finden. [B] *[B, 14.1.2000]*

der Einzige, die Weisheit selbst,

Kevalam Jnāna - Mūrtim

kevalam	jnāna	mūrtim
einzig, vollständig	*Wissen, Weisheit*	*Gestalt, Form*

jenseits der Dualität, dem Himmel gleich,

Dvandvātītam Gagana - Sadrisham

dvandva +	atītam	gagana	sadrisham
Gegensatz, Dualität, Paar	*jenseits von*	*Luft, Himmel*	*gleich*

„Du bist ‘Das’“... so sagt man,

Tattvamasyādi - Lakshyam

tattvam +	asy +	ādi	lakshyam
Das, Gott	*= asi : du bist*	*usw.*	*bezeichnet (in den Upanishaden)*

der Eine, Ewige, Fehlerlose, Unerschütterliche,

Ekam Nityam Vimalam Acalam

ekam	nityam	vimalam	acalam
eine, einzige	*ewig*	*fehlerlos, makellos*	*unbeweglich, unberührt*

der Zeuge allen Geistes,

Sarvadhī - Sākshi - Bhūtam

sarva = alle - dhī = Geist, Intuition sākshi = Zeuge bhūtam = geworden, bist

jenseits von Werden und Vergehen, frei von den 3 Gunas,

Bhavātītam Triguna - Rahitam

bhava +	atītam	triguna	rahitam
Werden u. Vergehen	*jenseits*	*3 Grundeigenschaften*	*frei von*

- o wahrer Lehrer, vor Dir verneige ich mich !

Sadgurum Tam Namāmi

sad +	gurum (Akk.)	tam	namāmi
Sein, wahrer	*Lehrer*	*diesen, den*	*ich verehre, verneige , übergebe mich*

TVAM EVA MĀTĀ

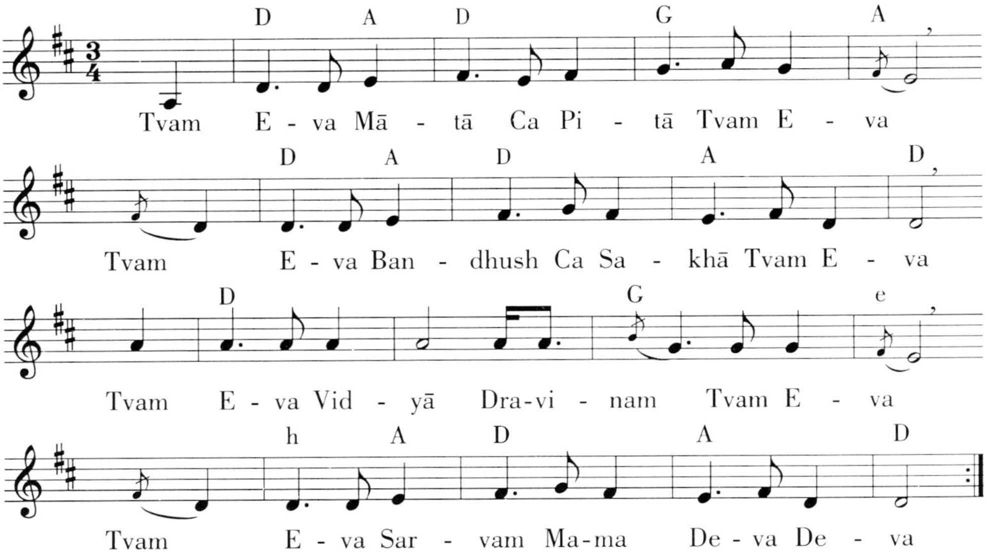

2. Version:

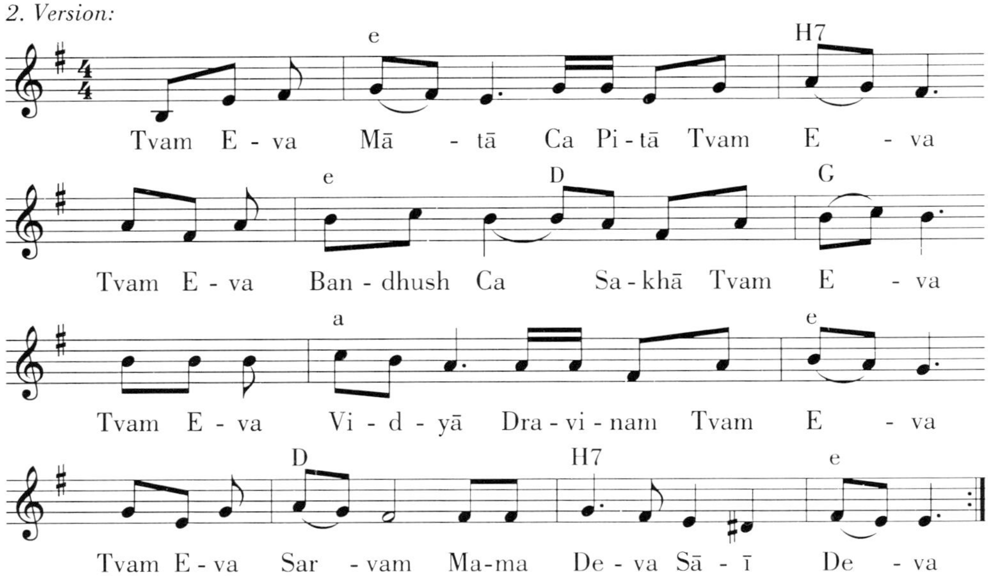

TVAM EVA MĀTĀ

- Arjunas Gebet an Krishna – [1]

1.067

Du bist meine Mutter, und Du bist mein Vater.

Tvam Eva Mātā Ca Pitā Tvam Eva

tvam	*eva*	*mātā*	*ca*	*pitā*
du	*betont das vorhergehende Wort; wirklich, genau, so*	*Mutter*	*und*	*Vater*

Du bist mein Verwandter, und Du bist mein Freund.

Tvam Eva Bandhush Ca Sakhā Tvam Eva

bandhush (von bhandhu)	*sakhā*
Verwandter, Gatte, Freund	*Freund, Gefährte*

Du bist die Erkenntnis, Du bist der Reichtum.

Tvam Eva Vidyā Dravinam Tvam Eva

vidyā	*dravinam*
Wissen, Weisheit, Erkenntnis	*Reichtum, Schatz*

Du bist wahrhaft alles, mein Gott, o mein Gott ! *[B, SaSa, 5, 1994]*
(Du bist wirklich alles für mich, o Gott der Götter !)

Tvam Eva Sarvam Mama Deva Deva

sarvam	*mama*	*deva*
alles	*mein, von mir*	*Gott*

Freiere deutsche Übersetzung, die gesungen werden kann nach der 1. Melodie:

Du bist meine Mutter und Vater zugleich,
mein Verwandter, Gefährte und bester Freund.
Der Reichtum, das Wissen, die Weisheit bist Du.
Du bist wahrhaft alles, mein Herr und mein Gott !

1) 75 Jahre lang war Arjuna mit seinem Schwager Krishna eng befreundet gewesen. Aber erst auf dem Schlachtfeld von Kurukshetra , direkt vor der großen Schlacht zwischen den Pāndavas und Kauravas, erkannte er, daß Krishna mehr war, daß Er Gott war. Und er betete zu Krishna „Tvam Eva Mātā...“
[B, Red. Bhag. Gītā, 123]

PARAMAM PAVITRAM

[Komposition: Mani Bhasyam, Mitglied der Bhajan-Gruppe in den frühen Jahren, in Sh. Balu, Living Divinity, S. 153]

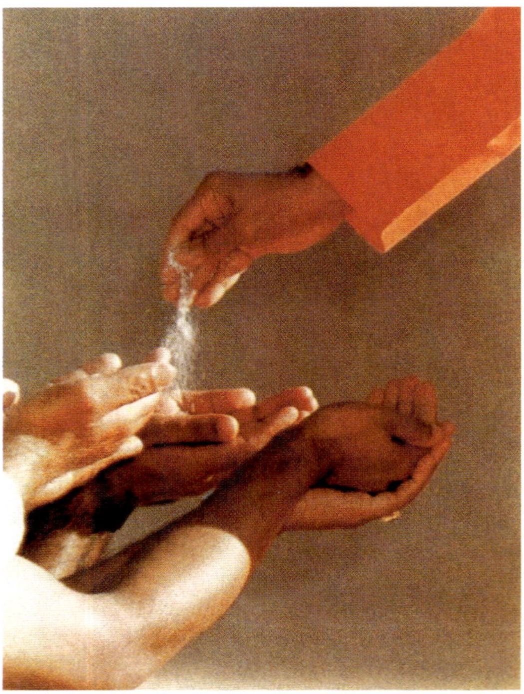

Sai Baba materialisiert Vibhūti

PARAMAM PAVITRAM

- *VIBHŪTI - LIED* -

1.068

Bei der höchst heiligen Asche Babas,
(Bei dem höchsten Läuterungsmittel, der Herrlichkeit des Göttlichen Vaters,)

Paramam Pavitram Bābā - Vibhūtim

paramam	*pavitram*	*bābā*	*vibhūtim* (Akk. von „vibhūti")
höchsten, besten	*Läuterungs-, Reinigungsmittel, heiligen*	*Vater, Göttlicher Vater*	*- hl. Asche, von Baba materialisierte hl. Asche – Kraft, Allmacht, Herrlichkeit; Repräsentant des Göttlichen*

beim höchst Wunderbaren und Mannigfaltigen,
dem Göttlichen Vibhūti-Spiel,

Paramam Vicitram Līlā - Vibhūtim

vicitram	*līlā*	*vibhūtim*
wunderbar, mannigfaltig	*Göttliches Spiel - „Līlā-Vibhūti" ist Prakriti, Natur, Māyā oder Täuschung, die täuschende Manifestation Brahmas. Sie ist Ausdruck der Herrlichkeit (Vibhūti), die aus reinem Vergnügen (Līlā) geschaffen wurde.* [B, SSS, X, 238]	

beim Spender höchsten Reichtums und des erwünschten Zieles,
beim Spender von Befreiung,

Paramārtha - Ishtārtha - Moksha - Pradānam

parama + *artha*	*ishta* + *artha*	*moksha*	*pradānam* (Akk.)
Ziel, Zweck, Sinn, Glück, Reichtum, Besitz	*erwünscht*	*Befreiung, Erlösung*	*Geber, Schenker, Spender*

bei Babas heiliger Asche, (bei der Allmacht des Göttlichen Vaters,)
da suche ich Zuflucht.

Bābā - Vibhūtim Idam Āshrayāmi

idam	*āshrayāmi* (1. Pers. Präs. ā + $\sqrt{\text{shrī}}$)
hier, da	*ich suche Zuflucht, ich wende mich hin*

1.068.1

VIBHŪTI

Es gibt kaum einen Darshan, an dem Sai Baba nicht **VIBHŪTI, heilige Asche**, materialisiert. Leicht, so „nebenbei", kommt sie aus Seiner Hand, nachdem Er sie einoder zweimal hat kreisen lassen. Doch Er braucht nicht selbst anwesend zu sein, daß sich Vibhūti bildet. An unzähligen Orten überall in der Welt materialisiert sie sich auf Seinen Bildern und anderen Verehrungsgegenständen allein aus Seinem göttlichen Willen heraus. Kasturi weiß dazu so schön zu sagen: *[Sai Baba, Sein Leben, II, 160]*

„In Shirdi spendete Baba das Göttliche Allheilmittel, die Asche, die Seine göttliche Hand berührt hatte, und die aus dem Dhuni, dem Feuer, stammte, das immer in der Moschee brannte, wo Er Seine Tage verbrachte. Heute ist die 'Feuerstätte' Seine eigene Hand, immer bereit für die kostbare Gabe: Er braucht es nur zu wollen und die Hand kreisen zu lassen. Doch ist es nicht erforderlich, daß die Asche oder, wie sie auf Sanskrit genannt wird, Vibhūti auf diese Weise entsteht. Baba z. B. will es, rührt aber keinen Finger. Und doch fließt die Vibhūti als ein Gnadenstrom, wo und wann Er es will. Dies ist das größte zeitgenössische Wunder, dieser überquellende Strom göttlicher Gnade in Vibhūti-Form!"

Das Wort „Vibhūti" bedeutet nicht nur heilige Asche, sondern auch Kraft, Allmacht, Herrlichkeit und repräsentiert das Göttliche:

> „Seit alters her repräsentiert 'Vibhūti' das Göttliche. Man kann das aus den verschiedenen Beschreibungen des Gottes Īshvara *(Shiva)* erkennen. Eine davon ist, daß Īshvaras ganzer Körper mit Vibhūti bedeckt ist und die Farbe dieser Asche angenommen hat. Das weist darauf hin, daß Īshvara sich hinter der Welt der Erscheinungsformen *(Māyā)*, deren Herr Er ist, verbirgt. Es soll auch daran erinnern, daß am Ende eures Lebens von eurem Körper nur ein kleines Häufchen Asche übrig bleibt." *[B, SoSe, 1974, S. 148]*

„Die Asche erteilt euch die Lektion, daß ihr euch von weltlichen Dingen lösen und innere Freiheit gewinnen müßt, denn sie ist die unzerstörbare Substanz aller Materie. ...Sie ist auch ein Zeichen des Lösens weltlicher Bindungen, der Opferbereitschaft und jener Weisheit, die alle Konsequenzen des Karma zu wirkungsloser Asche verbrennt. Sie ist ein Symbol des Göttlichen, und ich gebe sie euch, um euch daran zu erinnern, daß auch ihr göttlich seid." *[B, SSS, V, 231]*

Frage an Baba:
„'Wie ist das mit der Vibhūti, die Du materialisierst? Wir wüßten gerne ihre Bedeutung, wozu sie dient, denn Deine Kritiker versuchen, Dich zu diskreditieren, indem sie Zauberer herumschicken, die genaue Nachahmungen von Vibhūti erzeugen.'
Baba: 'Was ich materialisiere, ist eine Manifestation der Göttlichkeit mit einer starken Bedeutung und Symbolkraft. Es symbolisiert die kosmische, unsterbliche und ewige Natur aller Formen Gottes, des Ātman - d.h. das, was übrigbleibt, wenn alles Weltliche, Vorübergehende und Wandelbare ausgebrannt ist.

Ich habe zu euch vom Gebot des wunschlosen Lebens gesprochen. Als Shiva den Gott des Verlangens *(Kāma)* zu einem Häufchen Asche verbrannt hatte, schmückte Er sich mit der Asche, um als der Sieger über das Verlangen zu glänzen. Als Kāma *(der Gott der Begierde)* zerstört war, regierte Prema *(reine göttliche Liebe)* als die Göttin der Liebe. Das ist die Bedeutung der Asche.
An erster Stelle ist sie ein Symbol des Lebens- und Todeszyklus, innerhalb dessen sich alles letzten Endes zu Asche reduziert. 'Denn Staub bist du, und zu Staub wirst du werden'. Asche oder Staub sind der letzte Zustand der Dinge. Sie bzw. er kann sich nicht weiter verändern. In diesem Sinn ist die Asche eine Warnung an den Empfänger, von seinen Wünschen abzulassen, alle Leidenschaften, Bindungen und Versuchungen zu verbrennen. Sie reinigt den Menschen in Gedanken, Worten und Taten'." *[Sandweiss, Weg zu Gott, 261]*

Von Baba materialisierte Vibhūti wirkt ebenso wie Seine anderen Materialisationen als Talisman, heilt die Kranken und beschützt jene, die sie benutzen. Sie ist ein starkes Allheilmittel. Doch auch „normale", nicht materialisierte, im Ashram gekaufte Asche (Vibhūti) kann durch Babas Allmacht und Liebe Wunder bewirken. Nicht nur aus Babas Hand fließt Vibhūti, Sein ganzer physischer Körper scheint mit Vibhūti durchtränkt zu sein. An Feiertagen fällt sie manchmal von Seiner Stirn und Seinen Wangen.... *[Kasturi, Sai Baba, Sein Leben, S, 125]*

Vibhūti materialisiert sich auf Bildern Sai Babas
[Abb. Fanibunda, Vision of the Divine]

OM JAI JAGADĪSHA HARE

1.096

OM JAI JAGADĪSHA HARE

- *ĀRATI* [1] -

Anbetung Gottes mit einer Kampferflamme; Abschluss der Verehrung Gottes

Om, gepriesen seist Du, Herr der Welt, o Meister, Wahrheit, Göttliche Mutter, o Herr !

Om Jai Jagadīsha Hare Svāmi Satya Sāī Hare

om	*jai*	*jagad* +	*īsha*	*hare*	*svāmi*	*satya*	*sāī*
der Urton	*Sieg, Ehre, Preis*	*Welt*	*Gott, der Allmächtige*	*o Herr, o Zerstörer*	*Meister, Herr, Gebieter*	*Wahrheit, das wahre Sein*	*Göttliche Mutter*

O Beschützer der Gott hingegebenen und Gott liebenden Menschen !

Bhakta-Jana-Samrakshaka Bhakta-Jana-Samrakshaka

bhakta	*jana*	*samrakshaka*
ein Gott Liebender, ein Gott Hingegebener	*Mensch*	*Beschützer*

O großer Gott von Parti, o Allanwesender im Körper, Om, Sieg, o Herr der Welt, o Gott !

Parti-Maheshvara Om Jai Jagadīsha Hare

parti	*maheshvara* :	*mahā* +	*īshvara*
Abk. für Puttaparti; Symbol für den Körper	*Name Shivas und Vishnus*	*großer*	*Gott*

Dein Gesicht ist wie der Mond, Du Glücksbringer, Du Herr allen Lebens,

Shashi-Vadana Shrīkara Sarva-Prāna-Pate...

shashi	*vadana*	*shrī*	*kara*	*sarva*	*prāna*	*pate*
Mond	*Gesicht*	*Glück, Herrlichkeit*	*Macher*	*alle*	*Atem, Lebenskraft*	*o Herr*

o Gebieter, Du Herr allen Lebens !

...Svāmi Sarva-Prāna-Pate

O ewig wunscherfüllende Liane der Dir Hingegebenen,

Āshrita-Kalpalatika Āshrita-Kalpalatika

āshrita	*kalpa* +	*latika*
haftend, zugewandt, hingegeben	*unvergänglich [B]*	*kleine Liane*

- ewig wunscherfüllende Liane - (= anderes Wort für „Kalpavriksha“ = Wunscherfüllungsbaum)

o Freund im Unglück, gepriesen seist Du, o Herr der Welt, o Gott !

Āpad-Bāndhava Om Jai Jagadīsha Hare

āpad = Unglück *bāndhava = Verwandter, Angehöriger, Freund*

Es B
Mā - tā Pi - tā Gu-ru Dai-va-mu Ma-ri An - tā Yu Nī - ve
B
Svā - mi Ma - ri An - tā Yu Nī - ve
B Es
Nā - da - Brah - ma Ja - gan - nā - tha
B c f B Es
Nā-gen - dra - Sha-ya - na Om Jai Ja-gad - ī - sha Ha - re
Es B
Om-kā-ra - Rū-pa O - jas-vi O Sā - ī Ma - hā - de - va
B
Sat - ya Sā - ī Ma - hā - de - va
B Es
Man - ga - la - Ā - ra - ti An - du - ko
B c f B Es
Man-da-ra - Gi-ri-Dhā - rī Om Jai Ja-gad - ī - sha Ha - re

Du bist Mutter, Vater, Lehrer, Gott, und alles andere bist Du außerdem auch.

Mātā Pitā Guru Daivamu Mari Antā Yu Nīve...

mātā Mutter · *pitā* Vater · *guru* Lehrer · *daivamu(Tel.)* Gott · *mari(T)* außerdem, so, wieder · *antā(T)* alles · *yu(T)* auch, und · *nīve(T)* du selbst

Svāmi, alles andere bist Du außerdem auch !

...Svāmi Mari Antā Yu Nīve

Du bist der Urton der Schöpfung, o Herr und Beschützer der Welt,

Nāda-Brahma Jagannātha Nāda-Brahma Jagannātha

nāda Ton, der Urton der Schöpfung · *brahma* das eine unveränderliche Absolute · *jagan* Welt + *nātha* Beschützer, Gebieter

o Du auf der Schlange Ruhender, Om, gepriesen seist Du,
o Herr der Welt, o Gott,

Nāgendra - Shayana Om Jai Jagadīsha Hare

nāgendra: *nāga* Schlange + *indra* König der Götter · *shayana* ruhend, liegend; Lager

Vishnu (Gott) wird als „Nagendra-Shayana", als der friedlich auf der 1000-köpfigen Schlange (=Symbol für die materielle Welt mit ihren giftigen Fängen) Ruhende, dargestellt. [B, SSS, V, 143 + 224]

Deine Gestalt ist der Laut Om, o Lichtvoller, o Sai, o großer Gott,

Omkāra-Rūpa Ojasvi O Sāī Mahādeva...

omkāra der Laut (kāra) Om - die Basis der Schöpfung, der Bewirker (kāra) des Om · *rūpa* Gestalt, Form · *ojasvi* Kraft, Herrlichkeit, Licht besitzend · *mahā* großer + *deva* Gott = Name Shivas

o Satya Sai, Du großer Gott !

...Satya Sāī Mahādeva

Nimm das segenbringende Schwenken des Lichtes an,

Mangala-Ārati Anduko Mangala-Ārati Anduko

mangala heilbringend; Segen, Glück · *ārati* Feueropfer · *anduko(T)* nimm an

- das glückverheißende abschließende Schwenken des Lichtes mit einer Kampferflamme zu Ehren Gottes und eines Heiligen -

Du Träger des Mandara-Berges, Om, Sieg, o Herr der Welt !

Mandara-Giri-Dhāri Om Jai Jagadīsha Hare

mandara Name eines Berges · *giri* Berg · *dhāri* Träger

- Beim Quirlen des Milchozeans trug Vishnu in der Gestalt einer Schildkröte den Mandara-Berg.

Sai Baba beim Anzünden der Āratiflamme, bevor sie vor Ihm geschwenkt wird [Ooty, 1987]

O Gott, o Nārāyan, Om, o Satya !

Nārāyana Nārāyana Om Satya

<u>*nārāyana*</u> *Gott, Vishnu, der Alldurchdringende, der Erhalter der Schöpfung, der als Avatar Gestalt annimmt.*

<u>*satya*</u> *Wahrheit, das höchste Sein*

Nārāyana Nārāyana Nārāyana Om
Nārāyana Nārāyana Om Satya
Nārāyana Nārāyana Om Satya

Om, gepriesen seist Du, Gottlehrer, o Gott !

Nārāyana Nārāyana Om Om Jai Sadguru Deva

<u>*sad*</u> - <u>*guru*</u> *der wahre Lehrer; der Lehrer des Seins; der Gottlehrer*

<u>*deva*</u> *Gott*

Om, es sei Frieden, Frieden, Frieden !

Om Shāntih Shāntih Shāntih(i)

<u>*shāntih*</u> *(Nom. v. shānti)*
Frieden, innere Stille, Gleichmut

1.) Beim ***Ārati*** *wird eine brennende Kampferflamme vor Sai Baba oder Seinem Bild geschwenkt. Es ist der Abschluß beim Bhajansingen. Das ist ein Ritus, der in Indien häufig vor Heiligen, Götter- und Heiligenbildern praktiziert wird.*

Baba sagt: [Kasturi „Die Girlande aus 108 Edelsteinen", 127]
„Betet während die Kampferflamme geschwenkt wird: 'O Herr! mach' diese kleine Lebensspanne, die mir zugemessen wurde, so rein, so duftend, so durchscheinend wie Kampfer; laß sie sich in dem Feuer verzehren und Licht und Wärme der Liebe an alle, die um mich sind, verbreiten, und laß' zu guter Letzt nichts zurückbleiben von mir (so wie auch der Kampfer weder Asche noch Rückstände hinterläßt), das mich einem neuerlichen Verweilen zwischen 'Freud und Leid' ausliefern würde.' "

Morgenröte

Auerberg/Allgäu

[Foto: Gerhard Bernecker]

So wie jeden Morgen die Sonne aufgeht und die Erde mit Licht durchtränkt,
möge unsere innere Sonne in uns aufgehen und alle Schwere und Dunkelheit
für immer vertreiben und uns erfahren lassen,
daß wir reine Göttlichkeit, reines Licht sind,
Sein - Bewußtsein - Glückseligkeit,
Sac - Cid - Ānanda !

1.070.1

ZUM SATYA SĀĪ SUPRABHĀTAM

- von Dupati Tirumalacharya [1] -

SUPRABHĀTAM bedeutet: **die gute Morgendämmerung, der gute Tagesanbruch, „die Erwachenshymne“.** *[B, SSS, VI, 106]* Die Suprabhātam-Hymne, die Erwachenshymne, wird in der Regel in der „Brahmamuhūrta“, der Stunde *(Augenblick)* des Brahman, der Morgendämmerung, gesungen.

Die Suprabhātam-Hymne ist ein Gebet, das an Bhagavān *(an Gott, den Erhabenen, den Herrlichen)*, an Satya Sai *(an die Wahrheit, die Göttliche Mutter)* gerichtet ist, an Ihn, der in allem ist. Es enthält die Bitte, Er möge jeden neuen Tag zu **„Tava Suprabhātam“**, zu **„deiner guten Morgendämmerung“** werden lassen. Wenn der Ruf an Ihn ergeht, „Er möge aufwachen“, dann ist das ein Anruf, der an unser eigenes Bewußtsein ergeht, unserer allerinnersten Realität gewahr zu werden. Die Morgendämmerung, die der Devotee herbeisehnt, bedeutet nichts anderes als sein eigenes Aufgehen und Eintauchen in das Bewußtsein Gottes. *[Kasturi, Die Girlande aus 108 Edelsteinen, 11]*
Mit **Īshvarāmbā-Suta**, Sohn der Gottmutter, sind wir alle gemeint. Der Ort Parti ist unser Körper. Die Devotees, die dienstfertig warten, sind die Sinne, die Tatorgane, der Geist und Verstand. Blüten und andere Darreichungen symbolisieren die Gabe unserer Taten. Mit „Frauen so rein wie Sītā“ ist der jeweilige weibliche Aspekt der uns innewohnenden Kräfte gemeint, wie Willenskraft, Tatkraft, Forschungsdrang, Kraft der Sprache. *[Education in human values, series, II, 8]*

„Sobald ihr diese tiefe Sehnsucht nach Ihm habt, bedeutet es, daß die Morgendämmerung schon da ist, und die Sonne bald aufgehen wird. Die Verwirklichung folgt der wahren Sehnsucht unmittelbar.“ *[Ramakrishna in Satyamayi, Sri Ramakrishna, 148]*

Die alten Rishis wandten sich in vielen Hymnen an die Morgendämmerung oder Morgenröte *(Ushas)*. Die Morgendämmerung ist „gomatī“ und „ashvavatī“, voller Licht und Lebenskraft. *[Aurobindo, Geheimnis des Veda]*
„Die Morgendämmerung ist die innere Morgenröte, die dem Menschen die vielfältige Fülle seines weitesten Wesens, seiner Kraft, seines Bewußtseins, seiner Freude bringt. Sie strahlt mit ihren Erleuchtungen, sie ist begleitet von allen möglichen Mächten und Energien, sie gibt dem Menschen die volle Kraft der Vitalität, so daß er sich der unendlichen Wonne jenes weiteren Seins erfreuen kann.“
[Aurobindo, Das Geheimnis des Veda, S. 141]
„Wie die Sonne Bild und Göttlichkeit des goldenen Lichts der göttlichen Wahrheit ist, so ist Morgendämmerung Bild und Göttlichkeit des Sich-Eröffnens der höchsten Erleuchtung der Nacht unserer menschlichen Unwissenheit. Morgenröte, Tochter des Himmels, und Nacht, ihre Schwester, sind Vorder- und Rückseite desselben ewigen Unendlichen.“ *[Aurobindo, Geheimnis des Veda, S. 421]*

1) D. Tirumalacharya, des Verfasser des Satya Sai Suprabhātam, war ein großer Gelehrter des Sanskrit und Schriftsteller. Er kam von Venkatagiri und lebte dann bei Sai Baba. Er hatte große Hingabe zu Sai Baba und wiederholte ständig: „Sāī Mātā, Sāī Mātā“. Er machte seinen letzten Atemzug, nachdem er Wasser über Babas Füße gegossen und von dem geheiligten Wasser getrunken hatte. [B, 14.1.2000, morgens]

SATYA SĀĪ SUPRABHĀTAM

SATYA SĀĪ SUPRABHĀTAM

- *DIE SATYA SAI ERWACHENSHYMNE* -

- Die Erwachenshymne zur Erfahrung der höchsten Wahrheit (Satya), der göttlichen Kraft (Sai) -
[Education in human values, II, S. 3 ff]

O Sohn der Göttlichen Mutter *(Ishvarāmbā)*, strahlend Herrlicher, im Osten bricht die Morgendämmerung an.

1. Īshvarāmbā-Sutah Shrīmān Pūrvā Sandhyā Pravartate

ishvara + *ambā* – Gott - Mutter – - die Mutter Gottes - die göttliche Energie (Shakti)
sutah – Sohn
shrīmān – prächtig, herrlich, strahlend
pūrvā – östlich
sandhyā – Morgendämmerung, Zwielichtzeit
pravartate – bricht an, dreht sich vor

Erwache, o Wahrheit, o Göttliche Mutter, o Herr, die täglichen Werke Gottes müssen getan werden !

Uttishtha Satya Sāīsha Kartavyam Daivam Āhnikam

uttishtha – erwache, steh auf!
satya – Wahrheit, das wahre unveränderliche Sein
sāī + *īsha* – Göttliche Mutter, die Göttliche Kraft + Gott, Herr
kartavyam – muß getan werden
daivam – göttlich
āhnikam – täglich
- die täglichen Werke Gottes -

Erwache, erwache, o Herr meines Körpers *(von Parti)*, erwache, o Herr der Welt !

Uttishthottishtha Partīsha Uttishtha Jagatī-Pate

úttishtha + *uttishtha* – erwache erwache
parti + *īsha* – Abk. für Puttaparti; Symbol für den Körper + Gott
jagatī – Welt
pate – o Herr, o Gebieter!

O erwache, der Du voll Mitleid bist, damit die Welt Wohlergehen erlangen möge !

Uttishtha Karunā-Pūrna Loka-Mangala-Siddhaye

karunā – Mitleid, Mitgefühl; Barmherzigkeit
pūrna – voll von,
loka – Welt, Menschheit
mangala – Wohlergehen, Glück
siddhaye – zur Erlangung von

In dem sehr schönen, großen, sehr friedlichen Haus am Ufer des Citrāvatī-Flusses

2. Citrāvatī-Tata - Vishāla-Sushānta-Saudhe

citrāvatī – der Fluß Citrāvatī, an dem Puttaparti liegt
tata – Ufer
vishāla – groß
sushānta – sehr friedlich
saudhe – in dem sehr schönen Haus, im Palast

warten Menschen, die Dir dienen und Dich verehren, um Deinen Darshan zu erhalten.

Tishthanti Sevaka-Janās Tava Darshanārtham

tishthanti – stehen, verweilen, warten
sevaka – Diener, Verehrer
janās – Menschen, Geborene
tava – von Dir
darshana + *artham* – Sehen, Anblick eines Heiligen oder Gottes - innere Gottesschau - + wegen

Ā - dit - ya - Kān - tir A - nu - bhā - ti Sa - ma - sta - Lo - kān
Shrī Sat-ya Sā - ī Bha-ga-van Ta-va Su-pra-bhā-tam
3. Tvan - Nā - ma - Kīr - ta - na - Ra - tās Ta - va Div - ya - Nā - ma
Gā - yan - ti Bhak - ti - Ra - sa - Pā - na - Prah - rush - ta - Cit - tāh
Dā - tum Kru - pā - Sa - hi - ta - Dar - sha - nam Ā - shu Tebh - yah
Shrī Sat-ya Sā - ī Bha-ga-van Ta-va Su-pra-bhā-tam
4. Ā - dā - ya Div - ya - Ku - su - mā - ni Ma - no - Ha - rā - ni
Shrī Pā - da - Pū - ja - na - Vid - him Bha - va - dan - ghri - mū - le

Der Glanz der Sonne strahlt in alle Welten.

Āditya-Kāntir Anubhāti Samasta-Lokān

āditya	*kāntir*	*anubhāti*	*samasta*	*lokān*
Sonne	*Glanz, Schein*	*strahlt*	*alle*	*Welten*

O herrliche Wahrheit *(Shrī Satya)*, o Göttliche Mutter *(Sai)*, o Strahlender *(Bhagavan)*, wir beten um Deine wunderbare Morgendämmerung !

Shrī Satya Sāī Bhagavan Tava Suprabhātam

shrī	*bhagavan*	*tava*	*suprabhātam*
ehrenvolle Anrede; höchste Herrlichkeit, Glanz, Fülle	*o Erhabener, Strahlender; Name für Gott, der Seine unumschränkte Größe offenbart*	*dein*	*gute (schöne, wunderbare) Morgendämmerung (Tagesanbruch)*

Menschen, die Deinen Namen singen und sich am Lobpreis erfreuen,

3. Tvan-Nāma-Kīrtana-Ratās Tava Divya-Nāma

tvan	*nāma*	*kīrtana*	*ratās*	*tava*	*divaya*	*nāma*
deinen	*Name*	*Rezitieren, Singen zur Ehre Gottes*	*sie finden Gefallen, sie freuen sich*	*dein*	*göttlich, heilig*	*Name*

sind gekommen. Mit glücklichen Herzen kosten sie den Nektar der Hingabe.

Gāyanti Bhakti-Rasa-Pāna-Prahrushta-Cittāh

gāyanti	*bhakti*	*rasa*	*pāna*	*prahru(i)shta*	*cittāh*
singen	*Hingabe, Liebe für Gott*	*Nektar, Saft*	*trinken, kosten*	*froh, entzückt*	*Herzen*

Möge Dein Darshan sie alle schnell mit Deiner Gnade überschütten !

Dātum Krupā-Sahita-Darshanam Āshu Tebhyah

dātum	*kru(i)pā*	*sahita*	*darshanam*	*āshu*	*tebhyah*
gegeben	*Gnade*	*alle zusammen*	*Sehen eines Heiligen oder Gottes*	*schnell*	*ihnen*

Shrī Satya Sāī Bhagavan Tava Suprabhātam

Mit herrlichen Blumen, die das Herz erfreuen,

4. Ādāya Divya-Kusumāni Mano-Harāni

ādāya	*divya*	*kusumāni*	*mano*	*harāni*
gebracht habend	*göttlich, herrlich*	*Blumen, Blüten*	*Geist (mind), Gefühl, Herz*	*entzücken*

um Deine heiligen Füße gemäß den heiligen Schriften zu verehren,

Shrī Pāda-Pūjana-Vidhim Bhavadanghrimūle

pāda	*pūjana*	*vidhim*	*bhavad* +	*anghri* +	*mūle*
Füße	*Verehrung*	*Vorschrift*	*deine*	*Füße*	*Wurzel*

3
Kar - tum Ma-hot - su - ka - ta - yā Pra-vi-shan-ti Bhak-tāh
Shrī Sat-ya Sā - ī Bha-ga-van Ta-va Su-pra-bhā-tam
3
5. De - shān - ta - rā - ga - ta - Bu - dhās Ta - va Div - ya - Mūr - tim
3
Sam - dar - sha - nā - bhi - ra - ti - Sam - yu - ta - Cit - ta - Vritt - yā
3
Ve - dok - ta - Man - tra - Pa - tha - ne - na - La - sant - ya - jas - ram
Shrī Sat-ya Sā - ī Bha-ga-van Ta-va Su-pra-bhā-tam
3
6. Shrut - vā Ta - vād - bhu - ta - Ca - ri - tram A - khan - da - Kīr - tim
3
Vyāp - tā Di - gan - ta - ra - Vi - shā - la - Dha - rā - Ta - le's - min
3
Jij - nā - su - Lo - ka - U - pa - tish - tha - ti - Cāsh - ra - me's - min
Shrī Sat-ya Sā - ī Bha-ga-van Ta-va Su-pra-bhā-tam

kommen Devotees mit großer Sehnsucht herbei.

Kartum Mahotsukatayā Pravishanti Bhaktāh

kartum	*mahā*	+	*utsukatayā*	*pravishanti*	*bhaktāh*
zu tun	*groß*		*mit Sehnsucht*	*sie treten ein*	*Gotthingegebene, Devotees*

Shrī Satya Sāī Bhagavan Tava Suprabhātam

Aus anderen Ländern sind weise Menschen herbeigekommen, voll Sehnsucht

5. **Deshāntarāgata-Budhās Tava Divya-Mūrtim**

desha	+	*antara*	+	*āgata*	*budhās*	*tava*	*divya*	*mūrtim*
Länder		*andere*		*herbeigekommen*	*Weise*	*deine*	*göttliche*	*Gestalt*

nach dem Anblick Deiner göttlichen Gestalt. Mit freudigen gottverbundenen

Samdarshanābhirati-Samyuta-Citta-Vrittyā

samdarshana	+	*abhirati*	*samyuta*	*citta*	*vri(u)ttyā*
Darshan, Anblick		*freudig*	*verbunden*	*Herz, Gedanken*	*mit Eifer*

Herzen sind sie mit Eifer dabei, ständig Mantren aus den Veden zu rezitieren.

Vedokta-Mantra-Pathanena-Lasantyajasram

vedokta	*mantra*	*pathanena*	*lasanti*	+	*ajasram*
im Veda erwähnt	*Mantren*	*durch Sprechen, Rezitieren*	*sie vergnügen sich, sie sind lebhaft*		*unaufhörlich*

Shrī Satya Sāī Bhagavan Tava Suprabhātam

Weil sie von Deinem wunderbaren Wandel und grenzenlosen Ruhm

6. **Shrutvā Tavādbhuta-Caritram Akhanda-Kīrtim**

shrutyā	*tava*	+	*adbhuta*	*caritram*	*akhanda*	*kīrtim*
gehört habend	*deinen*		*wunderbaren*	*Wandel*	*grenzenlos*	*Ruhm*

gehört haben, der auf dieser Erde bis in die weite Ferne gedrungen ist,

Vyāptā Digantara-Vishāla-Dharā-Tale'smin

vyāptā	*digantara*	*vishāla*	*dharā*	*tale*	+	*(a)smin*
gedrungen	*Fremde*	*weit*	*Erde*	*auf dem Boden*		*dieser*

sind wahrheitssuchende Menschen in diesen Ashram gekommen und warten.

Jijnāsu-Loka-Upatishthati-Cāshrame'smin

jijnāsu	*loka*	*upatishthati*	*ca*	+	*āshrame*	+	*(a)smin*
einer, der wissen will;, Wahrheitssucher	*Menschen, Menschheit*	*herkommen*	*und*		*im Ashram*		*diesen*

In einem Ashram leben bedeutet: ohne Bedrängnis, ohne Anspannung (ashrama) zu sein. [B, 11.7.96]

Shrī Satya Sāī Bhagavan Tava Suprabhātam

7. Sī - tā Sa - tī Sa - ma - Vi - shud - dha - Hrud - Am - bu - jā - tāh
Bah - van - ga - nāh Ka - ra - Gru - hī - ta - Su - push - pa - Hā - rāh
Stun - van - ti Div - ya - Nu - ti - bhih Pha - ni - Bhū - sha - nam Tvām
Shrī Sat-ya Sā - ī Bha-ga-van Ta-va Su-pra-bhā-tam
8. Su - pra - bhā - tam I - dam Pun - yam Ye Pa - than - ti Di - ne Di - ne
Te Vi-shan - ti Pa-ran Dhā - ma Jnā-na-Vi - jnā-na-Sho-bhi-tāh
Man-ga-lam Gu-ru-De - vā - ya Man-ga-lam Jnā-na-Dā - yi - ne
Man-ga-lam Par-ti-Vā - sā - ya Man-ga-lam Sat-ya Sā - ī - ne

Viele Frauen, deren Herzenslotosse so rein sind wie Sītās,

7. Sītā Satī Sama-Vishuddha-Hrud-Ambujātāh

sītā	*satī*	*sama*	*vishuddha*	*hru(i)d*	*ambu* + *jātāh*
Gemahlin Rāmas; Symbol für die Natur, die göttliche Energie	*tugendhafte Frau*	*gleich*	*rein*	*Herz*	*Wasser-Geborene = Lotosse*

die in ihren Händen schöne Blumengirlanden halten,

Bahvanganāh Kara-Gruhīta-Supushpa-Hārāh

bahu + *anganāh*	*kara*	*gru(i)hīta*	*su* +	*pushpa*	*hārāh*
viele *Frauen*	*Hand*	*haltend*	*schöne*	*Blumen*	*Girlanden*

preisen Dich, den mit Schlangen Geschmückten, mit himmlischen Klängen.

Stunvanti Divya-Nutibhih Phani-Bhūshanam Tvām

stunvanti	*divya*	*nutibhih*	*phani*	*bhūshanam*	*tvām*
preisen	*göttlichen*	*Klängen*	*Schlangen*	*Geschmückten*	*dich*

(Shiva = mit Schlangen geschmückt)

Shrī Satya Sāī Bhagavan Tava Suprabhātam

Die, welche diese heilige Morgendämmerungshymne tagtäglich rezitieren,

8. Suprabhātam Idam Punyam Ye Pathanti Dine Dine

idam	*punyam*	*ye*	*pathanti*	*dine*
diese	*rein, heilig*	*die*	*rezitieren*	*täglich*

werden in die Höchste Stätte eintreten, in höchster Erkenntnis und Weisheit strahlend.

Te Vishanti Paran Dhāma Jnāna-Vijnāna-Shobhitāh

te	*vishanti*	*paran (m)*	*dhāma*	*jnāna*	*vijnāna*	*shobhitāh*
die(se)	*eintreten, eingehen*	*höchste*	*Ort, Stätte, Kraft*	*höchste Erkenntnis, Wissen*	*höchste Weisheit Wissen*	*strahlend, glänzend*

Wohlergehen dem Gottlehrer, Wohlergehen dem Geber des höchsten Wissens,

Mangalam Guru-Devāya Mangalam Jnāna-Dāyine

mangalam	*guru* +	*devāya*	*dāyine*
Glück, Wohlergehen	*groß, Lehrer*	*dem Gott*	*dem Geber*

Wohlergehen dem, der in Parti (im Körper) wohnt, Wohlergehen der höchsten Wahrheit, der Göttlichen Mutter !

Mangalam Parti-Vāsāya Mangalam Satya-Sāīne

vāsāya = *dem Bewohner* *sāīne* = *dem Sāī*

SARVA - DHARMA - LIED

1.071

SARVA - DHARMA - LIED

VEREHRUNG GOTTES MIT GOTTESNAMEN AUS ALLEN RELIGIONEN

(Sarva = alle; Dharma = Religion, Göttliches Gesetz)

[Education in human values, I, S. 4]

Om, Du bist das Höchste Absolute, das wahre Sein, die Herrlichkeit, Nārāyana,

Om Tat Sat Shrī Nārāyana Tū

om – der Urton, aus dem alles entstanden ist
tat – Das; das höchste Absolute, das nicht beschrieben werden kann
sat – Sein, das wahre Sein
shrī – Herrlichkeit, Glück, Reichtum; ehrenvolle Anrede
nārāyana – Gott, Vishnu; der alles Durchdringende

das Höchste Selbst, der Lehrer.

Purushottama Guru Tū

purusha – der Ātman: das, was dem Körper (pur) innewohnt, ihn erleuchtet
\+ *pūttama* – höchste
guru – der Lehrer; Er, der die Dunkelheit (gu) vertreibt (ru) [B]
tū – du

Du bist Siddha, Buddha, Skanda, Vināyaka,

Siddha Buddha Tū Skanda Vināyaka

siddha – derVollendete, jemand, der Befreiung erlangt hat
buddha – der Erwachte; der Begründer des Buddhismus
skanda – Gott als der Heerführer der Göttlichen Kräfte, Name Subrahmanyams
vināyaka – der Führer aller, Name Ganeshas

das Göttliche Licht, das Feuer, das Göttliche Licht, das Feuer.

Savitā Pāvaka Tū Savitā Pāvaka Tū

savitā – das, aus dem alles geboren wird, das göttliche, allgegenwärtige Licht
pāvaka – das Reine, Strahlende; das Feuer

Du bist das höchste, unveränderliche Absolute, Mazdā, Jahve, die göttliche Energie.

Brahma Mazdā Tū Jahve Shakti Tū

brahma – das Brahman, das höchste unveränderliche Absolute
mazdā – Gottesname der Parsen: der Großes Bewirkende
jahve – hebräischer Name Gottes des Volkes Israel
shakti – die göttliche Energie

Du bist Jesus, der Vater, der Meister.

Īshu Pitā Prabhu Tū

īshu = Name Jesus, der Herr *pitā* = Vater, Göttlicher Vater *prabhu* = Meister, Herr

<u>*Buddha*</u>

Der Erleuchtete: Die Verkörperung von Liebe und Mitgefühl

Du bist Rudra, Vishnu, Du bist Rāma, Krishna,

Rudra Vishnu Tū Rāma Krishna Tū

rudra — *Name Shivas in Seinem zerstörerischen Aspekt*

vishnu — *Gott, der alles Durchdringende, Gott der Erhalter*

rāma — *Gott: Er, der erfreut; der Āvatar Rāma*

krishna — *Gott: der Dunkle, Schwarze, Blaue; Er, der das Feld des Herzens pflügt; der Avatar Krishna*

Rahīma, Tao bist Du.

Rahīma Tao Tū Rahīma Tao Tū

rahīma — *Gott: der Gnädige, Barmherzige; Name Gottes aus dem Islam*

tao — *wörtl.: 'Der Weg'; das höchste allem zugrundeliegende Prinzip, der Urquell allen Seins im Taoismus*

Du bist Vāsudeva, die Kuh, Deine Gestalt ist die ganze Schöpfung.

Vāsudeva Go Vishvarūpa Tū

vāsudeva — *Name Krishnas: Gott, der allem Innewohnende, der Strahlende*

go — *Er, der die Kuh, die Erde, der Atem, das Individuum, die Sprache, die Sinne ist*

vishva + rūpa — *Gott, dessen Gestalt (rūpa) alles (vishva), die ganze Schöpfung ist*

Du bist Bewußtsein, Glückseligkeit, Hari.

Cid Ānanda Hari Tū

cid — *Bewußtsein*

ānanda — *Glückseligkeit*

hari — *Gott: Er, der zerstört, nimmt, verzaubert; Name Vishnus*

Du bist der Einzige, jenseits der Zeit, der Furchtlose.

Advitīya Tū Akāla Nirbhaya

advitīya — *der Zweitlose, der Ohnegleichen, der Einzige*

akāla — *Gott, der ohne Zeit ist, der jenseits der Zeit ist*

nirbhaya — *der ohne Furcht ist*

Du bist das Ātmalingam, Shiva, Sai, Du bist das Ātmalingam, Shiva.

Ātmalinga Shiva Tū Sāī Ātmalinga Shiva Tū

ātma — *der Ātman*

linga — *das Lingam, die symbolische Form Gottes, in der alle Formen enthalten sind; das Symbol der Schöpfung*

shiva — *Gott, Shiva: der Gütige, Alldurchdringende, der große Zerstörer*

Ātmalinga = „die letzte, höchste Phase“ [B, SSS, II, engl., S. 95]

SHRĪ SATYA SĀĪ GIRLANDE DER 108 GOTTESNAMEN

Man kann auch nur einen Namen in dieser fünffachen Art singen.

SHRĪ SATYA SĀĪ GIRLANDE DER 108 GOTTESNAMEN

1.072

- Shrī Satya Sāī Ashtottara-Shata-Nāmāvali -

Om, vor dem herrlichen strahlenden Gott, vor der Wahrheit,

1. **Om Shrī (Bhagavān) Satya...**

shrī — *Herrlichkeit, Glanz, Fülle; ehrenvolle Anrede*
bhagavān — *Gott: der Strahlende, Herrliche, Erhabene, ehrerbietige Anrede*
satya — *Wahrheit, das höchste unveränderliche Sein*

vor Sai (der Göttlichen Mutter), vor Baba (dem Göttlichen Vater), verneige ich mich.

...Sāī Bābāya Namah(a)

sāī — *Göttliche Mutter*
bābāya (Dat. v. bābā) — *dem Vater, Göttlichen Vater*
namah(a) (Aussprache oft 'namaha') — *ich verehre, ich verneige mich, ich grüße ehrerbietig, ich übergebe mein Ego; Verehrung, Verneigung .....*

Om, dem herrlichen Sai, der Verkörperung der Wahrheit, übergebe ich mich.

2. **Om Shrī Sāī Satya - Svarūpāya Namah**

sva = eigene, das wahre Selbst + rūpāya (Dat. v. rūpa) = Gestalt, Verkörperung

Om, vor dem herrlichen Sai, vor dem Inbegriff der Wahrheit und des Göttlichen Gesetzes, verneige ich mich.

3. **Om Shrī Sāī Satya Dharma - Parāyanāya Namah**

dharma — *Rechtschaffenheit, Göttliches Gesetz, Religion*
parāyanāya (Dat. v. parāyana) — *hingegeben, gänzlich ausgerichtet*

Om, vor dem herrlichen Sai, dem Segenspender, verneige ich mich.

4. **Om Shrī Sāī Varadāya Namah**

varadāya (Dat. v. varada) = vor dem, der Segen spendet

Om, vor dem herrlichen Sai, dem wahren höchsten Selbst, verneige ich mich.

5. **Om Shrī Sāī Sat - Purushāya Namah**

sat — *wirklich, gut; das wahre höchste Sein*
purushāya (Dat. v. purusha) — *das höchste Selbst, derĀtman, erwachtes Bewußtsein, Leben, die individuelle Seele*

Om, vor dem herrlichen Sai, vor dem Ātman (dem höchsten Selbst), der die Wahrheit als Eigenschaft besitzt, verneige ich mich.

6. **Om Shrī Sāī Satya - Gunātmane Namah**

guna = Eigenschaft + ātmane (Dat. v. ātman) = dem Ātman, dem höchsten Selbst

Om, vor dem herrlichen Sai, vor dem Nährer der Weisen und Tugendhaften, verneige ich mich.

7. **Om Shrī Sāī Sādhu - Vardhanāya Namah**

sādhu – *Weiser, Heiliger, Asket; guter Mensch; gut. tugendhaft*
vardhanāya (Dat. v. vardhana) – *dem Stärker, Förderer, Nährer*

Om, dem herrlichen Sai, dem Erhalter der guten Menschen, sei Verehrung!

8. **Om Shrī Sāī Sādhu - Jana - Poshanāya Namah**

jana – *Mensch*
poshanāya (Dat. v. poshana) – *Nährer, Erhalter*

Om, dem herrlichen Sai, dem Allwissenden, übergebe ich mich.

9. **Om Shrī Sāī Sarva - Jnāya Namah**

sarva = alle, ganz *jnāya = dem Wissenden*

Om, vor dem herrlichen Sai, der die Menschen liebt, verneige ich mich.

10. **Om Shrī Sāī Jana - Priyāya Namah**

jana – *Mensch*
priyāya (Dat. v. priya) – *dem Gernhabenden, Liebenden*

Om, vor dem herrlichen Sai, der Verkörperung aller Kräfte, verneige ich mich.

11. **Om Shrī Sāī Sarva-Shakti-Mūrtaye Namah**

sarva – *alle, ganz*
shakti – *Energie, Kraft*
mūrtaye (Dat. v. mūrti) – *der Form, der Verkörperung*

Om, dem herrlichen Sai, dem Herrn aller, (dem Herrn in allem), sei Verehrung!

12. **Om Shrī Sāī Sarveshāya Namah**

sarva + *īshāya (Dat. v. īsha)*
alle, jeder – *dem Herrn, Gott*

Om, dem herrlichen Sai, der ohne alle Anhaftungen ist, sei Verehrung!

13. **Om Shrī Sāī Sarva-Sanga-Parityagine Namah**

sanga – *Bindung, Haftung*
parityagine (Dat. v. parityagin) – *jemanden, der verzichtet, aufgibt*

Om, vor dem herrlichen Sai, dem inneren Lenker in allem, verneige ich mich.

14. **Om Shrī Sāī Sarva-Antaryāmine Namah**

antar + *yāmine (Dat. v. yāmin)*
innere – *Lenker, Gewissen*

Om, vor dem herrlichen Sai, dem wunderbaren höchsten Selbst, verneige ich mich.

15. **Om Shrī Sāī Mahimātmane Namah**

mahima + *ātmane (Dat. v. ātman)*
Wunder, Herrlichkeit; herrlich, wunderbar, mächtig – *das höchste Selbst, Seele*

Om, vor dem herrlichen Sai, der Verkörperung Shivas, verneige ich mich.

16. Om Shrī Sāī Maheshvara - Svarūpāya Namah

mahā + *īshvara* — *svarūpāya (Dat. v. svarūpa)*
Name Shivas: „großer Gott" — *der eigenen Gestalt, der Verkörperung*

Om, vor dem herrlichen Sai, der im Dorf Parti geborenen ist, verneige ich mich.

17. Om Shrī Sāī Parti - Grāmodbhavāya Namah

parti — *grāma* + *udbhavāya (Dat. v. udbhava)*
= Puttaparti; Symbol für den Körper — *Dorf* — *Geburt*

Om, dem herrlichen Sai, der in Parti residiert, sei Verehrung!

18. Om Shrī Sāī Parti-Kshetra-Nivāsine Namah

parti — *kshetra* — *nivāsine (Dat. v. nivāsin)*
= Puttaparti; Symbol für den Körper — *Feld* — *dem Bewohner, dem der residiert*

Om, dem herrlichen Sai, dessen Ruhm dem Seiner Form als Bewohner von Shirdi gleicht, sei Verehrung!

19. Om Shrī Sāī Yashahkāya Shirdi - Vāsine Namah

yashah + *kāya* — *shirdi* — *vāsine (Dat. v. vāsin)*
Schönheit, Glanz, Ruhm — *Körper* — *Ort in Indien* — *dem Bewohner*

Om, dem herrlichen Sai, der Zweien angehört, der als Shiva-Shakti auf dem Kailāsa residiert, Er, der Gottmutter und Gottvater ist, sei Verehrung!

20. Om Shrī Sāī Jodi-Ādipalli-Somappāya Namah

jodi — *ādipalli* — *somappāya (Dat. v. somappa)*
Zweien gehörend: Shiva-Shakti, — *urzeitliches Dorf, Kailāsa* — *sa (Er, Gott) + umā (Göttin, Mutter) + appa (Vater)*

Om, dem herrlichen Sai, der aus der Linie des Bharadvāja-Rishis abstammt, sei Verehrung!

21. Om Shrī Sāī Bharadvāja-Rishi Gotrāya Namah

bharadvāja — *rishi* — *gotrāya (Dat. v. gotra)*
Name eines berühmten vedischen Sehers — *Seher, Heiliger* — *der Abstammung, Abstammungslinie*

Om, dem herrlichen Sai, der Seine Ihm Hingegebenen wie eine Mutter liebt, sei Verehrung!

22. Om Shrī Sāī Bhakta - Vatsalāya Namah

bhakta = ein Gott Hingegebener — *vatsalāya (Dat. v. vatsala) = Mutterliebe*

Om, dem herrlichen Sai, dem Ātman, der aus dem Kreislauf von Geburt und Tod befreit, sei Verehrung!

23. Om Shrī Sāī Apāntarātmane Namah

apān + *tara* + *ātmane (Dat. v.ātman)*
Wasser: Kreislauf von Geburt u. Tod — *übersetzt, befreit* — *Ātman, das Höchste Selbst*

Om, vor dem herrlichen Sai, vor der Gestalt der Gottesinkarnation, verneige ich mich.

24. **Om Shrī Sāī Avatāra - Mūrtaye Namah**

avatāra = Avatar, göttliche Inkarnation *mūrtaye (Dat. v. mūrti) = der Gestalt, Verkörperung*

Om, dem herrlichen Sai, dem Vertreiber aller Furcht, sei Verehrung!

25. **Om Shrī Sāī Sarva-Bhaya - Nivārine Namah**

sarva = alle, jeder *bhaya = Furcht* *nivārine (Dat. v. nivārin) = dem Abwehrer*

Om, dem herrlichen Sai, der der Schule des Rishis Āpastamba angehört und sie segnet, sei Verehrung!

26. **Om Shrī Sāī Āpastamba - Sūtrāya Namah**

āpastamba = Asket, Rishi *sūtrāya (Dat. v. sūtra) = Schule, Lehrbuch, Regel*

Om, vor dem herrlichen Sai, dem Verleiher von Furchtlosigkeit, verneige ich mich.

27. **Om Shrī Sāī Abhaya - Pradāya Namah**

abhaya = Furchtlosigkeit *pradāya = dem Schenker, Geber*

Om, dem herrlichen Sai, der in der Familie der Ratnākaras geboren ist, sei Verehrung!

28. **Om Shrī Sāī Ratnākara-Vamshodbhavāya Namah**

ratnākara
Edelsteinmine, Meer voller Edelsteine:
der Familienname der Rajus bedeutet Ratnākara

vamshodbhavāya (Dat. v. vamshodbhava)
dem Geborenen

Om, dem herrlichen Sai, dem Avatar, dessen göttliche Energie identisch mit der von Shirdi Sai ist, sei Verehrung!

29. **Om Shrī Saī Shirdi Sāī Abheda-Shaktyavatārāya Namah**

abheda = nicht verschieden *shakti = göttliche Energie + avatārāya = dem Avatar*

Om, vor dem herrlichen Sai, dem Gewährer von Glück und Wohlstand, verneige ich mich.

30. **Om Shrī Sāī Shankarāya Namah**

shankarāya (Dat. v. shankara) = Name Shivas: der Wohltäter, der Glücksbringer

Om, vor dem herrlichen Sai, der Verkörperung des Shirdi Sai, verneige ich mich.

31. **Om Shrī Sāī Shirdi Sāī Mūrtaye Namah**

mūrtaye (Dat. v. mūrti) = der Gestalt, Form, Verkörperung

Om, dem herrlichen Sai, dem Bewohner von Dvārakāmāī, sei Verehrung!

32. **Om Shrī Sāī Dvārakāmāī - Vāsine Namah**

dvārakā + māī vāsine
Stadt, in der Krishna lebte, beschrieben als Festung mit 9 Toren Mutter dem Bewohner
= Symbol für den Körper und dessen Öffnungen [B]
Shirdi Sai nannte Seinen Wohnsitz Dvārakāmāī = die alte Moschee, in der Er lebte; der Körper aller

Om, dem herrlichen Sai, der sich an den Ufern der Citrāvatī in Puttaparti erfreut, sei Verehrung!

33. **Om Shrī Sāī Citrāvatī-Tata-Puttaparti-Vihārine Namah**

<u>citrāvatī</u> Fluß, an dem Puttaparti liegt · *<u>tata</u>* Ufer · *<u>vihārine</u> (Dat. v. vihārin)* jemand, der sich erfreut, öffnet

Om, dem herrlichen Sai, dem Spender göttlicher Energie, sei Verehrung!

34. **Om Shrī Sāī Shakti - Pradāya Namah**

<u>shakti</u> göttliche Energie, Kraft, Stärke · *<u>pradāya</u>* dem Geber, Spender

Om, dem herrlichen Sai, dem Beschützer derjenigen, die beim Herrn Schutz suchen, sei Verehrung!

35. **Om Shrī Sāī Sharanāgata - Trānāya Namah**

<u>sharanāgata</u> bei Gott Schutz Suchender · *<u>trānāya</u> (Dat. v. trāna)* dem Beschützer

Om, vor dem herrlichen Sai, dem Glückseligen, verneige ich mich.

36. **Om Shrī Sāī Ānandāya Namah**

<u>ānandāya</u> (Dat. v. ānanda) der Glückseligkeit

Om, vor dem herrlichen Sai, der Glückseligkeit spendet, verneige ich mich.

37. **Om Shrī Sāī Ānanda - Dāya Namah**

<u>ānanda</u> = Glückseligkeit · *<u>dāya</u> = Geber, Spender*

Om, dem herrlichen Sai, der damit beschäftigt ist, Kranken und Leidenden zu helfen, sei Verehrung!

38. **Om Shrī Sāī Ārta - Trāna - Parāyanāya Namah**

<u>ārta</u> kranker und leidender Mensch · *<u>trāna</u>* Schutz, Rettung, Hilfe · *<u>parāyanāya</u>* ausgerichtet auf, hingegeben

Om, dem herrlichen Sai, dem Beschützer der Schutzlosen, sei Verehrung!

39. **Om Shrī Sāī Anātha - Nāthāya Namah**

<u>anātha</u> ohne Herr, ohne Schutz; die Armen · *<u>nāthāya</u> (Dat. v. nātha)* dem Beschützer, dem Herrn

Om, den herrlichen Sai, den Gefährten der Hilflosen, die ohne Zuflucht sind, verehre ich.

40. **Om Shrī Sāī Asahāya Sahāyāya Namah**

<u>asahāya</u> jemand ohne Gefährte, ohne Begleitung · *<u>sahāyāya</u> (Dat. v. sahāya)* dem Gefährten, Begleiter

Om, dem herrlichen Sai, dem Freund der ganzen Welt, sei Verehrung!

41. Om Shrī Sāī Loka - Bandhavāya Namah

loka = Welt *bandhavāya (Dat. v. bandhava) = dem Verwandten, Angehörigen, Freund*

Om, dem herrlichen Sai, dem Beschützer der Welt, sei Verehrung!

42. Om Shrī Sāī Loka-Raksha-Parāyanāya Namah

raksha – *Beschützer*
parāyanāya (Dat. v. parāyana) – *ganz ausgerichtet, hingegeben*

Om, dem herrlichen Sai, dem Herrn der Welt, sei Verehrung!

43. Om Shrī Sāī Loka - Nāthāya Namah

nāthāya (Dat. v. nātha) = dem Beschützer, dem Herrn

Om, dem herrlichen Sai, dem Stärker der bedürftigen Menschen, sei Verehrung!

44. Om Shrī Sāī Dīna-Jana-Poshanāya Namah

dīna – *elend, verlassen, hilflos*
jana – *Mensch*
poshanāya (Dat. v. poshana) – *dem Erhalter, Nährer*

Om, dem herrlichen Sai, der Verkörperung der göttlichen Dreieinigkeit, sei Verehrung!

45. Om Shrī Sāī Mūrti-Traya-Svarūpāya Namah

mūrti – *Gestalt, Form*
traya – *dreifach*
svarūpāya (Dat. v. svarupa) – *eigene Gestalt*

Er, der die Verkörperung der 3 göttlichen Formen (Brahmā, Vishnu, Shiva) ist, auch Dattātreya genannt.

Om, vor dem herrlichen Sai, dem Spender der Befreiung, verneige ich mich.

46. Om Shrī Sāī Mukti - Pradāya Namah

mukti = Befreiung *pradāya = dem Spender*

Om, dem herrlichen Sai, der weit entfernt von allen Fehlern und Unzulänglichkeiten ist, sei Verehrung!

47. Om Shrī Sāī Kalusha - Vidūrāya Namah

kalusha – *fehlerhaft, unzulänglich, unrein*
vidūrāya (Dat. v. vidūra) – *dem weit Entfernten*

Om, dem herrlichen Sai, dem Allbarmherzigen, dem Mitfühlenden, sei Verehrung!

48. Om Shrī Sāī Karunā - Karāya Namah

karunā – *Mitgefühl, überflutendes Erbarmen, Mitleid*
karāya (Dat. v. kara) – *dem Tuer, Bewirker*

Om, dem herrlichen Sai, der die Stütze aller ist, sei Verehrung!

49. Om Shrī Sāī Sarvādhārāya Namah

sarva + *ādhārāya (Dat. v. ādhāra)*
alle, ganz – *der Stütze, dem Träger, der Basis*

Om, dem herrlichen Sai, dem Bewohner des Herzens, sei Verehrung!

50. **Om Shrī Sāī Hrudaya - Vāsine Namah**

hru(i)daya – *das spirituelle Herz als der Sitz Gottes, der Sitz der unsterblichen Seele*
vāsine (Dat. v. vāsin) – *dem Bewohner*

Om, dem herrlichen Sai, dem Spender der Früchte für alle Verdienste, sei Verehrung!

51. **Om Shrī Sāī Punya - Phala Pradāya Namah**

punya – *gute, verdienstvolle Taten*
phala – *Frucht*
pradāya – *dem Geber, Schenker*

Om, dem herrlichen Sai, dem Vernichter aller Übel, sei Verehrung!

52. **Om Shrī Sāī Sarva-Pāpa-Kshaya-Karāya Namah**

sarva – *alle, ganz*
pāpa – *Übel, Böses, Sünde*
kshaya – *Zerstörer*
karāya – *dem Tuer*

Om, dem herrlichen Sai, der alle Krankheiten heilt, sei Verehrung!

53. **Om Shrī Sāī Sarva-Roga-Nivārine Namah**

sarva – *alle, ganz*
roga – *Krankheit*
nivārine (Dat. v. nivārin) – *dem Abhalter, Heiler, Abwehrer*

Om, dem herrlichen Sai, der alle Schmerzen vernichtet, sei Verehrung!

54. **Om Shrī Sāī Sarva - Bādha - Harāya Namah**

sarva – *alle, ganz*
bādha – *Pein, Schmerz, Not*
harāya (Dat. v. hara) – *dem Gott, dem Zerstörer*

Om, dem herrlichen Sai, dem ewig gepriesenen Schöpfer, sei Verehrung!

55. **Om Shrī Sāī Ananta - Nuta - Kartrine Namah**

ananta – *ohne Ende, endlos*
nuta – *Lobpreisung*
kartrine (Dat. v. kartrin) – *der tut, erschafft*

Om, vor dem herrlichen Sai, dem uranfänglichen höchsten Wesen, verneige ich mich.

56. **Om Shrī Sāī Ādi - Purushāya Namah**

ādi – *Anfang, Ursprung*
purushāya (Dat. v. purusha) – *dem höchsten Wesen, dem Ātman*

Om, vor dem herrlichen Sai, vor der göttlichen Urenergie, verneige ich mich.

57. **Om Shrī Sāī Ādi - Shaktaye Namah**

ādi = Anfang, Ursprung
shaktaye (Dat. v. shakti) = der göttlichen Energie

Om, vor dem herrlichen Sai, der wunderbare einzigartige göttliche Kräfte hat, verneige ich mich!

58. Om Shrī Sāī Aparūpa - Shaktine Namah

aparūpa — *herrlich, wunderbar, einzigartig*
shaktine (Dat. v. shakti) — *dem, der göttliche Kraft hat*

Om, vor dem herrlichen Sai, der Verkörperung des Unmanifestierten, verneige ich mich.

59. Om Shrī Sāī Avyakta - Rūpine Namah

avyakta — *unmanifestiert, unoffenbart*
rūpine (Dat. von rūpin) — *dem, der Gestalt hat*

Om, dem herrlichen Sai, dem Zerstörer von Begierde und Zorn, sei Verehrung!

60. Om Shrī Sāī Kāma-Krodha-Dhvamsine Namah

kāma — *Begierde*
krodha — *Zorn, Ärger*
dhvamsine (Dat. v. dhvamsin) — *dem Zerstörer*

Om, dem herrlichen Sai, der ein goldenes Gewand trägt, sei Verehrung!

61. Om Shrī Sāī Kanakāmbara - Dhārine Namah

kanaka + *ambara* — *Gold* + *Gewand*
dhārine (Dat. v. dhārin) — *dem Träger*

Om, dem herrlichen Sai, dem Wundertäter, sei Verehrung!

62. Om Shrī Sāī Adbhuta - Caryāya Namah

adbhuta — *wunderbar, Wunder*
caryāya (Dat. v. carya) — *dem Tuer, Täter*

Om, dem herrlichen Sai, dem Freund im Unglück, sei Verehrung!

63. Om Shrī Sāī Āpad-Bandhavāya Namah

āpad — *Unglück, Elend*
bandhavāya (Dat. v. bandhava) — *dem Verwandten, Freund*

Om, dem herrlichen Sai, dem höchsten Selbst, das reine Liebe ist, sei Verehrung!

64. Om Shrī Sāī Premātmane Namah

prema + *ātmane (Dat. v. ātman)*
reine selbstlose Liebe, göttliche Liebe — *dem Ātman, dem höchsten Selbst*

Om, dem herrlichen Sai, der Verkörperung der Liebe, sei Verehrung!

65. Om Shrī Sāī Prema - Mūrtaye Namah

mūrtaye (Dat. v. mūrti) = der Gestalt, Form, Verkörperung

Om, dem herrlichen Sai, dem Schenker göttlicher Liebe, sei Verehrung!

66. Om Shrī Sāī Prema - Pradāya Namah

pradāya = dem Geber, Schenker

Om, vor dem herrlichen Sai, dem Geliebten, verneige ich mich.

67. **Om Shrī Sāī Priyāya Namah**

priyāya (Dat. v. priya) = lieb, teuer, gern habend

Om, dem herrlichen Sai, dem Geliebten der Gotthingegebenen, sei Verehrung!

68. **Om Shrī Sāī Bhakta - Priyāya Namah**

Om, dem herrlichen Sai, dem Paradiesbaum der Gotthingegebenen, sei Verehrung!

69. **Om Shrī Sāī Bhakta-Mandārāya Namah**

bhakta — Gottliebender, Gotthingebener

mandārāya (Dat. v. mandāra) — Korallenbaum, Paradiesbaum, Himmel

Om, dem herrlichen Sai, der sich im Herzen der Gottliebenden erfreut, sei Verehrung!

70. **Om Shrī Sāī Bhakta-Jana-Hridaya-Vihārāya Namah**

jana — Mensch

hridaya — Herz

vihārāya (Dat. v. vihāra) — jemand, der sich erfreut, vergnügt

Om, dem herrlichen Sai, dessen Wohnstatt das Herz der Gott hingegebenen Menschen ist, sei Verehrung!

71. **Om Shrī Sāī Bhakta-Jana-Hridālayāya Namah**

hrud o. hrid — das spirituelle Herz + *ālayāya* (Dat. v. ālaya) — Wohnsitz, Stätte, Tempel

Om, dem herrlichen Sai, der den Gottliebenden hingegeben ist, sei Verehrung!

72. **Om Shrī Sāī Bhakta - Parādhināya Namah**

parādhināya (Dat. v. parādhina) — unabhängig von, hingegeben

Om, vor dem herrlichen Sai, der die Gottesliebe und Weisheit entzündet, verneige ich mich.

73. **Om Shrī Sāī Bhakti-Jnāna-Pradīpāya Namah**

bhakti — Hingabe an Gott, Liebe zu Gott

jnāna — höheres Wissen, Weisheit, Erkenntnis

pradīpāya (Dat.) — Lampe, Leuchte

Om, vor dem herrlichen Sai, der Gottesliebe und Wissen verleiht, verneige ich mich.

74. **Om Shrī Sāī Bhakti-Jnāna-Pradāya Namah**

pradāya = dem Geber, Schenker

Om, vor dem herrlichen Sai, der uns den Weg zum rechten Wissen zeigt, verneige ich mich.

75. **Om Shrī Sāī Sujnāna-Marga-Darshakāya Namah**

sujnāna – *rechtes Wissen*; *marga* – *Weg*; *darshakāya (Dat. v. darshaka)* – *sehend, zeigend, offenbarend*

Om, dem herrlichen Sai, der Verkörperung der Weisheit, sei Verehrung!

76. **Om Shrī Sāī Jnāna - Svarūpāya Namah**

jnāna – *Wissen, Weisheit, Erkenntnis*; *svarūpāya (Dat. v. svarūpa)* – *die eigene Form, göttliche Gestalt*

Om, dem herrlichen Sai, dem Lehrer der Bhagavad-Gītā, sei Verehrung!

77. **Om Shrī Sāī Gītā - Bodhakāya Namah**

bodhakāya (Dat. von bodhaka) – *lehrend, dem Lehrer*

Om, dem herrlichen Sai, dem Spender von Wissen und Kraft, sei Verehrung!

78. **Om Shrī Sāī Jnāna - Siddhi - Dāya Namah**

siddhi = Erfolg, Kraft, Vollendung; *dāya = dem Geber*

Om, dem herrlichen Sai, der Verkörperung göttlichen Liebreizes, sei Verehrung!

79. **Om Shrī Sāī Sundara - Rūpāya Namah**

sundara – *schön, göttlicher Liebreiz*; *rūpāya (Dat. v. rūpa)* – *der Form, Gestalt, Verkörperung*

Om, vor dem herrlichen Sai, dem heiligen reinen Purusha, verneige ich mich.

80. **Om Shrī Sāī Punya - Purushāya Namah**

punya – *heilig, rein, gut, tugendhaft*; *purushāya (Dat. v. purusha)* – *dem Ātman, Höchsten Selbst*

Om, dem herrlichen Sai, dem Geber der Früchte als Folge unserer Taten, sei Verehrung !

81. **Om Shrī Sāī Phala - Pradāya Namah**

phala – *Frucht, Folge, Ergebnis einer Handlung*; *pradāya* – *dem Geber*

Om, vor dem herrlichen Sai, dem höchsten Wesen, verneige ich mich.

82. **Om Shrī Sāī Purushottamāya Namah**

purusha – *der Ātman, das Höchste Selbst, Leben, individuelle Seele* + *uttamāya (Dat. v. uttama)* – *dem Besten, Höchsten*

Om, dem herrlichen Sai, dem uranfänglichen höchsten Wesen, sei Verehrung!

83. **Om Shrī Sāī Purāna - Purushāya Namah**

purāna = uralt, uranfänglich

Om, vor dem herrlichen Sai, der über alles hinausgeht, verneige ich mich.

84. **Om Shrī Sāī Atītāya Namah**

atītāya (Dat. v. atīta)
jenseits, überschreiten, über etwas hinausgehen

Om, dem herrlichen Sai, der jenseits der Zeit ist, sei Verehrung!

85. **Om Shrī Sāī Kālātītāya Namah**

kāla + atītāya
Zeit — *jenseits, überschreitet*

Om, vor dem herrlichen Sai, der die Verkörperung aller übernatürlichen Kräfte ist, verneige ich mich.

86. **Om Shrī Sāī Siddhi - Rūpāya Namah**

siddhi = Kraft, Erfüllung, Vollkommenheit, übernatürliche Fähigkeiten

Om, dem herrlichen Sai, dessen Wille sofort wirksam wird, sei Verehrung!

87. **Om Shrī Sāī Siddha - Sankalpāya Namah**

siddha — sankalpāya (Dat. v. sankalpa)
schafft, erfüllt — *Wille, Wunsch, Gedanke*

Om, dem herrlichen Sai, dem Spender von Gesundheit, sei Verehrung!

88. **Om Shrī Sāī Ārogya - Pradāya Namah**

ārogya = Abwesenheit von Krankheit, Gesundheit — *pradāya = dem Geber*

Om, dem herrlichen Sai, dem Spender von Nahrung und Kleidung, sei Verehrung!

89. **Om Shrī Sāī Anna - Vastra - Dāya Namah**

anna = Nahrung, Reis — *vastra = Kleidung*

Om, dem herrlichen Sai, der die Leiden des Kreislaufes von Geburt und Tod vernichtet, sei Verehrung!

90. **Om Shrī Sāī Samsāra-Duhkha-Kshaya-Karāya Namah**

samsāra — duhkha — kshaya — karāya
Welt, Kreislauf von Geburt und Tod — *Unglück, Leid,* — *Zerstörer* — *dem Tuenden*

Om, dem herrlichen Sai, der alle wünschenswerten Dinge gewährt, sei Verehrung!

91. **Om Shrī Sāī Sarvābhīshta - Pradāya Namah**

sarva + abhīshta — pradāya
alle, ganz — *Wunsch, begehrenswerte Dinge* — *dem Geber, Spender*

Om, vor dem herrlichen Sai, der alle ausgezeichneten Eigenschaften besitzt, verneige ich mich.

92. **Om Shrī Sāī Kalyāna - Gunāya Namah**

kalyāna = glückverheißend, gut, segensreich, schön — *gunāya (Dat. v. guna) = Eigenschaft, Tugend*

Om, dem herrlichen Sai, dem Zerstörer der bindenden Folgen unseres Tuns, sei Verehrung!

93. Om Shrī Sāī Karma - Dhvamsine Namah

karma – Tun, Aktivität, das Tätigsein und seine Folgen
dhvamsine (Dat. v. dhvamsin) – dem Zerstörer

Om, dem herrlichen Sai, der den Geist der guten Menschen erleuchtet, sei Verehrung!

94. Om Shrī Sāī Sādhu-Mānasa-Shobitāya Namah

sādhu – Heiliger, Asket, guter Mensch
mānasa – Geist, Gemüt, Gedanke, mind
shobitāya (Dat. v. shobita) – beleuchtet, erleuchtet

Om, dem herrlichen Sai, der alle Religionen akzeptiert, sei Verehrung!

95. Om Shrī Sāī Sarva - Mata - Sammatāya Namah

sarva – alle, ganz
mata – Lehre, Ansicht, Religion
sammatāya (Dat. v.sammata) – Lehre, Zustimmung

Om, dem herrlichen Sai, der den Geist der guten Menschen reinigt, sei Verehrung!

96. Om Shrī Sāī Sādhu-Mānasa-Parishodhakāya Namah

sādhu – Heiliger, Asket, guter Mensch
mānasa – Geist, Gedanke, Gemüt, mind
parishodhakāya – dem Reiniger

Om, dem herrlichen Sai, der aus Gnade den Gottsuchern einen Banyan-Baum setzte, sei Verehrung!

97. Om Shrī Sāī Sādhakānugraha - Vatavriksha - Pratishthāpakāya Namah

sādhaka – Strebender, Gottsucher + *anugraha* – Gnade, Gunst
vatavriksha – Banyan-Baum
pratishthāpakāya (Dat.) – jemand, der errichtet

= der Banyan-Baum oberhalb des Ashrams von Prashānti Nilayam, der Meditationsbaum. Unter den Baum legte Sai Baba eine von Ihm materialisierte Kupferplatte mit heiligen Zeichen (Yantras), die die Konzentration unterstützt. [Kasturi, Girlande, 117]

Om, dem herrlichen Sai, dem Zerstörer aller Zweifel, sei Verehrung!

98. Om Shrī Sāī Sakala-Samshaya-Harāya Namah

sakala – alle, vollständig
samshaya – Zweifel
harāya (Dat. v. hara) – Gott, dem Zerstörer

Om, dem herrlichen Sai, dem Lehrer aller Wahrheiten, dem Lehrer des wahren Seins, sei Verehrung!

99. Om Shrī Sāī Sakala-Tattva-Bodhakāya Namah

sakala – alle, vollständig
tattva – das wahre Sein, Wahrheit
bodhakāya (Dat. v. bodhaka) – Lehrer, lehrend

Om, vor dem herrlichen Sai, dem Herrn der Yogis, verneige ich mich.

100. **Om Shrī Sāī Yogīshvarāya Namah**

yogi + īshvarāya = dem Herrn der Yogis = Name Shivas

Om, dem herrlichen Sai, den die Yogameister preisen, sei Verehrung!

101. **Om Shrī Sāī Yogendra - Vanditāya Namah**

yoga + indra vanditāya (Dat. v. vandita)
Yoga Meister, Herrscher dem Verehrten, Gepriesenen

Om, dem herrlichen Sai, der alles Glück und allen Wohlstand bewirkt, sei Verehrung!

102. **Om Shrī Sāī Sarva Mangala-Karāya Namah**

sarva mangala karāya
alles alles Glückverheißende, Wohlergehen, Segen, Glück dem Tuer, Bewirker

Om, dem herrlichen Sai, der alle Kräfte und Vollkommenheit schenkt, sei Verehrung!

103. **Om Shrī Sāī Sarva-Siddhi-Pradāya Namah**

sarva siddhi pradāya
alle, jede Kraft, bes. Fähigkeiten, Vollkommenheit dem Geber, Schenker

Om, dem herrlichen Sai, der Unglück abwehrt, sei Verehrung!

104. **Om Shrī Sāī Āpannivārine Namah**

āpan (= āpad) + nivārine (Dat. v. nivārin)
Unglück, Elend dem Abhalter, Abwehrer

Om, dem herrlichen Sai, der alles Leid und alle Begierden zerstört, sei Verehrung!

105. **Om Shrī Sāī Arthi - Harāya Namah**

arthi = begehrend, begierig, leidend, Not habend harāya = Gott, dem Zerstörer

Om, vor dem herrlichen Sai, der Verkörperung des Friedens, verneige ich mich.

106. **Om Shrī Sāī Shānta - Mūrtaye Namah**

shānta = Frieden, Gleichmut, Leidenschaftslosigkeit mūrtaye = der Verkörperung

Om, dem herrlichen Sai, dessen Hilfe leicht zu erlangen ist, sei Verehrung!

107. **Om Shrī Sāī Sulabha - Prasannāya Namah**

sulabha = leicht zu erlangen, häufig vorkommend prasannāya = ruhig, rein, hilfreich, gnädig, zufrieden

Om, vor Bhagavān Shrī Satya Sai Baba verneige ich mich.

108. **Om Shrī Bhagavān Satya Sāī Bābāya Namah**

YADĀ YADĀ HI DHARMASYA

YADĀ YADĀ HI DHARMASYA

- Bhagavadgītā-Verse IV, 7-8 : das Versprechen Gottes -

1.073

Denn immer, wenn die göttliche Ordnung

IV, 7 **Yadā Yadā Hi Dharmasya**

yadā yadā – *immer wenn*; *hi* – *denn, ja, nämlich*; *dharmasya (Gen. von dharma)* – *Dharma, göttl. Gesetz, göttl. Ordnung, Religion*

verfällt, o Nachkomme des Bharata,

Glānir Bhavati Bhārata

glānir – *Erschöpfung, Verfall*; *bhavati* – *ist, entsteht*; *bhārata* – *o Nachkomme des Bharata = Name Arjunas*

das Unrecht zunimmt,

Abhyutthānam Adharmasya

abhyutthānam (Akk.) – *Zunehmen*; *adharmasya (Gen. von adharma)* – *kein Dharma: Unrecht, Gesetzlosigkeit, Unordnung*

dann erschaffe ich mich selbst.

Tadātmānam Srijāmyaham

tadā – *dann* + *ātmānam (Akk. von ātman)* – *das Höchste Selbst, der Ātman*; *srijāmy (i)* – *erschaffe ich* + *aham* – *ich*

Zur Rettung der Guten

IV, 8 **Paritrānāya Sādhūnām**

paritrānāya (Dat. von paritrāna) – *zur Rettung, zum Schutz*; *sādhūnām (Gen. Pl. von sādhu)* – *der Guten, der Tugendhaften, der Weisen*

und zur Vernichtung der Bösen,

Vināshāya Ca Dushkritām

vināshāya (Dat. von vināsha) – *für das Schwinden, zur Vernichtung*; *ca* – *und*; *dushkritām (Gen. Pl.)* – *der Bösen, der Übeltäter*

zur Aufrichtung des göttlichen Gesetzes,

Dharma - Samsthāpanārthāya

dharma - *samsthāpana* – *Aufrichten, Festsetzen* + *arthāya* – *wegen*

erschaffe ich mich von Zeitalter zu Zeitalter.

Sambhavāmi Yuge Yuge

sambhavāmi = erschaffe ich, erstehe ich; *yuge yuge (Lok. von yuga) = von Zeitalter zu Zeitalter*

BRAHMĀRPANAM

„Bevor du dieses Gebet dargebracht hast, ist die Nahrung nur Nahrung. Aber wenn du sie erst einmal dem Herrn dargebracht hast, wird sie zu Prasādam, einer geweihten Nahrung. Dieses Gebet entfernt sowohl alle Fehler und Mängel in den Schüsseln und in den Substanzen der Nahrung, als auch jeden negativen Einfluß, der während des Kochprozesses entstanden ist." [B, Red. zur Bhag., 7. Vortrag]

„ .... der Geist wird aus der Nahrung geboren, die ihr zu euch nehmt." [B, So Seg 1993, S. 102]

BRAHMĀRPANAM

- Bhagavadgītā-Verse IV, 24 und XV, 14 -

Diese Bhagavadgītā-Verse kann man als Gebet vor dem Essen sprechen. Dadurch wird die Nahrung zu Prasādam, einer geweihten Nahrung. [B, Reden zur Bhagavadgītā, 7. Vortrag]

1.074

Brahman ist die Opferhandlung, Brahman ist die Opfergabe !

IV, 24 **Brahmārpanam Brahma Havir**

brahma (Nom. von brahman) + *ārpanam* *havir*
Gott; das ewige unveränderliche Absolute, das wahre Sein *Darreichen, Opferhandlung* *Opferspeise, Opfergabe*

In das Feuer, das auch Brahman ist, wird von Brahman geopfert.

Brahmāgnau Brahmanā Hutam

brahma + *agnau (Lok.)* *brahmanā (Instr. v. brahman)* *hutam*
ins Feuer *von Brahman* *Opfer, geopfert*

In Brahman geht allein derjenige ein,

Brahmaiva Tena Gantavyam

brahma + *eva = so, nur, allein* *tena = deshalb, so* *gantavyam = (kann) eingehen*

der sich bei all seinem Tun Brahman hingibt.

Brahma - Karma - Samādhinā

karma = Tun, Handlungen, Taten *samādhinā = durch Versenkung, durch Hingabe (Instr. von samādhi)*

Ich bin das Verdauungsfeuer,

XV, 14 **Aham Vaishvānaro Bhūtvā**

aham *vaishvānaro* *bhūtvā*
ich *die alles durchdringende kosmische Energie; das Feuer, die Sonne; das Verdauungsfeuer* *bin, bin geworden*

das im Körper der Lebewesen wohnt.

Prāninām Deham Āshritah

prāninām (Gen. Pl. v. prānin) = Lebewesen *deham (Akk. von deha) = Körper* *āshritah = innewohnend*

Mit Ein- und Ausatmen verbunden,

Prānāpāna - Samāyuktah

prāna + *apāna* *samāyuktah*
Atem, Lebensodem, Lebenskraft, die kosmische Energie; Einatmen *Aushauch; die Luft, die für die Ausscheidung im Körper verantwortlich ist* *vereint, verbunden*

verdau ich die Speise von vierfacher Art.

Pacāmyannam Caturvidham

pacāmy(i) + *annam* *caturvidham*
ich verdaue *Nahrung, Speise* *von vierfacher Art (=gekaute, eingesaugte, geleckte, getrunkene Nahrung)*

ANAPEKSHAH SHUCIR

ANAPEKSHAH SHUCIR

Bhagavadgītā-Vers XII, 16

- gesungen und erklärt von Satya Sai Baba am 20.11.1990 auf der 5. Weltkonferenz -

1.075

- Wer ist dem Herrn über alle Maßen lieb (atyanta prīti) ? -

Wer wunschlos,

Anapekshah

anapeksha = wunschlos, kein Verlangen auf was auch immer zu haben –

Die meisten Menschen gehen den Weg der Sinnesfreuden (Preyomārga). Nur wenige, nur die Weisen, schlagen den Weg der Tugenden ein (Shreyomārga). Der Weg der Wunschlosigkeit geht über diese beiden Wege hinaus. Anapeksha bedeutet auch noch, das Gefühl aufzugeben, selbst der Handelnde und Genießende zu sein.

rein, fest entschlossen,

Shucir Daksha

shucir = rein, fehlerlos

Es beinhaltet äußere Reinheit (Körper, Kochtöpfe..) und innere Reinheit (Reinheit des Herzens). Wenn ihr euer Herz reinhalten wollt, müßt ihr euch zu selbstlosem Dienen verpflichten.

daksha = fest entschlossen, tüchtig

Jeder Mensch sollte sich ein festes Ziel im Leben setzen. Jeder sollte sich Gedanken machen, wie er seine Ideen, sein Geld und seine Zeit zum Wohle der Menschen und der Gesellschaft einbringen kann. Das Ziel ist Göttlichkeit.

gleichmütig und ohne Sorgen ist,

Udāsīno Gata - Vyathah

udāsīno = gleichmütig (ud + √ās = „hochsitzen“)

Weder um Freude noch Schmerz, guten oder schlechten Ruf sollte man sich sorgen. Ihr solltet nur dafür sorgen, daß alles, was ihr tut, heilig ist, und daß ihr mit euch selbst zufrieden sein könnt. Gleichmut bezieht sich nicht auf ein Gefühl der Überheblichkeit und Gleichgültigkeit. Wahrer Gleichmut ist fester Glaube an das Gute und Desinteresse am Schlechten.

gata-vyathah = ohne Sorge, frei von mentalen Schwankungen –

Wir sollen uns keine Sorgen um Vergangenes oder Zukünftiges machen, sondern alle Energie auf die Gegenwart konzentrieren. Wer ein sorgenvolles Gemüt hat, kann niemals etwas ganz entschlossen unternehmen.

wer bei allem Tun auf Selbstdarstellung verzichtet,

Sarvārambha - Parityāgī

sarva + ārambha — *alle (sarva) Unternehmungen (ārambha) der Selbstdarstellung willen*

parityāgī — *der verzichtet, aufgibt*

Was man auch tut, sollte in Demut und Aufrichtigkeit getan werden. Jedermann sollte das feste Vertrauen haben, daß er alles Gute für sich selbst bekommt, wenn er der Gesellschaft dient.

der - mein mir Ergebener - ist mir lieb.

Yo Mad - Bhaktah Sa Me Priyah(a)

yo	*mad*	*bhaktah*	*sa*	*me*	*priyah(a)*
der	*mein*	*Gottliebender*	*er, dieser*	*mir*	*lieb, teuer*

BHAGAVADGĪTĀ - VERSE

1.076

- XII, 13-20: Aus Kapitel 'Bhakti-Yoga', der Yoga der Hingabe -

XII, 13

Wer kein Wesen haßt, freundlich und mitleidig ist,

Adveshtā Sarva-Bhūtānām Maitrah Karuna Eva Ca

adveshtā (Nom. Sg.)	*sarva*	*bhūtānām*	*maitrah*	*karuna*	*eva*	*ca*
der nicht haßt	*alle*	*Wesen (Gen. Pl. von bhūta)*	*freundlich, wohlwollend*	*mitleidig*	*so, nur*	*und, auch*

wer ohne Eigennutz und ohne Selbstsucht ist, wer gleich in Freude und Leid ist, wer geduldig,

Nirmamo Nirahamkārah Sama-Duhkha-Sukhah Kshamī

nirmamo	*nirahamkārah*	*sama*	*duhkha*	*sukhah*	*kshamī*
kein Gedanke an 'Ich'; ohne Eigennutz	*ohne Egoismus, ohne Selbstsucht*	*gleich*	*Leid, Unglück*	*Freude, Glück*	*geduldig*

XII, 14

immer zufrieden, gottverbunden und von fester Entschlossenheit ist,

Samtushtah Satatam Yogī Yatātmā Dridha-Nishcayah

samtushtah	*satatam*	*yogī*	*yatātmā*	*dridha*	*nishcayah*
zufrieden	*immer*	*gottverbunden*	*selbstbeherrscht*	*stark, sicher*	*Entschlossenheit*

wer seinen Sinn und seine Intelligenz auf mich richtet, wer mich liebt, der ist mir lieb.

Mayy-Arpita-Mano-Buddhir Yo Mad Bhaktah Sa Me Priyah

mayy (= *mayi*)	*arpita*	*mano*	*buddhir*	*yo*	*mad*	*bhaktah*	*sa*	*me*	*priyah*
auf mich	*ausgerichtet*	*Geist (mind) Gefühl*	*höhere Intelligenz, Unterscheidungs-fähigkeit, Intuition*	*der*	*mein*	*Verehrer, Gottlie-bender*	*er*	*mir*	*lieb, teuer*

XII, 15

Vor wem die Welt nicht zittert, und wer vor der Welt nicht zittert,

Yasmān Nodvijate Loko Lokān Nodvijate Ca Yah

yasmān (*yasmāt, Abl.*)	*nodvijate*	*loko*	*lokān*	*ca*	*yah*
vor wem	*nicht erdrückt, zittert (3. Sg. Präs. von na + ud +* $\sqrt{vij}$*)*	*Welt*	*vor der Welt (= lokāt, Abl.)*	*und, auch*	*wer, der*

wer frei ist von Erregungen der Freude und des Ärgers, von Furcht und Unruhe, auch der ist mir lieb.

Harshāmarsha-Bhayodvegair Mukto Yah Sa Ca Me Priyah

harsha	+	*amarsha*	*bhaya*	+ *udvegair*	*mukto*	*yah*	*sa*	*ca*	*me*	*priyah*
Freude, Erregung		*Ärger, Unmut*	*Furcht*	+ *Aufregung, Unruhe (Instr. Pl.)*	*befreit*	*wer*	*er*	*und, auch*	*mir*	*lieb*

XII, 16 *[s. 1.44.3]* Wer wunschlos, rein, tüchtig, gleichmütig und ohne Sorgen ist,

Anapekshah Shucir Daksha Udāsīno Gata-Vyathah

<u>*anapekshah*</u>	<u>*shucir*</u>	<u>*daksha*</u>	<u>*udāsīno*</u>	<u>*gata-vyathah*</u>
wunschlos	*rein*	*fest entschlossen, tüchtig*	*gleichmütig (hochsitzen: ud + √ās)*	*ohne Sorgen, frei von mentalen Schwankungen*

wer bei allem Tun auf Selbstdarstellung verzichtet, mein Ergebener ist, der ist mir lieb.

Sarvārambha-Parityāgī Yo Mad Bhaktah Sa Me Priyah

<u>*sarvā*</u> + <u>*ārambha*</u>	<u>*parityāgī*</u>	<u>*yo*</u>	<u>*mad*</u>	<u>*bhaktah*</u>	<u>*sa*</u>	<u>*me*</u>
alle / *Unternehmungen* — *alle Unternehmungen der Selbstdarstellung willen*	*der verzichtet, aufgibt*	*wer*	*mir*	*Verehrer Gottes, Gottliebender*	*er*	*mir*

XII, 17

Wer weder jubelt noch haßt, weder klagt noch begehrt,

Yo Na Hrishyati Na Dveshti Na Shocati Na Kānkshati

<u>*yo*</u>	<u>*na*</u>	<u>*hrishyati*</u>	<u>*dveshti*</u>	<u>*shocati*</u>	<u>*kānkshati*</u>
wer	*nicht*	*erregt, freut, jubelt (3. Sg. Präs. √hrish)*	*haßt (3. Sg. Präs. √dvish)*	*brennt, trauert, klagt (√shuc)*	*begehrt (√kānksh)*

wer Glück und Unglück gleichermaßen hinnimmt, wer mir ergeben ist, der ist mir lieb.

Shubhāshubha-Parityāgī Bhaktimān Yah Sa Me Priyah

<u>*shubha*</u> +	<u>*ashubha*</u>	<u>*parityāgī*</u>	<u>*bhaktimān*</u> *(Nom. von bhaktimat)*
Glück, Wohlergehen	*Unglück*	*wer verzichtet, aufgibt*	*ergeben, voll Liebe*

XII, 18

Wer der Gleiche ist gegen Feind und Freund, in Ruhm und Schande,

Samah Shatrau Ca Mitre Ca Tathā Mānāpamānayoh

<u>*samah*</u>	<u>*shatrau*</u>	<u>*mitre*</u>	<u>*ca*</u>	<u>*māna*</u> +	<u>*apamānayoh*</u> *(Lok. Dual)*
gleich	*zu Feind (Lok. von shatru)*	*zu Freund (Lok. von mitra)*	*und*	*in Ehre, Ruhm*	*Mißachtung, Demütigung, Schande*

wer gleich ist in Kälte und Hitze, in Freud und Leid, und ohne Anhaftung ist,

Shītoshna-Sukha-Duhkheshu Samah Sanga-Vivarjitah

<u>*shīta*</u> +	<u>*ushna*</u>	<u>*sukha*</u>	<u>*duhkheshu*</u>	<u>*samah*</u>	<u>*sanga*</u>	<u>*vivarjitah*</u>
Kälte, Frost	*Hitze*	*Glück*	*Leid (Lok. Pl.)*	*gleich*	*Anhaften*	*frei von, ohne*

XII, 19 wer gleich bleibt bei Tadel und Lob, wer schweigsam und zufrieden mit dem ist, was auch immer kommt,

Tulya-Nindā-Stutir Maunī Samtushto Yena Kenacit

tulya	*nindā*	*stutir*	*maunī*	*samtushto*	*yena*	*kenacit*
gleich	*Tadel*	*Lob*	*schweigsam*	*zufrieden*	*mit dem, was auch immer (kommt)*	

wer ohne Verhaftung in der Welt lebt, festen Sinnes ist und Gott liebt, der Mensch ist mir lieb.

Aniketah Sthira-Matir Bhaktimān Me Priyo Narah

aniketah	*sthira*	*matir*	*bhaktimān* (Nom. von bhaktimat)	*me*	*priyo*	*narah*
ohne Wohnung	*fest*	*Sinn*	*jem., der Gott liebt, verehrt*	*mir*	*lieb*	*Mensch*

XII, 20

Diejenigen aber, die den oben dargelegten dharmischen Unsterblichkeitsnektar verehren (der den oben dargelegten Tugenden entspricht),

Ye Tu Dharmyāmritam Idam Yathoktam Paryupāsate

ye	*tu*	*dharmya* +	*amritam*	*idam*	*yathoktam*	*paryupāsate*
diejenigen	*aber*	*dharmisch, tugendhaften*	*Unsterblichkeit, Unsterblichkeitsnektar*	*diese*	*wie gesagt*	*suchen, verehren*

die voller Vertrauen mich als das Höchste lieben, die sind mir über alle Maßen lieb.

Shraddadhānā Mat Paramā Bhaktās Te´Tīva Me Priyāh

shraddadhānā	*mat*	*paramā*	*bhaktās*	*te*	*(a)tīva*	*priyāh*
vertrauensvoll (Nom. Pl.)	*mich*	*die als Höchstes haben (Nom. Pl.)*	*Gottliebenden (Nom. Pl.)*	*diese*	*über die Maßen, höchst, sehr*	*lieb (Nom. Pl.)*

BHAGAVADGĪTĀ - VERSE

XIV, 3; XVIII, 61; IX, 22; XII, 8; XII, 12; VI, 1; II, 22; XV, 8

1.077

XIV, 3

Mein Schoß ist das große Brahman,

Mama Yonir Mahad Brahma

mama	*yonir*	*mahad*	*brahma (Nom. v. brahman)*
mein	*(Mutter) Schoß*	*groß*	*das Brahman: das ewig unveränderliche Absolute*

in das lege ich den Keim,

Tasmin Garbham Dadhāmyaham

tasmin	*garbham*	*dadhāmi*	+	*aham*
in dieses, das	*Keim*	*ich lege*		*ich*

daraus entstehen alle Wesen, o Nachkomme des Bharata !

Sambhavah Sarva-Bhūtānām Tato Bhavati Bhārata

sambhavah	*sarva*	*bhūtānām*	*tato*	*bhavati*	*bhārata*
Entstehung	*alle*	*Wesen (Gen. Pl. v. bhūta)*	*daraus*	*entsteht, geschieht*	*o Nachkomme des Bharata = Name Arjunas*

XVIII, 61

Gott wohnt im Herzen aller Wesen, o Arjuna,

Īshvarah Sarva-Bhūtānām Hrid-Deshe'rjuna Tishthati

īshvarah	*sarva*	*bhūtānām*	*hrid* - *deshe (Lok.)*	*(a)rjuna*	*tishthati*
Gott	*alle*	*Wesen*	*Herz Ort*	*= Arjuna*	*steht, wohnt*

und bewegt durch seine Wunderkraft alle Wesen wie an Fäden hin und her,

Bhrāmayan Sarva - Bhūtāni

bhrāmayan	*bhūtāni*
sich hin und her bewegen, sich drehen, schweifen	*Wesen*

wenn sie die Bühne bestiegen haben.

Yantrārūdhāni Māyayā

yantra	+	*ārūdhāni*	*māyayā (Instr. v. māyā)*
Maschine, Instrument, Band, Faden		*bestiegen*	*durch Wunderkraft, Māyā*

IX, 22 Für die Menschen, die an nichts anderes denken als an mich, die mich verehren,

Ananyāsh Cintayanto Mām Ye Janāh Paryupāsate

ananyāsh	cintayanto	mām	ye	janāh	paryupāsate
nichts anderes	*Denkenden (Nom. Pl.)*	*mich*	*welche*	*Menschen*	*verehren*

die mir immer fest verbunden sind, trage ich die Bürde ihres Wohlergehens.

Teshām Nityābhiyuktānām Yoga-Kshemam Vahāmyaham

teshām	nitya +	abhiyuktānām	yoga –	kshemam	vahāmi +	aham
für diese (Gen. Pl.)	*immer*	*verbunden (Gen. Pl.)*	*bereitstellen, was man nicht hat*	*Erhaltung dessen, was man bekommen hat*	*gewähre, trage*	*ich*

Erinnere dich immer an dieses Versprechen, das der Herr in der Gītā gegeben hat: „Ich werde die Bürde deines Wohlergehens tragen.“ [B. Gītā-Vāh., S. 19]

„Dieser Shloka ist der Nabel oder der Geburtsort für die, die nach der Weisheit des Brahman dürsten.“ [B, Geetha Vahini, engl., p. 170]

XII, 8

Auf mich allein richte deinen Sinn, in mich versenke deinen Geist!

Mayy Eva Mana Ādhatsva Mayi Buddhim Niveshaya

mayy (= mayi)	eva	mana	ādhatsva	buddhim (Akk.)	niveshaya
auf mich, in mich	*Betonung des vorhergehendes Wortes; so, allein*	*Sinn, Geist, mind*	*setze, richte*	*Geist, höhere Intelligenz, Unterscheidungskraft, Intuition*	*versenke!*

Danach wirst du in mir allein wohnen, darüber gibt es keinen Zweifel!

Nivasishyasi Mayy Eva Ata Ūrdhvam Na Samshayah

nivasishyasi	ata ūrdhvam	na samshayah
du wirst wohnen	*danach*	*ohne Zweifel*

XII, 12

Ja, Wissen ist besser als Übung, Meditation zeichnet sich vor Wissen aus,

Shreyo Hi Jnānam Abhyāsāj Jnānād Dhyānam Vishishyate

shreyo	hi	jnānam	abhyāsāj	jnānād	dhyānam	vishishyate
besser	*denn, ja*	*Wissen, Weisheit*	*Übung (Abl.)*	*Abl. von jnānam*	*Meditation*	*zeichnet sich aus*

der Verzicht auf die Früchte des Handelns (aber) ist besser als Meditation. Aus diesem Verzicht folgt sofort der Friede.

Dhyānāt Karma-Phala-Tyāgas Tyāgāc Chāntir Anantaram

dhyānāt	karma	phala	tyāgas	tyāgāc (= tyāgāt)	chāntir	anantaram
als Meditation (Abl. Von dhyānam)	*Tätigsein, Werk, Handeln*	*Frucht*	*Verzicht*	*Abl. von tyāga = Verzicht*	*= shānti = Frieden*	*sofort*

VI, 1 Wer die Arbeit tut, die getan werden muß, ohne an der Frucht der Arbeit zu hängen,

Anāshritah Karma-Phalam Kāryam Karma Karoti Yah

anāshritah	*karma*	*phalam*	*kāryam*	*karoti*	*yah*
nicht haftet an	*Handeln, Werk*	*Frucht*	*das zu Tuende*	*tut*	*wer*

der ist ein Weltentsagender und ein Yogi, und nicht der, der kein Feuer unterhält und untätig ist.

Sa Samnyāsī Ca Yogī Ca Na Niragnir Na Cākriyah

sa	*samnyāsī*	*ca*	*yogī (Nom.)*	*na*	*niragnir*	*ca* +	*akriyah*
dieser, der	*Mönch, Weltentsagender*	*und, auch*	*Yogi, Gottverbundener*	*nicht*	*kein Feuer*	*und*	*untätig*

II, 22

Wie der Mensch alte Kleider ablegt

Vāsāmsi Jīrnāni Yathā Vihāya

vāsāmsi	*jīrnāni*	*yathā*	*vihāya*
Kleider (Akk. Pl.)	*alte*	*wie*	*ablegt*

und neue andere anzieht,

Navāni Grihnāti Naro 'Parāni

navāni	*grihnāti*	*naro*	*(a)parāni*
neue	*nimmt*	*Mensch*	*andere*

so legt die Seele (der Körperinhabende) alte Körper ab

Tathā Sharīrāni Vihāya Jīrnāny

tathā	*sharīrāni (Akk. Pl.)*	*vihāya*	*jīrnāny*
so	*die Körper*	*ablegt*	*alte*

und geht in neue andere ein.

Anyāni Samyāti Navāni Dehī

anyāni	*samyāti*	*navāni*	*dehī (Nom. Sg.)*
andere	*geht ein, geht weg*	*neue*	*der Körperinhabende, die Seele*

XV, 8

Wenn Gott in einen Körper eingeht und auch wenn Er ihn verläßt,

Sharīram Yad Avāpnoti Yac Cāpy Utkrāmatīshvarah

sharīram	*yad*	*avāpnoti*	*yac*	*ca* +	*api*	*utkrāmati* +	*īshvarah*
Körper	*wenn*	*annimmt, eingeht*	*= yad*	*und*	*auch*	*hinausgeht*	*Gott*

geht Er weg, indem Er diese (die Sinne und den Geist) mitnimmt, wie der Wind die Gerüche von einem Ort.

Grihītvaitāni Samyāti Vāyur Gandhān Ivāshayāt

grihītvā +	*etāni*	*samyāti*	*vāyur*	*gandhān*	*iva* +	*āshayāt*
genommen	*diese*	*geht weg*	*Wind*	*Gerüche, Düfte*	*wie*	*von einem Ort*

1.078

ANNAM BRAHMĀ

- Vedisches Gebet vor dem Essen -

Die Alten reinigten die Nahrung, indem sie vor dem Essen etwas Wasser auf die Nahrung sprenkelten und dabei dieses Mantra sprachen: *[B, SaSa, 8, 1990, 210]*

Die feste Nahrung ist Brahmā.

Annam Brahmā

<u>*annam*</u>	<u>*brahmā*</u>
Nahrung, feste Speise	*der Schöpfergott*

Die Flüssigkeit ist Vishnu.

Raso Vishnuh

<u>*raso*</u>	<u>*vishnuh*</u> *(Nom. v. vishnu)*
Trank, Trinkwasser, Flüssigkeit, die flüssige Essenz der Nahrung	*Gott, der Alldurchdringer, der Allgegenwärtige; der Erhalter*

Der Genießer ist Gott Maheshvara.

Bhoktā Devo Maheshvarah

<u>*bhoktā*</u>	<u>*devo*</u>	<u>*mahā*</u> + <u>*īshvarah*</u>
der Genießer, der Erfreuer, der Verehrer, der Empfänger	*Gott*	*große Gott - Name Shivas - der Allmächtige, der Gütige; der große Zerstörer und Transformer*

„Mit dieser Reinigungszeremonie bittet derjenige, der das Mahl einnehmen will, die göttliche Dreieinigkeit, ihn durch Satya und Rita (Wahrheit und kosmische Ordnung) zu schützen. Die Anrufung der Gottheiten soll ihm die dreifache Reinheit (trikarana shuddhi), nämlich in Gedanken, Worten und Taten verleihen. Durch diese feierliche Handlung wird die Nahrung zu der Gott dargebotenen Speise (Prasāda).“
[B, SoSe, 1990, S. 74]

„Das Ziel dieses Gebetes war:
Möge das Essen, das wir verzehren, in den Lebenssaft umgewandelt werden, der in allen Teilen des Körpers zirkuliert und dem Körper alle Kräfte verleiht. Gib unserem Geist die Fähigkeit, diese Kräfte richtig zu nutzen. Reinige unsere Rede in Übereinstimmung mit unserem Geist (mind).
Der physische Teil des Essens, den wir verzehren, dient den Bedürfnissen des groben Körpers. Das feine Element darin geht in den Geist (mind). Das noch feinere Element geht in die Rede (Vāk).“
[B, SaSa, 12, 1992, 308]

Brahmā - der Schöpfer

Cola, 10. Jh.; Privatbesitz Russek, Männedorf/Zürich

[Abb. 31 in Russek, Hinduismus]

So wie das Brennen zum Feuer gehört, hat die eine höchste Realität 2 untrennbare Aspekte: Brahman – das wahre Sein im Ruhezustand, die unveränderliche höchste Wirklichkeit – und Shakti, das Göttliche in Bewegung, die Göttliche Energie. Ein Aspekt der aktiven Seite ist Brahmā, der Schöpfer. Er ist Geist in Aktion und erträumt die Welt in ihrer Mannigfaltigkeit, die aber ebensowenig von der Einheit getrennt ist wie die Wellen vom Meer.

Der 'niedere' Geist, der mind (Verstand, Wünsche, Gefühle) kann bewirken, daß der Mensch sich nur mit seinem Körper und Verstand identifiziert und die Einheit vergißt. Der höhere Geist (der Buddhi: Unterscheidungskraft, Intuition, Intelligenz) kann uns den Weg zurück in die Einheit zeigen, aus der wir in Wirklichkeit nie herausgefallen sind. Wir waren und sind das Eine, jederzeit Sat-Cit-Ānanda = Sein – Bewußtsein – Glückseligkeit. [s. Nisargadatta, Ich bin]

Ist es vielleicht auf diese Täuschung zurückzuführen, die Brahmā bewirken kann, daß Ihm in Indien nur ganz wenige Tempel geweiht sind? Der bekannteste Brahmā-Tempel steht in Pushkar.

Nach den indischen heiligen Schriften liegt Vishnu ruhend auf der Schlange im Milchmeer. Brahmā sitzt im Weltlotos, der aus Vishnus Nabel herauswächst und erträumt die Welt. [s. Abb. S. 114]

Brahmā wird in der indischen Kunst - wie hier auf dem Bild - in der Regel mit 4 Köpfen dargestell. Sie schauen in alle Richtungen, was darauf hinweist: Ich habe alles rundherum erschaffen, die ganze Welt. Der Lotos, auf dem Brahmā sitzt, ist das Symbol für Reinheit und Unberührtheit, das heißt: Die Schöpfung ist rein und vollkommen, auch wenn es aus einem begrenzten Blickwinkel heraus nicht immer wahrnehmbar ist.

GEBET, MEDITATION, NAMENSWIEDERHOLUNG (NĀMASMARANA)

- Zitate von Sai Baba -

1.079

„Das Gebet ist der Atem der Religon, denn es führt den Menschen zu Gott und bringt ihn mit jedem Atemzug näher und näher." *[B, Der Weg nach Innen, S. 146]*

„Die Menschen, die mit ihren Wünschen zu Mir kommen, sind Mir willkommen, denn jedem einzelnen gehören Meine Liebe und Mein Mitgefühl. Nur Ich kenne den Durst und die grundlegende Unzufriedenheit, die sich in ihren Wünschen ausdrükken. Es ist immer besser, Gott um die Erfüllung von Wünschen zu bitten als andere Menschen, die selbst nur Werkzeuge in Gottes Hand sind. Gott hat seine eigene stille Art und Weise, den Geist (mind) zu verwandeln und ihn erfolgreich auf den spirituellen Weg zu führen." *[B, SSS, V, 55]*

„Wenn Gott durch ein Gebet angefleht wird, das dem Herzen entströmt, antwortet Er sofort, auch wenn es nur einmal geäußert wird." *[B, SSS, X, 44]*

„Er gibt, um was ihr Ihn bittet; seid also vorsichtig, wenn ihr um etwas bittet! Lernt, nur um das zu bitten, was wirklich segensreich für euch ist." *[B, SSS, V, 17]*

„Bittet um das, was euch frei macht, und nicht um das, was euch bindet." *[B, SSS, IV, 20]*

„Viele Menschen in dieser Welt leiden. Ihr wisst um die Menschen, die kürzlich der Flugzeugentführung ausgesetzt waren. Gebet ist die einzige Lösung für solches Leiden. Durch Gebet ist in dieser Welt alles erreichbar. Gebet bringt sogar das härteste Herz zum Schmelzen. Aufrichtiges Gebet wird alle Probleme lösen. Betet aus ganzem Herzen für das Wohlergehen der Welt: 'Lokāh Samastāh Sukhino Bhavantu - Mögen alle Menschen *(Wesen, Welten)* glücklich sein!' Betet nicht engherzig um das Wohlergehen eurer Familie, eurer Freunde usw. Solche engherzigen Gebete sind fruchtlos. Euer Gebet sollte dem Wohlergehen aller Menschen in allen Ländern der Welt gelten." *[B, 1.1.2000]*

„Ihr mögt sagen, daß ihr jeden Tag betet. Aber das Aussprechen frommer Worte ist noch kein Gebet. Beten ist das Spüren des sehnlichen Verlangens, das Göttliche, das im Herzen verborgen liegt, erfahren zu dürfen." *[B, SSS,XI, 90]*

„Gebete mit der Bitte um Erfüllung weltlicher Wünsche erreichen Gott nicht. Sie erreichen nur jene überirdischen Wesenheiten, die für derartige Anliegen zuständig sind. Aber alle Gebete, die reiner Liebe entspringen, von selbstloser Bereitschaft zum Dienen getragen werden und aus einem Herzen kommen, das alles und alle einschließt – diese Gebete erreichen Gott, denn Er ist die Liebe selbst." *[B, SSS, XI, 54]*

„Es gibt einen Gott, der all eure Gebete erhört. Nachdem ihr bekommen habt, was am schwersten zu bekommen ist, nämlich die Geburt als Mensch, solltet ihr eure Hauptaufgabe darin sehen, Gott zu finden.“ *[B, SoSe, 1977]*

„Wenn Du wünschst, daß dein Gebet rein, richtig und erquickend sei, mußt du dir irgendein kurzes Gebet wählen, welches aus wenigen, aber starken Worten besteht; du mußt es häufig und anhaltend wiederholen; alsdann wirst du das Gebet schmekken.“ *[E. Jungclaussen, Aufrichtige Erzählungen eines russischen Pilgers, S. 121]*

„Nāmasmarana bedeutet, den Namen des Herrn immer im Geist erklingen zu lassen, so daß jeder Gedanke, jedes Wort, jede Tat von ihm aktiviert und mit Liebe erfüllt wird.“ *[B, SSS, XX, S. 30]*

„Den Namen des Herrn ständig im Gedächtnis zu behalten, ist die
Wurzel aller Tugenden.“ *[B, SSS, II, S. 8]*

„Der vom Glorienschein umgebene und mit Majestät erfüllte Name Gottes
kann das Herz von Leidenschaft und Emotionen reinigen.“ *[B, SSS, VI, S. 120]*

„Wenn man die Wiederholung des Namens Gottes zu Hilfe nimmt und sich die Herrlichkeit Gottes vorstellt, der diesen sowie tausend andere Namen trägt, dann wird langsam die Linsentrübung des inneren Auges verschwinden, und der Mensch kann Gott sehen, der in seinem innersten Herzen in dem dort errichteten Altar wohnt.“ *[B, SSS, VI, S. 112]*

„Ein weiterer Vorzug der Wiederholung des Namens Gottes ist dieser: Andere geistige Disziplinen *(wie Yoga und Tapas)* mögen vielleicht okkulte Kräfte *(Siddhi)* im Gottsucher *(Sādhaka)* wecken, der, geblendet durch Stolz, dann Gefahr läuft, den Herrn zu verlassen und den durch die geistige Disziplin gewonnenen Sieg und die spirituelle Stärke zu verlieren. Auf dem Pfad der Wiederholung des Namens Gottes jedoch lauern diese Gefahren nicht, da er Liebe *(Prema)* im Gotthingegebenen entwickelt. Durch Liebe bekommen wir Frieden. Wenn wir einmal Frieden *(Shānti)* im Geiste *(mind)* gefunden haben, werden alle anderen guten Eigenschaften automatisch erreicht. Diese außergwöhnliche Liebe übertrifft weit die ungewöhnliche Kraft, die man durch andere spirituelle Disziplinen *(wie Yoga und Tapas)* erreichen kann.“
[B, Wiederholung des Namen Gottes, S, 14]

„Es gibt zwei Wege, das höchste Ziel zu erreichen: Gebet und Meditation. Im Gebet seid ihr Bittsteller zu Füßen Gottes. Meditation veranlaßt Gott, zu euch herabzukommen und inspiriert euch, zu Ihm aufzusteigen. Anstatt dem einen eine niedere und dem anderen eine höhere Stellung zuzuweisen, vereinigt Meditation euch mit Gott. Obwohl ihr durch Gebet das gleiche Ergebnis erzielen könnt, ist Meditation die königliche Straße zur Erlösung.“ *[B, Meditation, S. 8]*

„Ohne Meditation ist es nicht möglich, die Gedanken und Gefühle unter Kontrolle zu bekommen. Alle anderen Methoden sind ebenso zum Scheitern verurteilt wie der Versuch, einen wilden Elefanten mit einem dünnen Fädchen festzubinden! Meditation ist wichtig, um das Denken und Fühlen *(Manas)* in das Höchste Selbst versenken zu können!" *[B, Dhyāna Vāh., S. 92]*

„Die Meditation verhilft dem Menschen zu der Erkenntnis, daß das Höchste Selbst *(Ātman)* in ihm selbst wohnt. Sie schenkt ihm die Fähigkeit, die Hüllen der Unwissenheit Schicht für Schicht abzuwerfen und die Sinne vom Kontakt mit der äußeren Welt zurückzuziehen." *[B, Dhyāna Vāh., S. 25]*

„Die Disziplin der Meditation muß mit größter Konsequenz befolgt werden. Tatsächlich bedeutet das Wort 'Dhyāna' *(Meditation)* Disziplin. Disziplin, Regelmäßigkeit, Beständigkeit – das sind die wesentlichen Grundlagen der Meditation." *[B, Dhyāna Vāh., S. 97]*

„Es ist von großer Bedeutung, wann wir meditieren. Die beste Zeit zwischen 3 und 6 Uhr morgens, wird als „Brahmamuhūrta" *(Stunde des Brahman)* bezeichnet. In dieser Zeitspanne müßt ihr jeden Tag zur gleichen Stunde über die Form meditieren, für die ihr euch entschieden habt. Dabei sind bestimmte Regeln zu beachten." *[B, So Seg. 1972, S. 76]*

„Er *(der Geist)* muß erfahren, daß die Erfrischung durch die Stille der Meditation und durch das Glück, sich der Außenwelt nicht bewußt zu sein, viel wohltuender und dauerhafter ist als die Stärkung, die ein paar Stunden Schlaf bewirken." *[B, Dharma Vāh., S. 50]*

„Ohne einen geläuterten Geist kann Meditation nie zur Vereinigung mit dem Höchsten führen." *[B, SSS, XI, S. 69]*

„In Rezitation und Meditation sind viele Leben verstrichen, doch Stetigkeit des Geistes blieb unerreicht. Läßt sich Erlösung durch Rezitation und Meditation erlangen? Allein der Mensch, der seinen Geist zur Ruhe bringt, wird emporgehoben." *[B, So Seg. 1993, S. 50]*

„Richtige Meditation ist das Eintauchen aller Gefühle und Gedanken in Gott. Personen, die in dieser Art der Meditation erfahren sind, sind sehr selten. Die meisten Menschen gehen nur durch die äußerliche Übung. Deshalb sind sie nicht fähig, die Gnade zu gewinnen." *[B, in Hislop, Mein Baba und Ich, S. 118]*

„Aber es ist ein großer Fehler zu glauben, Meditation sei das wichtigste Sādhana *(Spirituelle Übung)*. Was ist Meditation? Meditation kontrolliert und steuert den Verstand. Sie ist mental. Echtes Sādhana ist jene reine Liebe, die vom Göttlichen nicht verschieden ist." *[B, Hislop, Mein Baba und Ich, S. 216]*

„Nur wenn sich der meditative Zustand den ganzen Tag über von selbst einstellt, kann man von Meditation sprechen." *[B, Hislop, Gespräche, S. 35]*

„Es genügt, voller Liebe und Glauben über den Namen und die Form Gottes zu meditieren, die man am meisten liebt." *[B, Dhyāna Vāh., S. 73]*

„Was die **Technik der Meditation** angeht, haben unterschiedliche Lehrer und Führer verschiedene Methoden. Ich werde euch nun die **universellste und wirksamste Methode** geben. Nehmt euch am Anfang jeden Tag ein paar Minuten Zeit hierfür. Später, wenn ihr das Glücksgefühl des Friedens erlebt, werdet ihr bestimmt mehr Zeit darauf verwenden. Nehmt die Stunden vor der Morgendämmerung. Sie sind vorzuziehen, weil der Körper durch den Schlaf erfrischt ist, die Ablenkungen des Tages noch nicht die Sinne ergriffen und körperliche und geistige Energie verbraucht haben. Stellt eine Lampe mit einer hellen, kleinen Flamme, die ruhig und gerade brennt, oder eine Kerze vor euch auf. Eine Flamme verliert nichts von ihrem Glanz, wie viele Lampen auch immer daran angezündet werden. So ist die Flamme das geeignetste Symbol für das ewig Absolute.
Setzt euch im Lotussitz *(Padmāsana)* oder jeder anderen Haltung, die für euch bequem ist, vor die Flamme hin. Schaut beständig auf die Flamme. Schließt eure Augen und versucht, die Flamme in euch zu fühlen, zwischen euren Augenbrauen. Laßt sie von dort in den Lotos eures Herzens hinabgleiten und den Weg dabei erleuchten. Wenn sie in das Herz in der Mitte der Brust eintritt, dann stellt euch vor, daß die Blütenblätter der Lotusknospe sich öffnen, Blatt für Blatt, und jeden Gedanken, jedes Gefühl, jede Empfindung, jeden Impuls in dem Licht baden und die Dunkelheit vertreiben. Es gibt jetzt keinen Platz mehr, an dem die Dunkelheit Zuflucht finden könnte: Sie muß vor der Flamme fliehen.
Stellt euch vor, daß das Licht immer weiter, größer und strahlender wird. Es durchflutet die Glieder; sie können sich nicht mehr mit dunklen, gottlosen, zweifelhaften Aktivitäten beschäftigen. Ihr seid euch bewußt, daß sie zu Werkzeugen des Lichts, das heißt der Liebe, geworden sind. Das Licht erreicht die Zunge: Falschheit, Verleumdung, Prahlerei und Bosheit weichen von ihr. Es erreicht die Augen und die Ohren: Alle dunklen Wünsche, die sie befallen und verunreinigen, werden vernichtet durch das strahlende Licht der Weisheit und der Tugend. Keine Infantilität mehr, keine Vergiftung mehr der Ohren. Laßt euren Kopf von Licht erfüllt sein: Alle schlechten und boshaften Gedanken verschwinden, denn sie sind Bewohner der Finsternis. Stellt euch das Licht in euch intensiver und intensiver vor – und es wird so sein. Laßt es überall um euch herum scheinen, euch einhüllend in das Leuchten der Liebe. Laßt es sich ausbreiten von euch – in immer weiter werdenden Kreisen – und eure Verwandten und geliebten Menschen, eure Freunde und Kameraden mit in sich hineinnehmen – nein, nicht nur diese, auch Fremde und Gegner, Rivalen und Feinde – alle Menschen auf der ganzen Welt, alle Lebewesen, die gesamte Schöpfung.
Tut dies jeden Tag, ohne auszusetzen, so lange ihr Freude daran empfindet. Tut dies innig und systematisch........
Verbleibt in diesem Glücksgefühl, bezeugt dieses Licht, seid Licht – überall, für alle. Wenn ihr es gewohnt seid, Gott in einer bestimmten Form zu verehren, visualisiert diese Form in diesem Licht. Denn, Licht ist Gott, Gott ist Licht. Wenn Licht auf Licht trifft, ist alles Licht. Es gibt keine Grenze zwischen eurem Licht und Seinem Licht. Sie verschmelzen, sie erfüllen." *[SSS, VI, engl. S. 257, Übersetzung G.+ E. Bernecker]*

1.080

MORGENGEBET

Wenn ihr aufwacht, betet jeden Morgen eures Lebens:

O Gott, ich bin nun aus dem Schoße des Schlafes geboren.
Ich bin entschlossen, Dir alle Aufgaben an diesem Tage
als Opfer darzubringen
mit Dir immer gegenwärtig vor meinem inneren Auge.
Mache meine Worte, Gedanken und Taten heilig und rein;
laß mich niemandem Schmerz zufügen;
laß keinen anderen mir Schmerz zufügen;
leite mich, führe mich an diesem Tag.

[Sai Baba, SSS, II, engl. S. 72]

MORNING PRAYER

On waking, pray every morning of your life:

Oh Lord! I am born now from the womb of sleep.
I am determined to carry out all tasks this day
as offerings to Thee,
with Thee ever present before my mind´s eye.
Make my words, thoughts and deeds sacred and pure;
let me not inflict pain on any one;
let no one inflict pain on me;
direct me, guide me, this day.

[Sai Baba, SSS, II, engl. S. 72]

ABENDGEBET

1.081

Und wenn ihr nachts die Pforten des Schlafes betretet, betet:

O Gott, die Aufgaben dieses Tages, deren Last
ich heute Morgen auf Dich gelegt habe, sind vorüber.
Du warst es, der mich gehen und sprechen
und denken und handeln ließ.
Deshalb lege ich all meine Worte, Gedanken und Taten
Dir zu Füßen nieder.
Meine Arbeit ist getan.
Empfange mich, ich komme zurück zu Dir.

[Sai Baba, SSS, II, engl. S. 72]

EVENING PRAYER

And when you enter the portals of sleep at night, pray:

O Lord ! The tasks of this day, whose burden
I placed on You this morning, are over.
It was You who made me walk and talk
and think and act;
I therefore place at Thy Feet all my words,
thoughts and deeds.
My task is done.
Receive me, I am coming back to You.

[Sai Baba, SSS, II, engl. S. 72]

1.082

GLEICH WO DU GEHST

Gleich wo du gehst, wisse immer,
daß Ich dort sein werde,
daß Ich jeden Schritt deines Weges leite.
Du bist Mein Eigen,
bist Mir lieber als lieb.
Ich werde dich behüten,
wie die Lider die Augen schützen.

[Sai Baba, Sai Briefe, Nr. 40]

1.083

WIE DAS ÖL IM SESAMSAMEN

Wie das Öl im Sesamsamen,
wie Butter in feiner Form in der Milch,
wie der Duft in der Blüte,
wie der süße Saft in der Frucht,
wie das Feuer verborgen im Brennholz,
so ist das Göttliche gegenwärtig als innerer
Zeuge im ganzen belebten und unbelebten Kosmos.

[Sai Baba, SaSa 9, 1997, p 225]

1.084

ES GIBT NUR EINE KASTE

Es gibt nur eine Kaste,
die Kaste der Menschheit.
Es gibt nur eine Sprache,
die Sprache des Herzens.
Es gibt nur eine Religion,
die Religion der Liebe.
Es gibt nur einen Gott,
und Er ist allgegenwärtig.

[Sai Baba, in S. H. Sandweiss, Weg zu Gott durch Heilung der Seele, S. 199]

1.085

HOFFEND

Hoffend, daß Du mich führen wirst,
diesen oder den nächsten Tag,
warte ich auf Deinen Ruf, Tag für Tag.
Hoffend, daß Du Darshan geben wirst,
und in der Furcht, es könnte nicht geschehen,
bin ich wachsam, von Stunde zu Stunde.

Hoffend, daß Du geradewegs zu mir kommst,
jetzt, in diesem Augenblick,
bin ich wachsam und bete immerfort.
Hoffend, daß Du mich anlächeln wirst,
wenn auch nicht sogleich,
halte ich voll Sehnsucht mit durstigen Augen
Ausschau nach Dir.

Ich werde ausharren und bleiben,
in tiefem Schmerz,
bis mein Tag der Seligkeit heraufdämmert;
ich bin Dein, Dein eigen, obwohl weit verbannt,
lieber Vater mein, heile Dein Kind !

[Sai Baba, Schreiben an Kasturi 23.11.1962; Kasturi, Loving God, S. 84]

1.086

O MENSCH

O Mensch, warum suchst du hier und da nach Gott,
der doch in deinem Herzen selbst wohnt?
Diene allen und empfange Seine Liebe.
Es gibt keine größere spirituelle Disziplin,
keine größere Glückseligkeit.

[Sai Baba, 16.10.1999]

1.087

WIRST DU, MEIN GOTT, MICH FALLENLASSEN

Wirst Du, mein Gott, mich fallenlassen?
Du wirst mich nicht, Du wirst mich nicht,
Du wirst mich nicht loslassen,
wie schlecht ich auch bin.

Wirst Du, mein Gott, mich meine Jahre vergeuden lassen?
Du wirst mich nicht, Du wirst mich nicht,
Du wirst mich nicht vergeuden lassen,
wie träge ich auch bin.

Wirst Du, mein Gott, mich ins Verderben rennen lassen?
Du wirst mich nicht, Du wirst mich nicht,
Du wirst mich nicht stürzen lassen,
wie widerspenstig ich auch bin.

Wirst Du, mein Gott, mich aus Deinen Augen verlieren?
Du wirst mich nicht, Du wirst mich nicht,
Du wirst mich nicht aus Deinen Augen lassen,
wie übermütig ich auch bin.

Du kannst nicht anders als hinzueilen,
Dein Eigen zu retten.
Du kannst Dich nicht verspäten,
um das Für und Wider abzuwägen.
Du kannst nicht gleichgültig bleiben,
wenn wir weinen.
Du kannst nicht anders, als auf die Gebete
der Armen zu antworten.

[Sai Baba, 23.11.1959, Schreiben an Kasturi; Kasturi, Loving God, S. 82]

ICH KENNE DEN GRIFF

1.088

Du kennst die Hand – Ich kenne den Griff.
Laß sie nicht los, bis du die Gabe bekommst !
Du betetest um etwas Gutes – Ich hörte nicht hin.
Bete weiter, höre nicht auf, bis dir der Segen erteilt wird.
Du batest um etwas im Stillen – Ich weiß es.
Wende dich nicht ab von Mir,
bis Ich dir Antwort gebe auf deine Not.

Was immer du wünschst – Ich weiß von allem.
Doch lauf nicht davon, bevor Mein Plan gereift ist.
Deinem Beharren mag Ich endlich nachgeben,
denn deine Verzweiflung mag dich gewinnen lassen.
Bitte um was du willst, aber gib Mich niemals auf.
Eine Hingabe, die unterwegs aufgibt, ist gar keine Hingabe.

[Sai Baba, 1948; in Sai Briefe Nr. 35, S. 16]

WAS IMMER DU HÄLTST

1.089

Was immer du hältst: wenn du es einmal hast,
halte daran fest, bis du siegst;
was immer du erbittest: wenn du es einmal erbeten hast,
erbitte es, bis du siegst;
was immer du dir wünschst: wenn du es dir einmal gewünscht hast,
wünsche es dir inniger, bis du siegst;
was immer du dir vornimmst: wenn du es dir einmal vorgenommen hast,
verfolge den Plan noch stetiger, bis du siegst.
Er muß den Sieg gewähren, um das Klagen zu beenden –
klage, weine und bete, bis du siegst.
Sei wachsam ! Verliere nicht den Mut und laß in deinen
Bemühungen nicht nach !

[Sai Baba, SSS, X, 143]

ICH GLAUBE FEST DARAN

1.090

Ich glaube fest daran, daß niemand gütiger ist als Du,
um Gnade über mich auszugießen.
Sag mir, ist das nicht der Grund,
warum ich zu Deinen Lotosfüßen sitze?

Ich glaube fest daran, daß Du schnell antwortest,
wenn ich bete und bitte.
Sag mir, ist das nicht der Grund,
warum ich laut nach Dir weine?

Ich glaube fest daran, daß Du immer neben mir bist,
um meine Schritte ins Rechte zu lenken.
Sag mir, ist das nicht der Grund,
warum ich Dein bin, Tag und Nacht?

Ich glaube fest daran, daß Du niemals
„Nein" sagen kannst,
um was immer ich Dich auch bitte.
Sag mir, ist das nicht der Grund,
warum ich mich nach einem Blick von Dir sehne?

Was hast Du für mich vorgesehen, dieses Mal?
Warum schiebst Du das Geben von Wohltaten
so schrecklich hinaus?
Wie lange Du mich auch warten und klagen läßt,
ich werde nicht aufgeben,
ich werde stillhalten,
bis Deine liebenden Augen sich mir zuwenden.

[Sai Baba, Grußkarte an Kasturi Neujahr 1960; Kasturi, Loving God, S. 83]

1.091

BEGINN DEN TAG MIT LIEBE

Beginn den Tag mit Liebe,
füll den Tag mit Liebe,
beschließ den Tag mit Liebe,
das ist der Weg zu Gott.

[Sai Baba, 23.11.1999]

1.091.1

START THE DAY WITH LOVE

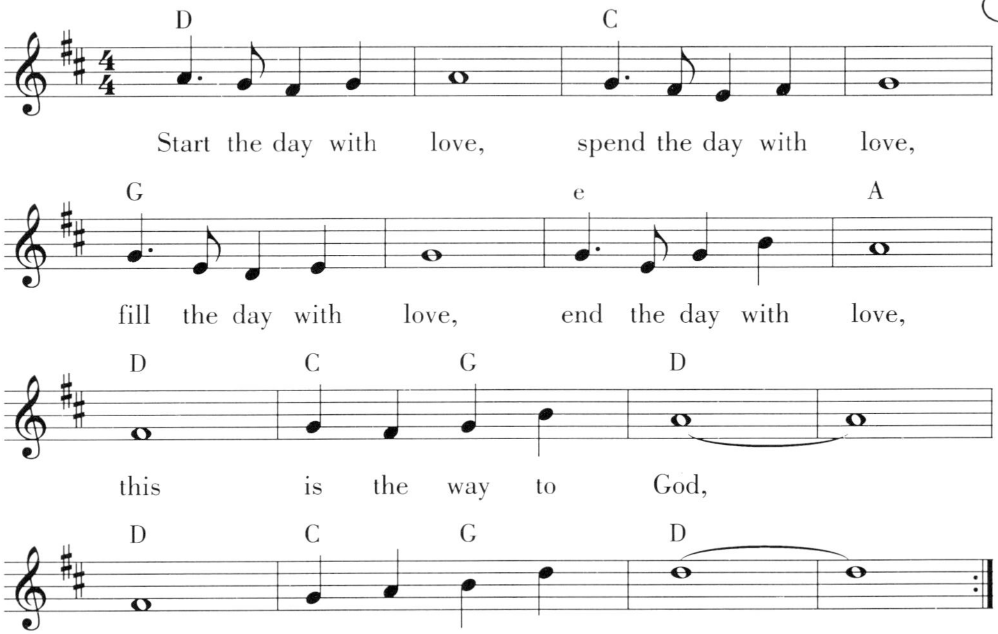

Musik: Jens Egert

1.092

ICH BIN GOTT

Ich bin Gott, ich bin Gott;
ich bin nicht verschieden von Gott.
Ich bin das unteilbare höchste Absolute.
Ich bin Sein-Bewußtsein-Glückseligkeit (Sat-Cit-Ānanda).
Kummer und Sorge können mich niemals berühren.
Ich bin immer zufrieden;
Furcht kann mich niemals befallen.

[Sai Baba, in J. Hislop, „My Baba and I", p 176]

1.093

ICH BIN DER ĀTMĀ

Ich bin der Ātmā (Gott, das Höchste Selbst).
Ich wurde niemals geboren.
Ich werde niemals sterben.

[Sai Baba]

1.094

O HERR ! NIMM MEINE LIEBE

O Herr! Nimm meine Liebe, und laß sie in Fülle fließen in Hingabe zu Dir.
O Herr! Nimm meine Hände, und laß sie unaufhörlich arbeiten für Dich.
O Herr! Nimm meine Seele, und laß sie Eins werden mit Dir.
O Herr! Nimm meinen Geist und meine Gedanken, und laß sie in Einklang sein mit Dir.
O Herr! Nimm mein Alles, und laß mich Dein Werkzeug sein.

[Sai Baba, in J. Hislop, My Baba and I, p. 261]

1.095

Macht euer Leben
zu einer Rose,
die schweigend
die Sprache
des Herzens spricht.

*[Sai Baba, in Craxi:
Gott, Natur und Mensch]*

1.096

I SURRENDER TO LOVE

[Musik u. Text: Andrea Mellows; Satz: Gerhard Lipold; aus Gerhard Lipold "Songs of the Heart", Spirituelle Lieder und Mantras, El Mutamaku Verlag, Riedlhof 26, A-4760 Raab, Österreich]

1.097

DAS VATERUNSER

Vater unser im Himmel,
geheiligt werde Dein Name.
Dein Reich komme.
Dein Wille geschehe, wie im Himmel so auf Erden.
Unser tägliches Brot gib uns heute.
Und vergib uns unsere Schuld,
wie auch wir vergeben unseren Schuldigern.
Und führe uns nicht in Versuchung,
sondern erlöse uns von dem Bösen.

Denn Dein ist das Reich und die Kraft und
die Herrlichkeit in Ewigkeit. Amen

[Christliches Allgemeingut, NT, Matthäus, 6, 9-13]

1.098

ABWŪN D´BWASCHMĀJA

- Das Vaterunser in Aramäisch - [1]

O Gott, Du Vater und Mutter, o Schöpfungskraft, o Göttliches Licht !

Abwūn D'Bwaschmāja

abwūn
*Gott, göttliche Eltern,
göttliche Kraft, kosmische Schöpfungsakt
(√‾ab = keimen aus der Quelle der Einheit;
heilige √‾al = Schöpfer, Schöpferkraft →
Allah, Allaha, Elohim)*

d'bwaschmāja
*schmāja = das Eine kann
man durch das Universum erkennen;
√‾schm = weist auf das, was im Raum
aufsteigt und leuchtet; Name, Himmel,
Schem = Licht*

Geheiligt werde Dein Name - Mache mich frei für die Göttliche Kraft !

Nethkādasch Schmach

nethkādasch
*heilig machen, freimachen
(Kādash = heilig)*

schmach
siehe „schm"

Dein Reich komme !

Tete Malkuthach

tete
kommen

malkuthach
*königliche Kraft, Königreich;
Name für die Große Mutter, „ich kann"*

Dein Wille geschehe wie im Himmel so auf Erden !
- Dein Verlangen ist das harmonische Zusammenspiel von Licht und Erde.

Nehwe Tzervjānah Aikāna D'Bvaschmāja Af B'Arha

tzervjānah — *Wille als Verlangen nach einem harmonischen Zusammenspiel*
aikāna — *genauso wie*
arha — *Erde*

Gewähre uns täglich, was wir an Brot und Einsicht brauchen !

Hawvlān Lachma D'Sūnkanān Jaomāna

hawvlān — *etwas geben*
lachma — *Brot, Einsicht, (ma = Mutter)*
sūnkanān — *Bedürfnisse*

Maximos der Bekenner versteht unter dem 'täglichen Brot' die Speisung der Seele mit dem himmlischen Brot, das heißt mit dem Wort Gottes, und die Verbindung der Seele mit Gott durch Gottdenken, durch unablässiges inneres Herzensgebet. [E. Jungclaussen, Aufrichtige Erzählungen eines russischen Pilgers, S. 97]

Hilf uns, die Bindungen zu lösen, die uns durch Fehler aneinanderketten:
Vergib uns unsere Fehler, wie auch wir vergeben unsern Schuldigern !
- Rückkehr zum ursprünglichen Zustand -

Waschboklān Chauben (Wachtahen) Aikāna Daf Chnān Schvoken L'Chaijaben

(wa)schboklān — *Vergebung, Rückkehr zum ursprünglichen Zustand, Umarmen mit Leere*
chauben — *Schuld, Vergehen; verborgene Vergangenheit, heimliche Schuld; Fehler, unbeabsichtigte Kränkungen, enttäuschte Hoffnungen, verwickelte Fäden*
aikāna — *genauso wie*

Laß uns durch die Erscheinungen nicht verführt werden,
sondern befreie uns von den Irrtümern !

Wela Tachlān L'Nesjuna Ela Patzān Min Bischa

wela tachlān — *laß uns nicht eintreten, laß uns nicht verführt werden durch die äußeren Erscheinungen, laß uns nicht anhäufen, was falsch oder illusorisch ist*
nesjuna — *Versuchung, ein Sich-Selbst-Verlieren in den Erscheinungen*
patzān — *freilassen, die Bande durchtrennen, die uns an etwas bindet*
bischa — *Böses, Irrtum durch Unreife*

Denn Dein ist das Reich und die Kraft und die Herrlichkeit von Zeitalter zu Zeitalter. Amen
- Die Feier der Kosmischen Erneuerung -

Metol Dilachie Malkutha Wahaila Wateschbuchta L'Ahlām Almīn Amen

dilachie — *Reich*
malkutha — *königliche Kraft, Schöpfungskraft*
haila — *Lebenskraft*
teschbuchta — *Herrlichkeit*
l'ahlām almīn — *von Zeitalter zu Zeitalter*
amen — *entspricht dem Om, wahrhaft*

[1) Grundlage dieser Ausführung: Neil Douglas-Klotz, Das Vaterunser]

1.099

MACHE MICH ZUM WERKZEUG

O Herr,
mache mich zum Werkzeug Deines Friedens,
daß ich Liebe übe, wo man sich haßt,
daß ich verzeihe, wo man sich beleidigt,
daß ich verbinde da, wo Streit ist,
daß ich die Wahrheit sage, wo der Irrtum herrscht,
daß ich den Glauben bringe, wo der Zweifel drückt,
daß ich Hoffnung wecke, wo Verzweiflung quält,
daß ich ein Licht anzünde, wo die Finsternis regiert,
daß ich Freude bringe, wo der Kummer wohnt.

Ach Herr,
laß Du mich trachten,
nicht, daß ich getröstet werde, sondern daß ich tröste,
nicht, daß ich verstanden werde, sondern daß ich verstehe,
nicht, daß ich geliebt werde, sondern daß ich liebe.
Denn wer da hingibt, der empfängt;
wer sich selbst vergißt, der findet;
wer verzeiht, dem wird verziehen;
und wer da stirbt, der erwacht zum ewigen Leben.
Amen.

[Franz von Assisi zugeschrieben]

1.100

O GOTT

O Gott, gib mir Liebe zu Dir,
und Liebe zu denen, die Dich lieben,
und Liebe zu allem, was mich
Deiner Liebe näher bringt,
und mache mir die Liebe zu Dir
erstrebenswerter als kühles Wasser!

[Gebet Mohammeds, in Schulfunk Heidelberg]

1.101

BODHICITTA - GEBET

- Buddhistisches Gebet zum „Herzen des erleuchteten Geistes“ -

Mögen alle Wesen Glück erfahren und die Ursachen von Glück;
mögen alle frei sein von Leid und den Ursachen von Leid;
mögen alle niemals getrennt sein vom höchsten Glück,
das frei ist von Leid;
mögen alle in Gleichmut leben, ohne allzuviel
Anhaften und allzuviel Abneigung,
und mögen sie leben im Wissen um die Gleichheit von allem, was lebt.

*[Alle Buddhas der Vergangenheit sprachen dieses Gebet dem Sinne nach;
Sogyal Rinpoche, Das tibetische Buch vom Leben und vom Sterben, S. 82]*

VOM KOPF BIS ZUM FUSS

1.102

Vom Kopf bis zum Fuß
bin ich Gottes Bild,
vom Herzen bis in die Hände
fühl ich Gottes Hauch.
Spreche ich mit dem Munde
folg ich Gottes Willen.
Wenn ich Gott erblick
überall, in Mutter und Vater,
in allen lieben Menschen,
in Tier und Blume,
in Baum und Stein,
gibt Furcht mir nichts,
nur Liebe zu allem,
was um mich ist.

[R. Steiner]

1.103

GOTT ! GOTT ! GOTT !

Aus tiefem Schlummer
steige ich langsam die Stufen zum Wachsein empor
und flüstere vor mich hin:
Gott! Gott! Gott!

Du bist meine Nahrung!
Und wenn ich mein nächtliches Fasten beende,
will ich Dich kosten und leise sagen:
Gott! Gott! Gott!

Wohin ich auch gehe,
der Scheinwerfer meines Geistes
ist immer auf Dich gerichtet.
Im täglichen Daseinskampf
kenn´ ich nur einen Schlachtruf:
Gott! Gott! Gott!

Wenn mich der Sturm der Versuchung umbraust
und Sorgen mich quälend verfolgen,
will ich sie laut übertönen und rufen:
Gott! Gott! Gott!

Wenn mit Fäden der Erinnerung
mein Geist seine Träume webt,
sticke ich Deinen Namen hinein:
Gott! Gott! Gott!

Wenn ich des Nachts in Schlaf versinke,
ruh´ ich in Deinem Frieden,
und meine Seele singt:
Freude – ewige Freude!
Und die Freude hat nur ein Echo:
Gott! Gott! Gott!

Ob ich wache, esse, arbeite, träume, schlafe,
diene, meditiere, singe, göttliche Liebe fühle,
immer summt meine Seele, von niemand gehört:
Gott! Gott! Gott!

[Yogananda Paramahansa, Lieder der Seele, S. 176-177; Während Yogananda eine Vision vom heiligen Franziskus hatte, entstand dieses Gedicht = so Daya Mata in „Alles Glück liegt in dir", S. 270]

DIE SPLITTER DEINER LIEBE

1.104

Die Splitter Deiner Liebe
wurden auf viele Herzen verstreut.
Diese winzigen Liebessplitter
fielen aus höchsten Höhen herab.
Ich entdecke sie hier und dort,
und voller Entzücken
beginn´ ich sie aufzulesen
und eifrig zu sammeln.
Dann sinne ich nach
und scheine mich zu erinnern,
daß mir irgendwo
Deine ungeteilte, vollkommene Liebe
begegnet ist, die sich in allem verbirgt.
Und mit glühender Hingabe
schweiße ich meine bunte Sammlung
aus kleinen Splittern der Eltern- und Freundesliebe
in eine zusammen,
bis sie Deiner Liebe entspricht.

*[Yogananda Paramahansa, Lieder der Seele, S. 74,
Self Realization Fellowship, Los Angeles 1997]*

HIMMLISCHER VATER

1.105

Himmlischer Vater,
lehre mich, in Dir meine Freiheit zu finden
und zu erkennen,
daß nichts auf Erden mein eigen ist,
daß alles Dir gehört.
Laß mich erkennen, daß Deine
Allgegenwart meine Heimat ist.

*[Yogananda Paramahansa, Meditationen zur Selbstverwirklichung, S. 62,
Self Realization Fellowship, Los Angeles 2000]*

1.106

MARIENGEBET

Maria mit dem Kinde lieb,
uns allen Deinen Segen gib!

[Volksgut]

1.107

AN KĀLĪ

O Mutter!
Ihr seid in jeder Form gegenwärtig;
Ihr seid im gesamten Universum
und in seinen kleinsten und
unbedeutendsten Dingen.
Wohin ich auch gehe
und wohin ich auch blicke,
ich sehe Euch, Mutter,
in Eurer kosmischen Form.

Die ganze Welt
- Erde, Wasser, Feuer und Luft -
all das sind Eure Formen,
o Mutter, die ganze Welt
von Geburt bis Tod.
„Berge, Pflanzen, auf dem Land
und im Wasser lebende Tiere,
alle belebten und unbelebten Wesen
in dieser schönen Welt",
so singt Prasāde,
„sind angefüllt
mit Eurem Göttlichen Willen."

[Rāmprasād in Kinsley, Flöte und Schwert]

DER STEIN AUF DEM WEG

1.108

Meinst du, es läge auf der Straße deines Lebens
auch nur ein einziger Stein, ein hindernder,
vergebens ?

Er mag nun häßlich, groß sein oder klein,
glaub nur, da wo er liegt, da muß er sein.
Gewiß nicht, um das Weitergehen zu hindern !
Gewiß nicht, um dir Kraft und Mut zu mindern !

Nur darum legt ihn in den ebenen Sand
des Weges dir eine gütige Hand;
damit du dir den Stein sollst recht beschauen
und dann mit Gott in gläubigem Vertrauen
darüber reden sollst und sollst Ihn fragen,
was Er dir mit dem Hindernis will sagen.

Und bist du Gott an jedem Stein begegnet,
so hat dich jeder Stein genug gesegnet.

[M. Feesche]

SCHUTZENGEL MEIN

1.109

Schutzengel mein, hüte mich fein.
Tag und Nacht – früh und spät;
bis meine Seele zum Himmel eingeht.
Schutzengel mein, hüte mich fein.

[Volksgut]

1.110

RÜHRE MICH AN

Ich möchte Dich berühren, Herr,
und wenn es nur der Saum Deines
Gewandes ist,
den ich halten kann.

Ich möchte Dich berühren, Herr,
und wenn es nur der Finger Deiner Hand ist,
die ich ergreifen kann.

Ich möchte Dich berühren, Herr,
und wenn es nur ein Wort Deiner Botschaft ist,
das ich fassen kann.

Ich möchte Dich berühren, Herr,
möchte mich heran-tasten an Dich.

Ich möchte Dich berühren, Herr,
Deinen Saum,
Deinen Finger,
Dein Wort.

Ich möchte Dich berühren, Herr,
und ahnen Dein Gewand,
Deine Hand,
Deine Botschaft.

Ich möchte Dich berühren, Herr,
und fühlen die Kraft, die ausströmt,
die Wärme, die belebt,
das Leben, das heilt.

Ich möchte Dich berühren, Herr,
und ich wage es.

Ich rühre Dich an.
Rühre Du mich an, Herr,
fasse mich,
ergreife mich,
halte mich – heile mich.

[Marie-Luise Langwald]

RÜHR' MICH AN

1.111

Kanon zu vier Stimmen:

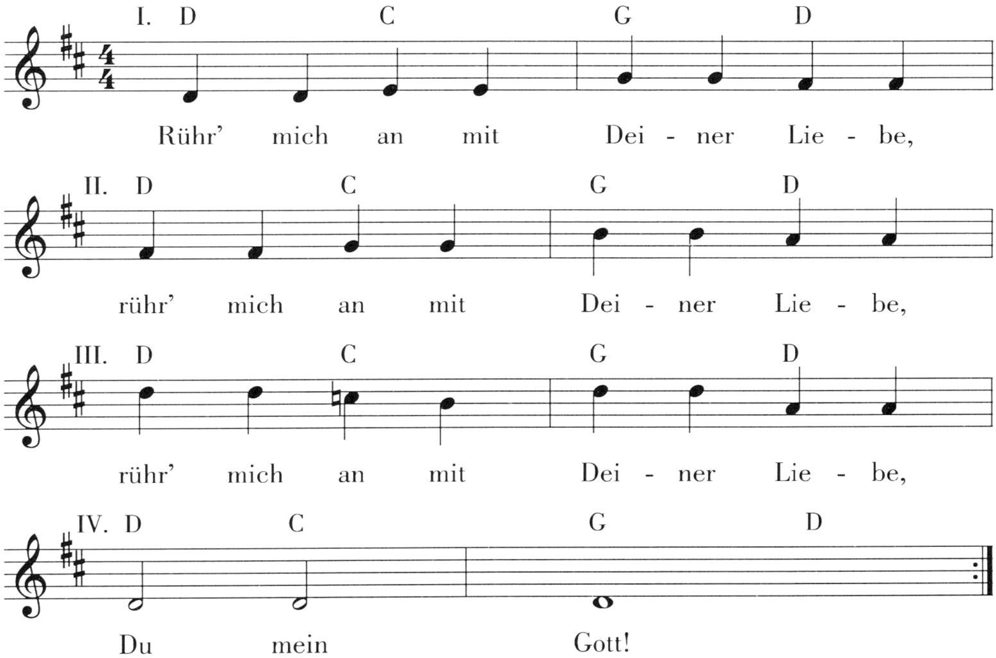

Text und Musik traditionell

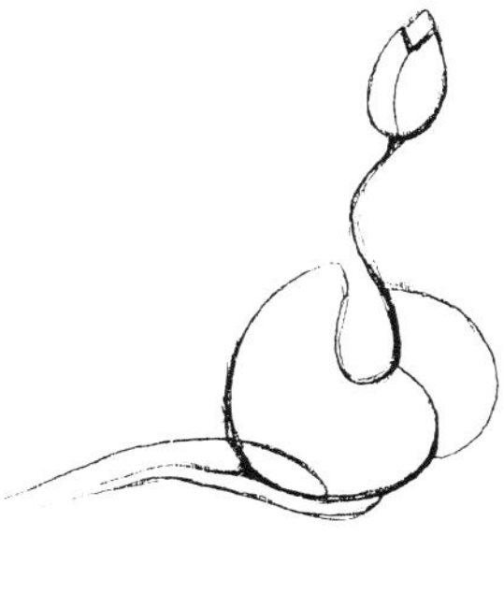

1.112

DER GOTTHEIT LEBENDIGES KLEID

In Lebensfluten, im Tatensturm
Wall´ ich auf und ab,
webe hin und her!
Geburt und Grab,
ein ewiges Meer,
ein wechselnd Weben,
ein glühend Leben,
so schaff´ ich am sausenden Webstuhl der Zeit
und wirke der Gottheit lebendiges Kleid.

[Der Erdgeist, in: J. W. v. Goethe, Faust, S. 24]

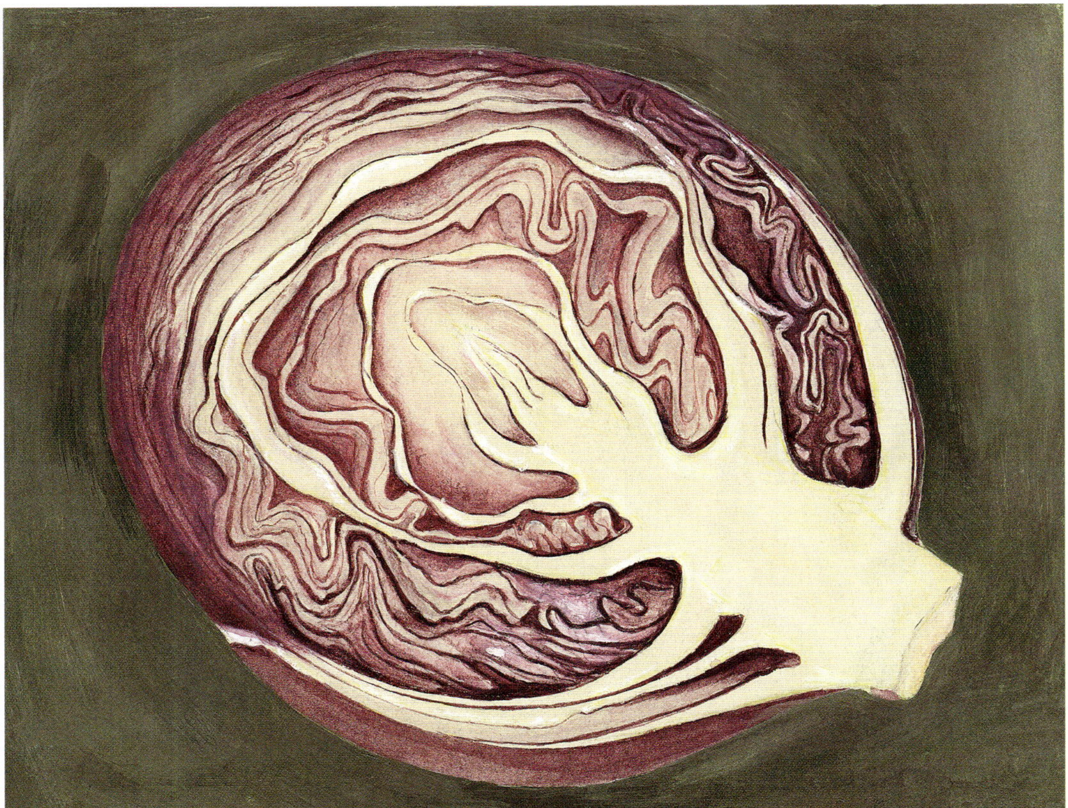

Rotkohl
Eins der unendlich vielen Wunder der Schöpfung
[Ellen Bernecker, 1964, Deckfarben]

1.113

TISCHGEBET

Das Brot vom Korn,
das Korn vom Licht,
das Licht aus Gottes
Angesicht.

Die Frucht der Erde
aus Gottes Schein.
Laß Licht auch werden
im Herzen mein.

[M. Tittmann]

1.114

SPRUCH VOR TISCH

Erde, die uns dies gebracht,
Sonne, die es reif gemacht,
liebe Sonne, liebe Erde,
euer nie vergessen werde.

[Chr. Morgenstern]

TISCHGEBETE

1.115

Alle guten Gaben,
alles, was wir haben,
kommt, o Gott, von Dir.
Dank sei Dir dafür.

Vater segne diese Speise (diesen Trank)
uns (mir) zur Kraftt
und Dir zum Preise !
Mutter Erde habe Dank !

[Volksgut]

MEIN GELIEBTES KIND

1.116 Mein geliebtes Kind, Du fragst,
wie du wissen kannst, wann Ich dir nahe bin?

Wenn alles heiß und still ist in einer schwülen Nacht,
und dann die erste kühle Brise deine Wangen umschmeichelt:
Denk an Mich!

Wenn quälender Hunger gestillt ist
und Einsamkeit von einem Glücksgefühl durchdrungen wird:
Denk an Mich!

Wenn dein Mund ausgetrocknet ist und du kaum sprechen kannst,
beim ersten Schluck kühlen Wassers, mit dem Ich dich erquicke:
Denk an Mich!

Wenn Ich dein Gesicht mit kühlem Regen netze
und die Erde wasche, die trockenen braunen Blätter,
beim ersten Geruch klaren Regens, mit dem Ich dich reinige:
Denk an Mich!

Wenn Schmerz nachläßt und Tränen versiegen:
Denk an Mich!

Wenn furchtlose Augen mit Entsetzen vor den
Grausamkeiten des Lebens schaudern,
beim ersten Blick auf die ruhige untergehende Sonne:
Denk an Mich!

Und dann fragst du, wie du wissen kannst, wann du Mir nahe bist?

Wenn die sengende Sonne dich und die Erde verbrannt hat,
Sand und Staub deine Augen füllen,
nicht der geringste Schatten in der Nähe ist:
Und du Mich liebst.

Wenn Einsamkeit von Hunger begleitet wird,
du keinem von beiden entkommen kannst:
Und du Mich liebst.

Wenn deine Lippen aufgesprungen sind,
deine Zunge sich wie ein Klumpen Lehm anfühlt,
dein Hals zu ist,

kein Wasser in der Nähe,
nicht einmal eine Fata Morgana in Sicht ist:
Und du Mich liebst.

Wenn der Schmerz unerträglich wird – du lächelst:
Und du Mich liebst.

Wenn ich dir dein liebstes Gut nehme
und beim Verlust deines Augenlichts Dunkelheit dich erstmals umfängt:
Und du Mich liebst.

Denn alles, was du siehst, hörst, riechst, schmeckst oder fühlst, gehört Mir.
Was kannst du Mir denn geben, was nicht schon Mir gehört
außer deiner Liebe?

Wenn du sie Mir zurückgibst, werde Ich wissen,
daß du wahrhaft Mein bist, und Ich werde deine Sorgen und Freuden
in Mir auflösen.

Ich bin der Eine und werde dich in ewige Seligkeit tauchen,
denn Ich liebe dich und denke an dich ohne Unterlaß.
Dein Vater, der dich über alles liebt

[Von Joel empfangene Worte Sai Babas, in D. Baskin, Divine Memories of Sathya Sai Baba, P. 112]

1 A

LITERATURVERZEICHNIS

Abkürzungen:
B = Sai Baba; S., P. = Seite, page; usw. = und so weiter; s.o. = siehe oben

***Aufrecht**, Th., die Hymnen des Rigveda, Hildesheim/New York, 1973*
***Balu**, Sh., Living Divinity, London 1984*
***Benedikt**, H.E., Die Kabbala, Freiburg 1994*
***Bhagavad-Gītā**, Gambhīrānanda, Kalkutta 1984*
***Bhagavad-Gītā**, Garbe R., Frankfurt 1978*
***Bhagavad-Gītā**, Svensson C., Dietzenbach 2000*
***Capeller**, C., Sanskrit-Wörterbuch, Straßburg 1987*
***Chaturvedi**, B.K., Ganesh, Delhi 1996*
***Chetanananda**, Ramakrishna as we saw him, Calcutta 1993*
***Chibber**, M.L., Leadership, Prashanti Nilayam*
***Colnaghi** und Co., Indian Painting, London 1978*
***Coomaraswamy**, A., The dance of Shiva, New Delhi 1982*
***Craxi**, A. u. S., Gott, Natur und Mensch, Mailand 1985*
***Daya Mata**, Alles Glück liegt in dir, Self-Realization-Fellowship, Los Angeles 2000*
***Devī-Māhātmyam**, Jagadīshvarananda Svāmī, Madras 1955*
*Glory of the Divine Mother **(Devī-Māhātmyam)**, S. Shankaranarayana, Pondicherry 1973*
***Douglas-Klotz**, Neil, Das Vaterunser, München 1992*
***Education in Human Values**, Primer I, Prashanti Nilayam*
***Education in Human Values**, Primer II, Prashanti Nilayam*
***Einheit der Religionen**, Sathya Sai Vereinigung e.V., Dietzenbach 1997*
***Einiger**, Ch./Waldemar, Ch., Die schönsten Gebete der Welt, München 1998*
***Feild**, Reshad, Ich ging den Weg des Derwisch, Hamburg 1997*
***Fanibunda**, Eruch B., Vision of the Divine, Prashanti-Nilayam 1984*
***Glory of Ganesha**, Central Chinmaya Mission Trust, Bombay 1987*
***Goethe**, J.W. v., Goethes Faust, Hamburg 1963*
***Gupta**, S.P., Masterpieces from the National Museum Collection, New Delhi 1985*
***Hanish**, O.Z.A., Ainyahita, Stuttgart 1960*
***Haussig**, H.W., Götter und Mythen des indischen Subkontinents, Stuttgart 1984*
***Hislop**, J., Conversations with Bhagavan Sri Sathya Sai Baba, Prashanti Nilayam*
***Hislop**, J., Gespräche mit Sathya Sai Baba, Bonn 1986*
***Jagadeesan**, J., Unity of Faiths, Kuala Lumpur, Malaysia 1984*
***Jungclaussen**, E., Aufrichtige Erzählungen eines russischen Pilgers, Freiburg 1974*
***Kasturi**, N., Die Girlande aus 108 Edelsteinen, Bonn 1985*
***Kasturi**, N., Easwaramma, Bonn 1994*
***Kasturi**, N., Sathya Sai Baba, Sein Leben – Satyam Shivam Sundaram, Bd. I, Dietzenbach 1997*
***Kasturi**, N., Sathya Sai Baba, Sein Leben - Satyam Shivam Sundaram, Bd. II, Bonn 1988*
***Kasturi**, N., Sathya Sai Baba, Sein Leben - Satyam Shivam Sundaram, Bd. IV, Dietzenbach 2001*
***Kinsley**, D., Die indischen Göttinnen, Frankfurt und Leipzig 2000*
***Kinsley**, D., Flöte und Schwert. Krishna und Kālī, Bern/München/Wien 1979*
***Landaw**, J. und Weber, A., Bilder des Erwachens, München 1997*

Lexikon der östlichen Weisheitslehren; *Bern, München, Wien 1986*
Madhu Khanna, *Das große Yantra-Buch, Freiburg 1980 (Yantra, the Tantric Symbol of Cosmic Unity, London 1979)*
Malina, *H., Sai Bhajans, Bonn 1985*
Mayrhofer, *Sanskrit Grammatik, Berlin, New York 1978*
Deutsche Mazdaznan-Bewegung, *Avesta im Lied, 34549 Edertal-Bringhausen 1975*
Mittwede, *M., Spirituelles Wörterbuch, Sanskrit-Deutsch, Dietzenbach 1999*
Moinuddin, *Sheikh H. A.A., Die Heilkunst der Sufis, Freiburg im Breisgau, 1984*
Mookerjee, *A., Ritual Art of India, New York 1985*
Die ***Mutter***, *Gespräche 1953, Gauting 1994*
Monier-Williams, *S.M., Sanskrit-English Dictionary, Oxford 1988*
Murphet, *H., Sai Baba Avatar, Mirapuri-Verlag, Planegg 1987*
Murphet, *H., Sai Baba und seine Wunder, Bonn 1988*
Murphet, *H., Komm und sieh, Dietzenbach 1997*
Nagaswamy, *R., Masterpieces of early South Indian Bronzes, New Delhi 1983*
Sri ***Nisargadatta*** *Maharaj, Ich bin, Bielefeld 1989*
NT = Neues Testament, *Karrer, O., München 1959*
O'Flaherty, *Hindu Myths, 1987, Penguin Classics*
Patel, *M. u. N., Sai Bhajana Mala, Whitefield, Bangalore*
Pavitrananda, *Common Sense about Yoga, Calcutta 1995*
The ***Power of Women***, *R. Sita Lakshmi, Prashanti Nilayam 1996*
Ramakrishna, *Das Vermächtnis, München 1981*
Ramamurthy, *K., Sri Sathya Sai, Anandadayi, Bangalore 2001*
Rupflin, *Th., Entdecke die Quelle der Glückseligkeit, Dietzenbach 1996*
Russek, *R., Hinduismus, München 1986*

SSS = Sathya (= Satya) Sai Baba spricht
SSS I, *Sathya Sai Baba spricht, Band I, Bonn 1988*
SSS II, *Bonn 1991*
SSS III, *Dietzenbach 1996*
SSS IV, *Bonn 1990*
SSS V, *Bonn 1995*
SSS VI, *Bonn 1993*
SSS VII, *Dietzenbach 1999*
SSS VIII, *Dietzenbach 1999*
SSS IX, *Bonn 1987*
SSS X, *Bonn 1993*
SSS XI, *Bonn 1992*
SSS XX, *Dietzenbach 2000*
SSS I, *englisch, Tustin (America), 1984*
SSS II, *englisch, Sri Sathya Sai Books and Publications Trust, Prashanti Nilayam 1988*
SSS IV, *englisch, Prashanti Nilayam, 1. Ausgabe*
SSS VI, *englisch, Prashanti Nilayam, 1. Ausgabe*
SSS VII, *A + B, englisch, Prashanti Nilayam, 1. Ausgabe*
SSS X, *englisch, Prashanti Nilayam 1987*
SSS XV, *englisch, Prashanti Nilayam , 1. Ausgabe*

Vah = Vāh. = Vāhinī
Sathya Sai Baba, ***Antworten:*** *Līla Kaivalya Vāhinī, Prashnottara Vāhinī, Sandeha Nivarinī, Dietzenbach 1996*
Sathya Sai Baba, ***Bhāg-Vāh. = Bhāgavata Vāhinī****, Erfüllung in Gott, Bonn 1994*
Sathya Sai Baba, ***Dharma Vāhinī****, Die Göttliche Urordnung, Bonn 1993*
Sathya Sai Baba, ***Dharma Vahini****, englisch, Prashanti Nilayam 1985*
Sathya Sai Baba, ***Dhyāna-Vāhinī****, Besinnung auf Gott, Bonn 1993*
Sathya Sai Baba, ***Geetha Vahini****, Prashanti Nilayam*
Sathya Sai Baba, ***Gita Vahini****, Berlin 1987*
Sathya Sai Baba, ***Jnāna-Vāhinī****, Strom der Erkenntnis, Dietzenbach 1998*
Sathya Sai Baba, ***Līlā Kaivalya Vāhinī*** *in „Antworten", Dietzenbach 1996*
Sathya Sai Baba, ***Prashnottara Vahini****, englisch, Prashanti Nilayam*
Sathya Sai Baba, ***Prashnottara Vāhinī*** *in „Antworten", Dietzenbach 1996*
Sathya Sai Baba, ***Sai Vāh. = Sathya Sai Vahini****, Berlin 1983*
Sathya Sai Baba, ***Upanishad-Vāhinī****, Hinführung zum Höchsten Wissen, Dietzenbach 1996*
Sathya Sai Baba, ***Upanishad Vahini****, englisch, Prashanti Nilayam*
Sathya Sai Baba, ***Vid. Vāh. = Vidyā Vāhinī****, Erziehung zur Selbsterkenntnis, Bonn 1992*

So Seg. = Sommersegen in Brindavan
Sathya Sai Baba, ***Sommersegen in Brindavan 1972****, Bonn 1989*
Sathya Sai Baba, ***Sommersegen in Brindavan 1973****, Planegg 1987*
Sathya Sai Baba, ***Sommersegen in Brindavan 1977****, Bonn 1993*
Sathya Sai Baba, ***Sommersegen in Brindavan 1990****, Bonn 1995*
Sathya Sai Baba, ***Sommersegen in Brindavan 1993****, Dietzenbach 2000*
Sathya Sai Baba, ***Su Show = Summer Showers in Brindavan 1978****, englisch, Prashanti Nilayam*
Sathya Sai Baba, ***Summer Roses on the Blue Mountains 1976****, Prashanti Nilayam 1988*
Sathya Sai Baba, ***Chinna Katha****, Prashanti Nilayam 1988*
Sathya Sai Baba, ***(Reden zur) Bhagavadgītā****, Bonn 1992*
Sathya Sai Baba, ***B erz. = Sai Baba erzählt****, Bonn 1989*
Sathya Sai Baba, ***Meditation****, Bonn 1983*
Sathya Sai Baba, ***Prema Dhāra****, zusammengestellt von Venkatraman, Homebush (Australia) 1995*
Sathya Sai Baba, ***Sri Satya Sai Divya Vani****, Hyderabad 1994*
Sathya Sai Baba, ***Der Weg nach Innen****, Sādhana, Dietzenbach 1998*
Sathya Sai Baba, ***Die Wiederholung des Namen Gottes****, Nāmasmarana, Mavinkurve, Bonn 1999*

Stellen, in denen Sai Baba unter anderem über die Gāyatrī spricht:

1) *Fanibunda „Vision of the Divine", 79 ff*
2) *Fanibunda „Gayatri, der Klang Brahmans", Sai Briefe 59, 16 ff*
3) *13.3.1983 „Baba speaks on Gāyatrī at Upanayam Ceremony"; Gāyatrī-Kassette des Sathya Sai Baba Buchzentrums, Dietzenbach*
4) *B, 14.10.1994 in SaSa, 11, 1994*
5) *B, 6.5.1995 in SaSa, 6, 1995*
6) *B, 23.8.1995 in SaSa, 9, 1995*
7) *B, Dharma Vāhini, S. 44-50*
8) *B, Prasnottara Vahini in Gita Vahini, 195*
9) *B, SaSa, March 2000, S. 73 ff*

Sa Sa = Sanathana Sarathi*, Sathya Sai Baba, Sri Sathya Sai Books and Publications Trust, Prashanti-Nilayam, India*

Sai Br. = Sathya Sai Briefe*, Heft 1 – Heft 76 (1982 – 2000), Sathya Sai Vereinigung e.V., München, Kassel, Dietzenbach*
Sandweiss*, S. H., Sai Baba, Der Heilige und der Psychotherapeut, Bonn 1986*
Sandweiss*, Samuel H., Weg zu Gott durch Heilung der Seele, Bonn 1994*
Saradananda*, Swami, Sri Ramakrishna the great master, Mylapore, Madras*
Satprem*, Sri Aurobindo, Gladenbach 1998*
Satyamayi*, Sri Ramakrishna, Gelnhausen 1967*
Schimmel*, A., Rumi, Köln 1986*
Shankaranarayanam*, S., Sri Chakra, Pondicherry 1973*
Shastri*, J.L., The Bhāgavata Purāna, Part IV, Motilal Banarsidas, Delhi 1988*
Sivaramamurti*, C., Satarudriya, New Delhi 1976*
Sogyal Rinpoche*, Das tibetische Buch vom Leben und vom Sterben, Bern/München/Wien 1999*
v. ***Stepski-Doliwa****, St., Sai Baba spricht zum Westen, Grafrath bei München, 1994*
Sterneder*, H., Tierkreisgeheimnis und Menschenleben, Freiburg 1996*
Subbulakshmi*, S., Pearls of Devotion, Madras 1994*
Sulochana, *T., Sri Satya Sai Divya Vani, Hyderabad 1995*
Szekeley *Bordeaux, E., Archeosophy a new science, San Diego 1973*
Szekeley *Bordeaux, E., Das Spiel des Asha, Verlag Bruno Martin*
Thich Nhat Hanh*, Über die Worte Buddhas, Berlin 1995*
Die schönsten ***Upanischaden:*** *Der Hauch des Ewigen, Freiburg 1994*
Eight ***Upanishads*** *with the commentary of Shankarācārya, Gambhīrānanda, Advaita Ashṛama, Calcutta 1989*
*Taittirīya-****Upanishad****, Chinmayananda, Central Chinmaya Mission Trust, Bombay 1983*
Varalakshmi*, S., Sathya Sai Bhajanavali, Prashānti Nilayam*
Vivekananda*, Jnana-Yoga, Freiburg 1990*
Whitney*, W.D., Die Wurzeln, Verbalformen und primären Stämme der Sanskrit-Sprache, Hildesheim-New York 1981*
Wir singen Deine Namen*, Liederbuch zur Einheit der Religionen, Sathya Sai Vereinigung e.V., Bonn 1995*
Yogananda*, Paramahansa, Autobiographie eines Yogi, Self-Realization Fellowship, Los Angeles 1985*
Yogananda*, Paramahansa, Kosmische Lieder, Self Realization Fellowship, Los Angeles, 1984*
Yogananda*, Paramahansa, Lieder der Seele, Self Realization Fellowship, Los Angeles 1997*
Yogananda*, Paramahansa, Meditationen zur Selbstverwirklichung, Self Realization Fellowship, Los Angeles 2000*
Youngs*, H.S., Translations by Baba, Tustin 1975*

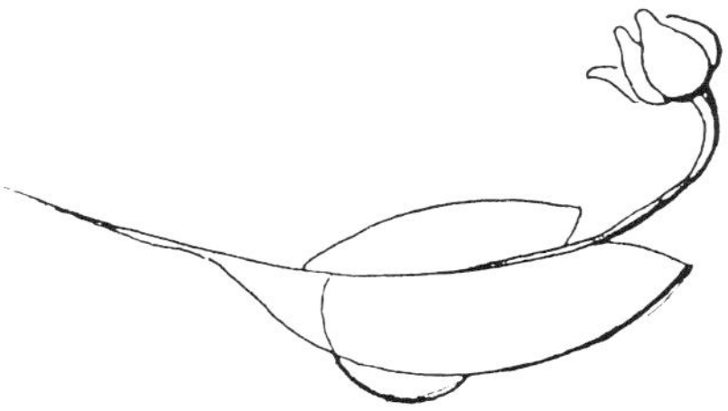

1 B

Alphabetisches Inhaltsverzeichnis der Mantrenanfänge